聋人汉语书面语研究

以语料库为基础

吕会华 李晗静 房艳红 著

华夏出版社
HUAXIA PUBLISHING HOUSE

前　言

如果说手语是部分聋人的精神家园，那汉语则是所有聋人在社会上安身立命的根本。提高聋人汉语书面语水平，是每一个聋人的愿望，也是每一位聋教育工作者的梦想。

本书是国家社会科学基金项目"基于语料库的聋人汉语书面语研究"（编号13BY096）的研究成果。该项目所建的语料库是一个动态的开放系统，可以为各级聋校教师及聋人汉语研究者构建研究平台，使聋人汉语书面语这一宝贵的语言资源得以充分利用。基于语料库建设，本书著者历时数年，方将研究所得撷拾于此。

部分聋人学习汉语书面语是将汉语作为第二语言来习得的。那么他们在将汉语作为第二语言学习的过程中其语言系统的特点是什么，与其他语言背景的学习者有哪些共性与不同？这种比较将有助于揭示语言习得的普遍性和差异性。因此，本书所做的研究属于第二语言习得研究，也是应用语言学研究。研究侧重于聋人汉语书面语习得的特征、偏误及背后的原因，以发现其中的规律性、倾向性问题。采用定性研究与量化分析相结合的研究方法；有共性研究，也有个案分析；有横向比较，也有纵向观察。总之，我们力求立体、深入地探讨相关问题，从而对聋人汉语教学和研究有所助益。

本书分为五个版块：聋人书面语学习概括和研究概况（第一章、第二章），聋人汉语书面语语料库概况（第三章），聋人汉语书面语的词汇特征和使用问题（第四章、第五章），聋人汉语书面语的语法特征和偏误问题（第六章到第十一章），聋人汉语书面语教学方法的思考（第十二章）。其中，第三和第四版块是重点，着眼于词汇和句法的使用特征和偏误问题研究。按照词汇和语法分列原则，我们把词法问题归到语法版块，没有把所有的偏误问题都集中在一起，而是属于哪部分内容就在哪部分论及。有些章节的内容前后略有交叉，但是由于着眼点不同，仍然分列处理，例如，第五章着眼于词汇角度，第六章着眼于语法角度；残缺和多余问题在词类和句法成分层面都存在，就分别在不同章节论述。这些内容也可前后互为参考，互为补充。

  本书所用术语，尽量采用通用说法。有个别一实多名的，如语气词和语气助词，没有强行统一。不同写作者略有表述风格的差异，在统稿时也基本予以保留。这些在总体上不会影响阅读和理解。

  本书所用字体，以宋体为基础，对于成段引文或引例（引例都用 * 标记），使用仿宋字体与正文作明显区分；引例和论述间杂在一起的，为了醒目区分，引例也用仿宋字体。偏误标记中，需要标记的词语或成分，以加粗为主要标记方式；如果加粗还不能区别不同类型，就使用斜体；如果斜体也不能作很好区分，就添加下划线等；删除文字是用加框的方式表示；缺少文字是用空的【 】表示，如果需要补充修正，就在【 】内补出。对比性信息一般用相同标记方式，但如果是相邻的内容，就会采用不同的标记方式，以区分界限。引例后面的评述或修正，用【 】或（ ）标记。

  本书适用于听人汉语教师、研究者和具有一定汉语水平的聋人学习者群体。汉语作为第二语言教学的其他教师也可作为参考。

  一丘之成，始于篑土；一裘之成，集于千腋。本书得成，得益者颇多，谨此一并致谢。立言斯以诚，故不揣浅陋，以付楮墨。书中错漏之处，疏忽之误，诚恳就教于方家。

著者

2022 年 3 月于北京

目 录

第一章 聋人群体及其语言发展 ·· 1
    第一节 聋人和聋教育 ·· 1
    第二节 聋人的语言沟通问题 ·· 6

第二章 国内外聋人书面语研究概况 ·· 12
    第一节 国内聋人汉语书面语研究概况 ·· 12
    第二节 国外聋人书面语研究概况 ·· 17

第三章 聋人汉语书面语语料库建设 ·· 21
    第一节 语料的收集整理与标注 ·· 21
    第二节 语料库所需软件的开发 ·· 25
    第三节 词语标注问题研究 ·· 40
    第四节 句法标注问题研究 ·· 51

第四章 聋人汉语书面语词汇整体特征 ·· 59
    第一节 聋人汉语书面语词汇使用情况概述 ·· 59
    第二节 聋人汉语书面语的词汇复杂度 ·· 60

第五章 聋人大学生主要实词和虚词使用特征及偏误情况 ·· 67
    第一节 聋人大学生实词使用情况分析 ·· 67
    第二节 聋人大学生主要虚词使用情况分析 ·· 79

第六章　词类层面偏误问题 87
第一节　实词的偏误 87
第二节　虚词的偏误 96

第七章　聋人汉语书面语句法特征 105
第一节　句法复杂度 105
第二节　句法准确性 109
第三节　句子层面几种不理想的表达倾向 111

第八章　基于语料库的聋人汉语句式习得研究 115
第一节　汉语书面语"把"字句习得研究 115
第二节　汉语书面语"把"字句习得发展个案研究 126
第三节　汉语书面语"被"字句习得研究 140
第四节　汉语书面语"不""没（有）"否定结构习得研究 146

第九章　句群和复句层面的偏误问题 156
第一节　关联不当 157
第二节　句式杂糅 162

第十章　句法成分层面的偏误问题 168
第一节　句法成分残缺和冗余 169
第二节　句法成分的搭配偏误 178
第三节　句法成分的语序偏误 181

第十一章　聋人汉语书面语偏误原因 187
第一节　第二语言习得研究的相关术语及研究模式 188
第二节　语际偏误 192
第三节　语内偏误 199
第四节　其他原因 203

第十二章 如何提高聋人汉语书面语写作水平 ············ 207
  第一节 聋人汉语书面语水平偏低的原因 ············ 207
  第二节 语言习得理论与聋人汉语教学 ············ 213
  第三节 第二语言习得理论与聋人汉语教学 ············ 216
  第四节 教无定法，贵在得法 ············ 219

附录一 ············ 224
附录二 ············ 228
附录三 ············ 231
后 记 ············ 233

第一章　聋人群体及其语言发展

在进入分析聋人汉语书面语工作之前，我们有必要对语料①的产出者——聋人群体有一个简单的了解。社会对聋人还存在着诸多的误解。十年前，和别人谈论聋人，被问："聋人识字吗？"十年后，聋生去银行办业务，被经理问："你识字吗？"可见误解之深，正视之不足。

第一节　聋人和聋教育

一、聋人

聋人也被称为听力残疾人、听力障碍者、听觉障碍者。

在《新华社在新闻报道中的禁用词（第一批）》中明确规定："对有身体伤疾的人士不使用'残废人''独眼龙''瞎子''聋子''傻子''呆子''弱智'等蔑称，而应使用'残疾人''盲人''聋人''智力障碍者'或'智障者'等词汇。"

由于历史的原因，现在仍有部分听人在讨论聋人时、不少媒体在发布与聋人相关的报道时，还是会用"聋哑"二字，甚至一些学校的名称中也会出现这两个字。之前有"十聋九哑"的说法，但是聋人的发音器官是完好的，简单来说就是"聋"并不意味着"哑"。聋人因为听力受损，因而在学习有声语言方面存在困难，也就是说是因为听不见，所以不能说。随着现代科技的发展，很多聋人通过佩戴助听器、人工耳蜗等辅助工具，可以补偿部分听力，再加上言语康复训练，他们

---

① 注：语料，通常是指一定数量和规模的语言资源集合。

拥有参差不等的口语表达能力。另外，随着对手语研究的深入，手语是独立语言的观念也越来越深入人心。有些没能获得口语的聋人，可以通过手语进行沟通交流。基于上述原因，聋人建议将"聋哑"中的"哑"字去掉。

根据《残疾人残疾分类和分级》国家标准（GB/T26341-2010），听力残疾是指各种原因导致双耳不同程度的永久性听力障碍，听不到或听不清周围环境声及言语声，以致影响其日常生活和社会参与。

按平均听力损失，及听觉系统的结构、功能，活动和参与，环境和支持等因素分级（不佩戴助听放大装置）。（注：3岁以内儿童，残疾程度一、二、三级的定为残疾人。）

听力残疾一级：听觉系统的结构和功能极重度损伤，较好耳平均听力损失大于 90 dB HL，不能依靠听觉进行言语交流，在理解、交流等活动上极重度受限，在参与社会生活方面存在极严重障碍。

听力残疾二级：听觉系统的结构和功能重度损伤，较好耳平均听力损失在（81～90）dB HL 之间，在理解和交流等活动上重度受限，在参与社会生活方面存在严重障碍。

听力残疾三级：听觉系统的结构和功能中重度损伤，较好耳平均听力损失在（61～80）dB HL 之间，在理解和交流等活动上中度受限，在参与社会生活方面存在中度障碍。

听力残疾四级：听觉系统的结构和功能中度损伤，较好耳平均听力损失在（41～60）dB HL 之间，在理解和交流等活动上轻度受限，在参与社会生活方面存在轻度障碍。

据《中国残疾人事业统计年鉴-2021》[①] 提供的数据，截至 2020 年 12 月 31 日，全国已办理残疾人证的听力残疾人总数为 3200358 人。有些听力残疾人的残疾人证写的是多重残疾，所以也查看了多重残疾的人数，为 1933302 人。综合看，办理了残疾人证的听力残疾人有三百多万。2021 年，全国高等特殊教育院校共录取聋人本科生 579 人，专科生 604 人。普通高等院校共录取聋人本科生 1052 人，专科生 1045 人。

---

① 中国残疾人联合会. 中国残疾人事业统计年鉴-2021[M]. 北京：中国统计出版社，2021.

在国外的文献中，会出现这样的表述：Deaf/hard of hearing（聋/重听）。聋和重听在听力损失程度、第一语言的学习，以及是否认同手语等方面存在差异。聋人选择使用手语作为自己的主要交流语言。重听人选择使用口语作为自己的主要交流语言。前者也包括一些靠戴助听器就可以接听电话的聋人，他们的口语和听力都非常好，可是他们仍然选择以手语作为自己的交流语言。后者也包括一些听力损失状态非常严重、不能接听电话的人，可是他们仍然选择了用口语作为他们的主要交流语言。这都是他们自己的选择。

在我国也有类似地将听力残疾人群体分为聋人和重听人的分类：

"在所有这些人当中，一类被称为重听人，重听人的听力损失程度相对较轻，利用助听设备（包括植入人工耳蜗和佩戴助听器）以及通过听觉和口语康复训练，可以分辨和听懂一部分话语声，能用口语直接交流。多数重听人是在普通学校接受的教育，他们很少有机会接触手语。聋人指听力损失程度严重的人，由于听神经受损，不论是否佩戴助听器，都很难分辨和听懂话语。"①

除此之外，根据是否认同手语、认同自己的聋人身份等标准，分为Deaf(with a uppercase "D")和deaf(with a lowercase "d")两类人。前者把耳聋作为一种身份，而不是一种残疾，并为自己的身份感到自豪。"D"是他们文化认同的标志。他们喜欢用手语交流，认为这是他们的第一语言。这部分人不仅仅有聋人，也包括他们的家属。后者是以医学和听力学角度来确认的，他们的听力损失程度因人而异。他们不认同聋人社区及其文化、信仰和规范，更倾向于依赖口语交流。

2017年北京联合大学钟经华教授建议对残疾人的用语中性化。《文明残疾用语倡议书》中写道：

"中性术语只描述客观事实，没有任何情感色彩或价值判断。要避免用消极术语描述残疾人，用积极术语描述普通人。

"中性术语可以描述残疾人和普通人。例如：残疾、多重残疾、残疾人、

---

① 杨军辉，吴安安. 中国手语入门[M]. 郑州：郑州大学出版社，2014.

普通人、盲人、明眼人、聋人、耳聪人、健听人、特殊儿童、普通儿童、非残疾儿童、残疾儿童、智力残疾儿童、视力残疾儿童、视力正常儿童、听力正常儿童……

"中性术语本身没有情感色彩。但是，当中性术语与积极术语对照使用时，中性术语被反衬上了消极色彩。当普通人被称为"正常人"时，残疾人就被"不正常"笼罩了。残疾不可怕，由于"健全"太不含蓄，使得"残疾"有些可怕。"[①]

为响应这个倡议，在本书中，我们将相对于聋人群体的听力正常群体称为"听人"。

二、聋教育的发展[②]

（一）世界聋教育的发展

在世界聋人教育的历史上，有两个特别重要的时间点需要注意：

1770年，世界上第一所聋校在法国巴黎成立，创办人是传教士德雷佩（Abbé Charles Michel de L'Epée，1712～1789）。他主张手语是聋人的母语，是教学和交往的工具，聋人应在此基础上掌握书面文字；手势是掌握语言和其他学科的出发点。他是手语教学体系的创始人。

1778年，海尼克（Samuel Heinicke，1727～1790）在莱比锡创办了德国第一所聋校。他受到荷兰医生阿曼口语教学观点的影响，在聋教育上逐步形成了口语教学理论和方法。"人类的思维既不能靠手势，也不能靠书写，大部分只能靠口语。"他是口语教学体系的创始人。

（二）中国聋教育的发展

同样，在中国聋人教育的历史上，也有几个特别重要的时间点需要谨记：

1887年，美国传教士米尔斯夫妇在中国山东登州（今蓬莱）创办我国第一所

[①] 北京高校教授倡议残疾用语中性化 [EB/OL]. 2017-05-21[2022-01-05]. www.china.com.cn/news/txt/2017-05/21/content_40858742.htm.

[②] 张旭东. 我是聋人 [M]. 南京：江苏教育出版社，2009.

聋校，取名"启喑学馆"，该学校以口语教学为主。1898年，学校迁至烟台。

1892年，上海法国天主堂圣母院建立聋童学校，引进了法国聋校的手语教学法，采用法国的手指字母。

1914年，周耀先在杭州开办了第一所中国人自己办的聋校。

1927年，南京市立盲哑学校成立，这是中国第一所国立特殊教育学校。

1931年，龚宝荣在杭州吴山创办了中国第一所由聋人创办的聋校。

（三）对聋教育使用语言的争议

百年聋教育的历史，是一部充满争论的历史。从聋教育产生那天开始，用手语还是用口语的争议就已经存在。手语法、口语法、综合沟通法，此消彼长。这些争论，对聋人的语言发展产生了至关重要的影响。

手语法指聋人以手语作为交往手段的沟通方式，也是聋人最自然的沟通方式。手语法的教育理念认为聋人是整个人类的一部分，聋人与听人一样，是可以接受教育的，聋人的与众不同仅仅在于他们在听力上跟听人存在差异，这些差异不一定非得通过学习听人的语言来解决，手语是最适合聋人的沟通方式，使用手语是他们的权利。手语与口语一样有其自然、完整的体系，用手语交流有助于聋人更好地表达思想，增强对语言的理解和记忆。

口语法是指聋人以有声语言作为交往的手段，利用残余听力和看话接收外界信息，并结合视觉、触觉学习说话来表达思想感情。1880年米兰会议（第二次国际聋教育大会）之后，口语法受到重视和推广。

口语法的教育理念是肯定聋人具备说话能力，主流社会是有声语言的世界，学习口语是聋人适应社会的重要条件。

综合沟通法，又译为"综合交往法""整体交际法"。从严格意义上说，综合沟通法是聋人确定沟通方式运用的原则。美国聋人学校执行委员会会议将其定义为："它（综合沟通法）是一种基本原则，要求把适当的听觉、手语和口语交往方式结合起来运用，以保证同听觉障碍者以及在听觉障碍者之间进行有效的交往。"[1]

聋人双语教育是目前国际社会比较盛行的行之有效的聋教育方式。吴安安认

---

[1] 袁茵.听觉障碍儿童沟通方法评介[J].中国特殊教育，2002（01）：39-42.

为，双语聋教育是一种理念，这种理念认同中国手语是中国聋人群体使用的视觉语言，它是具有语言学意义的人类自然语言。

我国双语聋教育中的双语指的是中国手语和汉语（包括口语和书面语），中国手语作为聋人的第一语言，汉语作为聋人的第二语言，中国手语是课堂教学的主要语言媒介和交流工具。

第二节 聋人的语言沟通问题

从沟通的角度来看，聋人群体是一个非常复杂的群体，他们的沟通方式与听损程度和听力补偿、言语训练的效果有一定关系。听损程度较轻的聋人在获取信息和输出信息上，有的使用汉语，有的使用手语。听损程度较重的聋人，有完全使用手语的，也有完全使用汉语口语的。无论使用手语还是使用汉语，他们中的大部分都非常重视看话，通过看话辅助获取更全面的信息。此外还有使用汉语书面语、肢体语言沟通等方式的聋人。

正如梅多（Meadow）所言，"对先天聋人的基本剥夺不只是对声音的剥夺，还有对语言的剥夺"。聋人所面临的最大障碍是沟通障碍，台湾著名聋教育专家林宝贵说："要解决听觉障碍者的问题，最根本的方法就是要为他们解决语言沟通的问题。语言沟通的问题解决了，其他的教育问题、学习问题、情绪问题、社会适应问题、就业问题等自然迎刃而解。因此，听觉障碍儿童教育的重要关键就是如何通过各种语言沟通的方法与学习途径使他们获得知识与语言。"①

一、汉语沟通

部分聋人的第一语言是汉语口语，他们在用口语与人沟通的过程中会遇到哪些障碍呢？

---

① 张宁生.听力障碍儿童心理与教育[M].郑州：郑州大学出版社，2018.

（一）使用汉语口语沟通

一位聋人大学生表示，"几位和我相同经历的小伙伴针对和听人相处的问题讨论了一下午……""不想因为我没听懂，让他（听人）尴尬；不想因为他没听懂，让我尴尬""所以，大家都在避免说话的场合……不说话好像成了自尊的表现"。

这位学生高中之前一直在普通学校读书，初中快毕业的时候，植入了人工耳蜗。之后因为心理和学业压力过大，转入聋校就读，后来在高等特殊教育院校读书。他爱读书，善思考，口语也比较清晰。他的表述反映了部分使用口语的聋人在沟通交流过程中的困境。

1. 关于听

中国聋人协会主席杨洋说："听力残疾会导致患者在获取言语信息方面出现困难，他们听到的声音是不完整的，甚至是扭曲的，周围的声音世界像是打上了马赛克。"[①]另外，据中国聋协人工耳蜗植入者委员会主任陆峰介绍："听觉疲劳是很难解决的问题。可能听力正常的人没有过这种感受，人工耳蜗的植入者长时间集中精力地听，特别是单侧人工耳蜗植入者会感觉非常疲劳。我自己试了一下，在集中精力的情况下只能听15分钟，我现在双侧植入人工耳蜗以后好多了，大概可以集中听40分钟，40分钟以后也很难再集中精力交流。"

即使佩戴助听器或植入人工耳蜗之后补偿效果比较好，但仍对环境有比较高的要求。空旷有回声、嘈杂的环境都会对听觉产生很大影响。听语音、看话都需与谈话者保持在一定距离内。前者需要安静的环境，后者需要充足的光线，并且还需谈话者面对自己。聋人即使听得到语音，也时常会出现听不清、听不懂的情况。另外，沟通时说话者与受话人的熟悉程度，以及语速、言语清晰度等问题也会影响听的效果。

科技的发展使聋人可以将"听"变为"看"。当听人讲话的时候，聋人可以使用语音识别设备，快速将语音转为文字。暂且不说识别的正确率及能否识别语音语调的问题，语音识别要求使用者有比较强的阅读能力，能够快速阅读抓取信息。这对将汉语作为第二语言的聋人来讲，难度比较大。

---

① 杨洋. 听力残疾人群体的发展及其需求[J]. 中国听力语言康复科学杂志，2021（01）：6-9.

2. 关于说

现在能说话的聋人很多,表达很清晰的也不少。也有一些聋人口语表达不清晰,和陌生人、关系比较疏远的人用口语表达时,对方听不懂他在说什么;只有关系非常亲近的人才能听懂他们的口语。当听不清聋人说什么的时候,可以告诉他们,请他们再说一遍。如果实在听不清,也可以转为笔谈。

现在有些人会存在一些误解,当看到聋人说话很清晰的时候,会下意识地将其当作听人看待。实际上,即使说话很清楚,他们仍然存在听力障碍。

(二)使用汉语书面语沟通

汉语书面语可以说是聋人和听人沟通交流的主要工具。这里所说的汉语书面语是指聋人所看到的,所写出来的以汉字为媒介的书面语。

1. 关于读

袁茵[①]对聋童阅读水平进行了研究,总体结论是聋童在阅读能力发展水平上比听童阅读水平低且速度慢。我国台湾学者林宝贵、李贞贤研究发现,启聪学校初中部、高中部学生的语文各项能力的得分,分别只相当于普通小学1.5年级、2.2年级学生的程度;而回归主流的听障学生的语文能力比同年级正常学生落后。

聋人在汉语阅读方面,暂且不说他们对复杂句子的理解,仅就词语而言,也存在诸多问题。第一,对某些词语不理解。这主要集中在表达抽象概念的词语、表面意思和真正内涵有差距的词语,如成语、俗语、歇后语和口语化的词语等。第二,词语的意思是A,而聋人将其理解为B却浑然不知。聋人不理解的词语比较容易发现,因为他们会发出询问。难以把握的,是这种理解错词义却自以为正确的情况。

在阅读与人笔谈和语音识别的文字时,由于是即时沟通,双方在沟通的时候,不可避免地会有文字省略、颠倒、重复等现象出现。因此,聋人既要理解一般意义上的书面语,也要理解那些被省略、被简化的文字,在和别人笔谈及看语音识别的文字时,能快速准确地获取信息。

---

① 袁茵. 听觉障碍中小学生汉语阅读能力研究[D]. 大连:辽宁师范大学,2004.

2. 关于写

和阅读相比，聋人汉语书面语写作存在的问题更加明显。这是本书重点讨论的话题，将在后续章节深入讨论。

3. 关于语言运用

"我们已经注意到教师在语言学习方面对学生的预期。与此类似，在与说另一种语言或持有另一种文化的人交往时，我们也有一定的预期而且常常做出千篇一律的反应，比如，可能基于他人的语言而对他们做出判断。对来自其他文化的人们的老一套的观念（比如粗鲁、优柔寡断等）是建立在非本族语形式之上的。在很多情况下这些判断都是经不住推敲的，因为非本族语者使用的许多语言形式只能说明他们不是本族语者，而不能反映他们的性格。"[①]

这段话是说将英语作为第二语言的学习者在与教师交往过程中存在的矛盾。该论述也同样适用于聋听交往。

也许我们在生活中很难碰到聋人，但是常常会遇到耳背的老人。老人们说话的声音很大，而且经常打岔，你问东，他答西。和聋人沟通的时候也会发生这种情况，不过和与老人沟通的情况不完全一致。部分使用口语进行沟通的聋人，由于听力障碍，或者从小习惯了在家里与家人交流时的音量，在与其他听人沟通的时候，不能很好地把控自己的声音。普通沟通还好，一旦遇到矛盾，就可能会被听人认为态度不好，甚至因此使矛盾升级的情况也时有发生。

口语交流时也会出现答非所问的情况。正如上文介绍，即使是听力比较好的聋人，我们也不能因为其口语流畅清晰而忽略其听力障碍。各种因素都可能导致听不清或者听不明白。我们不能因此断定他们不具有回答问题的能力。这种状况也迫使个别聋人在听完听人的口语讲话以后，会重复一遍刚刚对方讲话的内容，以确认自己是否完全听到了对方所讲的内容。

非本族语者使用的许多语言形式只能说明他们不是本族语者，并不能反映他们的性格。聋人写出的书面语，也时常会让听人产生误解。下面是一位聋人学生（A）和聋校听人老师（B）的对话：

---

① 盖苏珊，塞林克. 第二语言习得 [M]. 赵杨，译. 北京：北京大学出版社，2011.

> A：周六我去面试，你给我去当翻译，可以吗？
>
> B：我最近特别忙，家里、单位事都特别多。
>
> A：周六你可以去吗？没有翻译我没有办法面试。
>
> B：你可以和面试官笔谈。
>
> A：你能去吗？
>
> B：我周六去不了。况且等你真的工作了，不可能每天都有翻译，需要你自己想办法和别人沟通。

这是一个真实的沟通案例。聋人学生写的汉语句子，没有错词，也没有语法错误，听人老师的表达比较委婉，造成聋人学生没能很快理解老师的意思，从而反复沟通。

再比如，由于汉语的语气词使用不当，写出来的句子给人的感觉很生硬。

> 老师：还有想交简历的同学吗？十点前给我，我整理好后就发给公司了。
>
> 同学：我们一班在上课，能否课后再说吗？

看完这段话，是不是有一种学生埋怨老师不深入了解情况、盲目催促的感觉？实际上不是这样的，语言形式并不能反映他的性格和态度。

二、手语沟通

并不是所有的聋人都会手语。据杨洋介绍："按照世界卫生组织的统计，使用口语的听力残疾人占全体听力残疾人的80%以上。随着科技的进步与发展，这一数字逐年递增。"[①]

并不是所有会手语的聋人都是优秀的手语使用者。绝大多数聋童出生在听人家庭中，他们可能是家庭、家族甚至整个社区唯一的聋童，从小没有机会接触手语、学习手语。到了学龄期，有的聋童会一直在听人群体中学习生活，接触不到聋人和手语，他们和其他听人一样不会手语。有一些聋童会在不同的年龄段进入特殊教育学校（聋人学校），然后开始学习手语。他们的手语老师包括学校中的老师、高年级同学、同班同学等。在聋人学校的教师中，听人教师是主力，而这些

---

① 杨洋. 听力残疾人群体的发展及其需求 [J]. 中国听力语言康复科学杂志，2021（01）：6-9.

听人教师的手语大多是手势汉语；再加上有一些家长和老师受手语会影响汉语的发展这一传统观念的影响，导致一些聋童学到的是将汉语手势化的手势汉语，而不是中国手语（自然手语）。中国手语是聋人在社会生活中约定俗成和使用的、有自己语法规则的自然语言。手势汉语和中国手语在构词和句法方面都有比较大的差异。

即使是出生在聋人家庭的聋童，也不一定是从小就习得聋人手语。他们大多由听人亲属监护长大，和聋父母的接触有限，因而也难以在自然环境中习得手语。

受方言、手语水平、文化水平等因素影响，使用手语的聋人之间的交流有时也会存在障碍。

三、双语沟通

随着社会的进步，越来越多的聋人可以接受学校教育，这使得他们有机会成为使用手语和汉语的双语者。如果听力损失程度较轻或者辅助设备（助听器、人工耳蜗）补偿效果好，口语训练的效果也比较好，那么这部分聋人可能具有一定的汉语听说能力。反之，则除了掌握手语以外，会掌握汉语书面语的读写。

手语和汉语平衡双语者是聋人群体中语言运用的佼佼者，这里所说的汉语，是指口语和书面语。有些口不能说的聋人，也可以双语平衡使用，他们可以熟练使用手语和汉语书面语。绝大多数聋人能够很好地使用一种语言：有的是手语很好，汉语稍差；有的是汉语很好，手语稍差；还有一些是手语和汉语水平都不高。总体而言，平衡的双语聋人，以及手语和汉语水平都不高的聋人是少数。

第二章　国内外聋人书面语研究概况

第一节　国内聋人汉语书面语研究概况

一、整体研究状况

国际语言学界有关第二语言书面语的研究大多是关于英语的。其中以欣克尔（Hinkel）的研究最为全面。他系统比较了第一语言和第二语言书面语在语言学特征上的异同。

在国内，有关汉语作为第二语言的书面语研究比较多，主要集中在习得和偏误分析，以及基于统计分析的语言特征描写等方面。聋人的汉语书面语研究在研究的数量和规模上还有待提高。

因为大多数聋人主要通过书写文字的形式与听人交流，而其书面语又多呈现出一种"混乱"的状态，所以聋人汉语书面语问题已成为聋教育研究中的一个重要课题。有的研究者对手语与汉语进行比较研究，试图从负迁移的角度寻找聋人汉语水平滞后的成因及解决办法；有的对聋人汉语书面语中存在的问题进行描写、分类、分析；有的为行之有效的教学模式及教学方法做了积极探索，等等。这些研究推动了聋人汉语书面语教学的发展，促进了聋人汉语水平的提高。

同时，上述关于聋人汉语书面语的研究也存在明显的问题。第一，上述研究多属经验总结式研究。大多基于研究者的主观感受，缺乏定量分析。第二，语料偏少，检索统计形式落后。在利用语料进行的研究中，语料少则几十句，多则30万字左右，但大多是纸质文本，采用人工检索的方式进行简单的统计研究，使用电子文本运用专门软件进行检索统计的很少，这样得出的结论难免以偏概全，不能反映聋人真实的汉语书面语状况。第三，语料作者的背景信息不清晰。聋人的汉语学习会受到诸如听力损失程度、康复效果、失聪年龄及手语是否是其第一语言等因素的影响，不同背景学生的汉语书面语的差异很大，现有的研究对此区分不够，影响研究的信度。

语料库语言学作为当代语言学研究的一个"显学"，在语言研究的各个方面显示出其巨大的生命力。语料库（Corpus）指经科学取样和加工的大规模电子文本库，是语料库语言学研究的基础资源，也是经验主义语言研究方法的主要资源。基于语料库的研究可以避免上述问题的发生。正如黄昌宁[1]所言，语料库方法在语言研究中的一个重要作用就是可以为研究者提供更一般的、经验的语言数据，这些经验数据可以使语言学家做出的结论更客观。由于对"语言事实的观察是可以定量统计的"，研究中可以避免对某种语言现象使用"频度和罕见度的主观臆测"。

潘娇娇[2]撰写的《听障儿童书面语研究新进展（1996—2015）》一文，虽然题名为"听障儿童"，但是从她所统计的文献看，不只限于儿童的范围，可以看作对聋人群体的汉语书面语研究情况的统计。她所统计的文献既包括对聋人产出汉语书面语的研究，也包括对聋人理解汉语书面语的研究，还包括对如何提高聋人的汉语书面语水平的教学研究。她从文献数量、研究人员、课题性质、研究方法、研究成果五个方面进行分析，总结了近二十年听障儿童书面语研究的进展，并针对研究现状提出建议：开展合作研究，鼓励一线工作者参与；拓展研究选题，深化书面语研究内容；加强沟通交流，推广跨学科跨区域研究形式；关注比较研究，均衡多元的研究方法。

张会文、吕会华、吴铃[3]编写了《聋人大学生汉语课程的开发》一书。这本书虽然出版于2009年，到现在已经过去十多年了，但是其内容和理念仍较为先进。该书系统阐述了聋人学习汉语时存在的各种困难与问题。作者结合多年的教学实践，针对这些问题，提出了自己的见解，同时也回答了困扰聋教育界多年的聋人汉语教学的问题，并开发出了适合聋人大学生汉语学习的课程、测试工具等。《聋人大学生汉语课程的开发》一书资料翔实，研究成果具有较强的说服力，有助于指导聋人汉语教学实践，提高聋人的汉语水平。该书的第一章绪论，概述了我国

---

[1] 黄昌宁，李娟子.语料库语言学[M].北京：商务印书馆，2002.
[2] 潘娇娇.听障儿童书面语研究新进展（1996—2015）[J].绥化学院学报，2018，38（01）：43-48.
[3] 张会文，吕会华，吴铃.聋人大学生汉语课程的开发[M].北京：华夏出版社，2009.

高等特殊教育发展的情况，介绍了聋人、聋人文化及聋人语言问题。第二章主要探讨手语问题，包括手语故事、手语语法研究、手语语法与汉语语法的比较等。第三章对聋人汉语书面语学习展开讨论，包括聋人汉语学习的现状，解析聋人的书面语学习，聋人书面语词语颠倒现象分析，聋人书面语学习方法的研究与思考，聋人大学生词语的训练等。第四章、第五章讨论了课程开发的理念和开发模式。第六章、第七章、第八章是关于课程标准教学策略及汉语水平测试的研究成果。

二、聋人汉语书面语词汇习得研究

对聋人汉语书面语词汇的研究主要集中在偏误判断与分析。吕会华[1]以现代汉语为标准，以建设语料库为目的，从语料标注的角度探讨了聋人汉语书面语中的词语偏误问题。此前，她从生造词的角度分析聋人汉语书面语的词语偏误[2]。聋人在输出汉语书面语的过程中，会出现各种各样的生造词。这也是聋人汉语书面语研究中比较受研究者关注的。从比率的角度看，聋人汉语书面语中的生造词比留学生的要高。王红霞、王斌[3]研究发现，低年级聋生在不知道名物如何表达的时候，会自己创造新词来使用，并认为这是既不同于手语又不同于汉语书面语的现象。梁丹丹、刘秋凤[4]的研究中也提到了新造词的问题。吴雪云[5]对偏误成因进行了初步的分析，并提出了如何消减偏误的策略。

在词汇研究中，严菁琦[6]的研究和其他人的研究有所不同，她关注聋生书面语词汇发展问题，并对此问题进行了定量研究。她主要从三个方面考察了小学四年级到高中三年级的聋生的词汇发展。第一个方面是类符/形符比，是指不同的单词数量（类符）与文本中出现的单词总数（形符）的比值，也就是词汇丰富度与文本长度的比值，它是母语与二语习得词汇量的一个重要指标。调查结果表明，随

---

[1] 吕会华. 聋人汉语书面语语料库词语偏误分类及产生原因探究[J]. 北京联合大学学报（综合版），2018, 32 (01): 76-84.
[2] 吕会华. 聋人和留学生汉语生造词比较研究[J]. 中国听力语言康复科学杂志, 2008 (03): 43-45.
[3] 王红霞, 王斌. 浅析低年级聋生汉语习得过程中的的词汇创造现象[J]. 南京特殊教育学院学报, 2009 (04): 51-53.
[4] 梁丹丹, 刘秋凤. 聋生汉语构词偏误的描写与统计分析[J]. 中国特殊教育, 2008 (12): 41-46.
[5] 吴雪云. 中学聋生词汇偏误成因与消减策略[J]. 考试周刊, 2016 (32): 31-33.
[6] 严菁琦. 聋人学生书面语词汇发展定量研究[J]. 赤峰学院学报（汉文哲学社会科学版）, 2014, 35(10): 263-265.

着年龄增长，受教育程度增加，聋生总体的类符/形符比呈比较显著的上升趋势，说明聋生的词汇丰富度在经过语言教育后得到了较大的发展，词汇量得到了一定程度的增加。第二个方面是实词、虚词使用情况。结果表明，聋生作文的词汇密度除了在初一出现一定波动外，大体呈下降趋势。而虚词使用率反而呈较稳定的线性上升。作者认为，从句法能力发展推测，聋生从最初的实词堆砌、缺乏连贯性、句子形式单一，到逐渐通过增加虚词使用，他们的句法能力有了很大的进步。第三个方面是词汇复杂度的问题。词汇复杂度主要考察词汇使用的难度和成熟度。作者标注了语料库中的成语、歇后语等熟语，以及诗句、谚语等词语形式。结果表明，进入高中以后，聋生词语复杂度基本呈线性增长。张帆[1]对聋人大学生进行文化词习得测试，结果只有43.5%的文化词正确率在60%以上。结合严菁琦对聋生词汇发展的研究可以看出，聋生的汉语习得，在词汇复杂度方面还需要加强学习训练。

三、聋人汉语书面语语法方面的研究

对聋人汉语书面语语法方面的关注度比对词汇的要高。为什么说语法而没有说句法呢，语法的内容更为丰富，包括构词造句的规则。而句法所涉及的面比较窄。对聋人汉语书面语的语法研究，都是基于语料分析的，区别只在于语料的多少，以及如何处理语料的问题。大多研究是将收集到的语料进行分类，分析错误原因，寻找解决办法。

在这方面，任媛媛[2]和张帆[3]分别对聋人汉语书面语语法研究和句法研究进行过综述。在这些研究中，多是基于经验的，以举例说明为主，其研究作者以一线教师为主。比如，王斌、王红[4]分析了聋生书面语中的词序颠倒现象，将颠倒现象分为：动宾颠倒、主谓倒装、修饰语倒装和其他倒装；倪卫东[5]对省略现象做了初步统计，认为在聋生书面语中出现"省略"的情况占到了36%，分为句子主干的

---

[1] 张帆.高校聋生汉语文化词习得情况调查[J].现代语文，2014（04）：114-115.
[2] 任媛媛.聋人学生书面语语法研究综述[J].中国特殊教育，2011（03）：16-19.
[3] 张帆.国内近年来聋人学生汉语书面语句法研究述评[J].长春大学学报，2015，25（11）：133-136.
[4] 王斌，王红.聋生书面语中词序颠倒现象分析及教学对策[J].现代特殊教育，2011（Z1）：44-46.
[5] 倪卫东.聋生书面语省略现象的调查和分析[J].语文教学通讯·D刊（学术刊），2011（03）：56-58.

省略、修饰成分的省略和其他省略三类。

最近几年,基于自建语料库进行定量分析研究的力度有所加强。陈珂[①]、袁芯[②]、王玉玲[③]等人都从定量研究的角度进行偏误分析,其中陈珂等人的研究中,不仅有偏误分析,还进行了习得方面的探讨。他在讨论聋生问题的同时,将聋生和听人小学生进行了对比研究,从而得出了聋生趋向动词的习得顺序。但是聋人和听人小学生在汉语习得方面存在比较大的差异,如能将聋人的汉语习得和其他同为第二语言学习者的进行比较,在语言共性的大背景下,会更加有说服力。上述研究,有的虽然特意标明是基于语料库的研究,但仔细看研究内容会发现,语料作者偏少,有的只有13位聋生的五万多字的语料。在这项研究中,对于语料作者的语言学习背景,作者选择的全部是语前聋的手语使用者。聋生的第一语言是汉语还是手语、口语康复情况及受教育背景等确实对其汉语书面语的发展有影响,但影响其汉语书面语发展的最根本原因是其听力损失的程度和佩戴辅助设备后的效果。

除了上述对词序或者句法的研究以外,还有对程度副词"很"[④]"不""没(有)"[⑤]、形容词程度范畴[⑥]等的偏误及习得的研究。

目前对聋人汉语书面语的研究,无论是在词汇还是在语法方面,其主要的方法是偏误分析和对比分析。

四、对如何提高聋人汉语书面语水平的探讨

目前发表的文献中对如何提高聋人汉语书面语水平的研究还停留在口号式的经验总结阶段,具体行之有效的方法比较少。一般是分析完聋人汉语书面语中的偏误以后,提出如何避免这些偏误的策略。在这类文献中,大多都提到了手语的

---

① 陈珂,李本友,孙丽.聋生书面语趋向动词习得研究[J].中国特殊教育,2016(02):43-48+55.
② 袁芯.高职聋生汉语书面语"成分残缺"偏误分析[J].理论经纬,2015(01):18-21.
③ 王玉玲,张宝林,陈甜天,等.高中听障学生汉语语法偏误分析——基于语料库的研究[J].中国听力语言康复科学杂志,2018(03):218-222.
④ 张帆.聋生程度副词"很"使用偏误的句法分析[J].现代特殊教育,2015(16):30-33.
⑤ 金慧媛,严菁琦,刘海涛.从聋生写作中考察"不"和"没(有)"的习得过程[J].中国特殊教育,2013(08):42-47.
⑥ 梁丹丹,王玉珍.聋生习得汉语形容词程度范畴的偏误分析——兼论汉语作为聋生第二语言的教学[J].中国特殊教育,2007(02):23-27.

迁移问题，认为目前聋人的汉语书面语完全是"我手写我手"的结果。面对所谓的手语负迁移，社会上出现了不同的观点。一种是限制聋人使用手语，鼓励聋人佩戴助听器和植入人工耳蜗，进行口语康复训练，去普通学校读书。但是有一部分聋人不适合戴助听器和植入人工耳蜗，或者没有条件戴，或者不愿意戴，他们必须使用手语，那怎么办？另一种观点则是推荐使用符合汉语语法规则的手势汉语，认为这样可以提高学习者的汉语水平。事实上，手势汉语是一种人工语言，是汉语的手势化，它复杂的操作会加重学习者的加工负担。而且手势汉语是在汉语基础上产生的，没有汉语基础的聋人难以完全理解手势汉语的意思。还有一种观点是使用中国手语（自然手语）进行教学。这就涉及双语教学的问题了。

所以，对如何提高聋人汉语书面语，概括起来有以下几种方式：充分发挥中国手语（自然手语）的作用；限制聋生使用中国手语（自然手语）；完全口语教学；培养阅读兴趣，多写多练，等等。

五、聋人汉语书面语语料库建设研究

2009年，吕会华等人率先提出了建设聋人汉语书面语语料库的设想，并在此后若干年进行了实践[1][2]。之后，2013年张帆的《浙江中高职聋生汉字偏误语料库的建设》、2014年严菁琦的《开展面向聋人学生的汉语书面语的词汇语法的语料库研究》等关于建立语料库设想的文章先后发表。2018年，王玉玲发表的文章都标识为基于语料库的研究，查阅后发现，其为自建的小型语料库，有比较详细的标注。

第二节 国外聋人书面语研究概况

国外对聋人习得有声语言的研究情况，无论是其研究的广度还是深度都远高于国内。大量研究从方方面面关注聋人读写能力的发展。

---

[1] 吕会华，吴铃，张会文. 建立聋人汉语书面语语料库的研究与实践[J]. 第二届北京特殊教育国际论坛，2009.
[2] 吕会华，吴铃，张会文. 聋人汉语书面语语料库建设研究[J]. 中国特殊教育，2010（03）：31-33+96.

一、国外聋人在英语书面语习得方面同样存在较大困难

1989年，斯威舍（Swisher M. Virginia）[1]的研究显示，聋童常常对学习听人父母所使用的有声语言存在重大困难。此研究的大部分对象的父母是听人。研究认为，这些困难是由缺少语言输入造成的。听觉是语言信息的重要来源，而通过助听器及残余听力和视觉，比如看话等，接收到的是碎片化的信息。语言输入的缺失使他们在有声语言学习方面存在巨大障碍。这种障碍容易使聋人失去学习的动力。另外一个复杂的原因是语言态度，以及美国手语的问题。

1980年，艾维米（G. P. Ivimey）和拉赫特曼（D. H. Lachterman）[2]利用控制诱导取样模式分析了一组重度聋儿的英语书面语数据，结果和前人的研究类似。10到11岁重度聋的聋童的语法和2到2岁6个月的听人儿童的语法掌握水平相差无几。

1996年，凯利（Kelly）[3]在对424名聋人中学生的词汇、语法水平和篇章的理解能力做了综合分析后得出，聋人学生的语法掌握水平对其词汇的运用和阅读理解的影响成正相关。

2005年，希林（Shirin D. Antia）、苏珊（Susanne Reed）、凯瑟琳（Kathryn H. Kreimeyer）[4]调查分析了110名在公立学校学习的聋/重听学生的写作数据。研究对象的平均写作水平在低于平均值的范围内，标准差在1以内，49%的研究对象的写作水平在平均水平或平均水平以上。语境惯例、语境语言和故事结构三个子测验的平均分数在低于平均值的范围内；55%～68%的学生得分在平均水平或高于平均水平。数据表明，无论听力损失程度高低，许多在公立学校读书的聋/重听学生的写作能力和写作教学都需要受到重视。

过往研究也显示，聋/重听学生的书面语学习情况与同龄听人在多个维度上存在差异。聋/重听学生的写作水平随着年龄的增长而不断提高。然而，听力损失严

---

[1] VIRGINIA S M. The Language-Learning Situation of Deaf Students [J]. TESOL Quarterly，1989，23(02)：239-257.
[2] IVIMEY G P, LACHTERMAN D H. The written language of young English deaf children [J]. Language and speech, 1980(04)：351-377.
[3] 汪飞雪，陈熙. 谈聋人学生的书面语学习 [J]. 辽宁师专学报（社会科学版），2014（03）：121-122.
[4] ANTIA S D, REED S，KREIMEYER K H. Written Language of Deaf and Hard-of-Hearing Students in Public Schools[J]. The Journal of Deaf Studies and Deaf Education，2005，10(03)：244-255.

重的学生，无论受教育程度如何，他们的写作水平与同龄听人相比仍有相当大的差距。

2007年，钱农（Channon Rachel）和塞耶斯（Sayers Edna Edith）[①]对135篇聋人大学新生英语作文中功能词的使用情况进行了分析，并且和同题目的范文进行了比较。如果两者表达完全一致，则为掌握；如果聋人作文中缺少了某个词，则叫回避；如果多用了某个词，则叫冗余。相对于作为比较语料的范文，聋生在功能词的使用上要比在实词的使用上差异更大。这些差异说明：聋生对独立小句标记、指示词、中性第三人称单数代词及可能类情态词的掌握不够；对第一人称单数及某些标点符号的掌握比较好；极度回避使用某些从属小句标记、某些指示词、不定冠词、除了句号和逗号以外的标点和情态动词，例如may、might、should，但是又过度使用另外一些从属小句标记，第二人称代词，第三人称代词，量词（quantifiers），动词do和情态动词could、will。聋生倾向于使用流水句，指不间断、缺乏连接词或标点符号的长句，流水句的使用频度高于成分残缺句。

二、对如何提高聋人书面语水平的探讨

国外的研究者和国内的研究者一样，面对聋人远远低于听人的书面语成绩，感到压力很大，在多方面进行了探讨。

（一）外国聋人学习英语和听人把英语作为第二语言学习比较

一些外国聋人学习他们本国的有声语言，比如英语，是把英语作为第二语言学习，和同样把英语作为第二语言学习的听人学习者比较，他们可能会遇到一些相同的困难，也会有一些不同。

大多数聋人出生于听人家庭，接触手语和英语的时间和程度因人而异。一些聋人通过视觉模式的手语学习英语的书面语或者直接学习英语书面语。如果是通过手语学习，美国手语（ASL）是一种视觉语言，在语言结构上与英语有很多不同之处，而且手语都没有书面形式。还有一些聋人手语并不扎实，不能对英语学习产生积极影响。对绝大多数聋童来说，早期教育的重点是开口说话而不是培养英

[①] RACHEL C, EDITH S E. Toward a Description of Deaf College Students/ Written English: Overuse, Avoidance, and Mastery of Function Words[J]. American Annals of the Deaf, 2007, 152(2): 91-103.

语的读写能力。通常，除非他们自发阅读或者通过书面形式与其他人互动，否则他们在学习以外很少能够用到英语。

把英语作为第二语言学习的听人学习者则不然。他们通过口语和书面语结合的方式学习英语。他们有扎实的第一语言口语和书面语的基础，可以对第二语言的学习产生积极影响。同时，他们可以比较容易地接触到英语口语，进行听说练习，这对他们学习英语有很大的帮助。他们的第一语言的书面语也可以成为他们学习英语书面语的媒介，比如翻译练习。

中国聋人学习汉语的情况和他们是一样的，也具有上面的特点。

（二）探讨聋人学习英语书面语的策略

第二语言学习策略可以在聋人身上使用。我们曾经做过调查，听人大学生学习英语的学习策略和聋人大学生学习汉语的学习策略各方面没有显著差异。

《聋人写作策略》（*Writing Strategies for Learners who are Deaf*）一文介绍了对聋人进行英语教学时的一些有效策略，实用性和可操作性比较强。

国外对聋人英语学习的研究与实践和国内差不多。也有人认为应该用手势英语去教英语，这样学生学起来会更快等。还有其他方面，比如进行学习策略训练，充分发挥手语在其学习中的作用以及双语教学，等等。

第三章 聋人汉语书面语语料库建设

第一节 语料的收集整理与标注

一、语料收集

收集语料的方法有很多种，研究者根据自己的研究需要选择不同的方法。盖苏珊（Susan M. Gass）和麦基（Alison Mackey）在《第二语言研究中的数据收集方法》（*Data Elicitation for Second and Foreign Language Research*）[①] 一书中详细介绍了第二语言研究中各种语料收集的方法，包括自然数据（Naturalistic Data）、诱导反应数据（Prompted Response Data）和诱导产出数据（Prompted Production Data）。

在我们的实际工作中，我们所收集的大多是横向语料，只有少量的纵向语料。横向语料和纵向语料是以语料作者的年龄横纵向进行区分的。横向语料的作者都是同一年龄段的，纵向语料的作者跨越不同年龄段，有个案和群案之分。

横向语料多以学生的课堂作文为主。为避免抄袭，获取真实的语料，我们在收集过程中主要采用了以下四种方法。

第一，请学生观看图片、默片或对白很少且无字幕和声音的电影片段，要求学生看完以后用现代汉语书面语复述故事主要内容。我们曾经选用《梨子的故事》《企鹅的故事》《城市之光》及《父与子》等作为课堂材料。这是一种非常好的诱发叙述性语料的方法，可以检测学生真实的汉语水平。

第二，请学生看与聋人有关的纪录片，然后复述内容或写观后感。这些纪录

[①] 盖苏珊，麦基. 第二语言研究中的数据收集方法 [M]. 北京：外语教学与研究出版社，2011.

片主要以聋人访谈节目为主。纪录片中每个人物都使用手语，并配有字幕。在观看这类纪录片时，学生通过双语（手语和汉语书面语）接收信息，通过单语（汉语书面语）完成输出。

第三，翻译练习。请学生观看优秀聋人用手语讲述的见闻或者精彩故事，然后复述内容。这也是一种非常好的调取语料的方法，可以清楚看出学生的第一语言（手语）对汉语的影响。

第四，限制性命题作文。写命题作文最容易出现抄袭或者背写作文的情况。为避免这种情况的发生，我们在选择写作内容的时候，要求学生写真实发生在自己身边的事件。比如：我们学院曾在八大处公园附近办学，后来回到蒲黄榆校区，于是我们就要求曾经在这两个校区生活过的学生用对比的方法写出八大处和蒲黄榆的异同；或用对比的方法介绍本班同学等。这种方法在最近几年收集语料时用得比较多。

作为聋人大学生的老师，我们天天与聋生交流，也与社会上其他各年龄段的聋人交流，在具体分析语料时，除分析收集的作文语料外，我们也参考了平时收集的聋人日常生活中所写的文字，大多来自 QQ 聊天、微信聊天、朋友圈文案等。

二、语料整理

语料的整理工作主要有以下三个步骤。

首先，对语料进行编号。编号的内容由语料作者的个人 ID 和语料类型等信息构成。

其次，对语料进行拍照存档和电子化处理。

最后，对整理好的语料根据所定标准进行归类归档。

三、语料作者基本情况的调查

在收集语料之前，我们会对每一个语料作者进行调查，调查表如下：

聋生基本情况调查表

个人基本信息

姓名	专业	年级	性别	出生年月	出生地	成长地

家庭基本情况

	姓名	年龄	文化程度	工作单位	听人	聋人
父亲						
母亲						
其他成员						

听力情况

左耳	右耳	残疾等级	耳聋年龄	耳聋原因

口语康复情况

是否接受过语训	接受时的年龄	接受了多长时间	接受地点	能否说话	自我评价说话是否清晰

（续表）

受教育情况

阶段	学校（名称）	入学年龄	在此学习了多长时间
幼儿园或学前班			
小学			
初中			
高中			

手语情况

1. 手语掌握情况：会手语（　　） 不会手语（　　） 会一点儿手语（　　）
2. 如果会手语，你是在哪儿学的？
   到聋校以后学的手语（　　） 到聋校以前和家人或其他人学的（　　）
3. 在聋校和谁学的手语？（可多选）
   老师（　　） 高年级同学（　　） 本班同学（　　）
4. 在家学手语的时间：3 岁以前（　　） 5 岁以前（　　）
5. 家中或邻居中是否有聋人？有（　　） 没有（　　）
6. 在平时和家人交流的时候主要通过（可多选）：手语（　　） 口语（　　） 笔谈（　　）
7. 在和同学交流的时候主要通过（可多选）：手语（　　） 口语（　　） 笔谈（　　）
8. 与其他聋人的手语相比，你认为你的手语水平如何？
   很好（　　） 好（　　） 一般（　　） 不好（　　）

汉语情况

1. 你是先学的手语还是先学的汉语？
2. 与班上其他同学比较，你认为你的汉语的整体水平如何？
   很好（　　） 好（　　） 一般（　　） 不好（　　）
3. 与听人比较，你认为你的汉语水平如何？
   很好（　　） 好（　　） 一般（　　） 不好（　　）
4. 你认为你的汉语水平高或者低的原因是什么？
5. 你认为你的汉语水平需要提高吗？
   特别需要（　　） 需要（　　） 还可以，不需要再提高了（　　）

第二节　语料库所需软件的开发

建设语料库需要一些专门的软件对语料进行处理。按照使用的顺序，我们借鉴或自己开发了一些软件。

一、语料辅助标注工具

目前，对中介语语料的标注还不能达到自动化的程度。在研究过程中，我们一直试图开发出自动标注的软件，但这个愿望一直未能实现。本书语料库中的熟语料全部是人工标注的。所谓熟语料就是经过加工的语料，生语料是没有加工过的原始语料，生语料经过加工才能成为熟语料。真实语料需要经过加工（分析和处理），才能成为有用的资源。

我们使用了北京语言大学 HSK 作文语料库[①]的辅助标注工具。在使用过程中，对具体的标注项做了一些修改。根据我们的建库设想及研究需要，将 HSK 的辅助标注软件进行了拆分，分为词语标注软件和句法标注软件。词语标注项和 HSK 作文语料库保持一致，包括错词、多词、缺词、离合词错误及存疑。

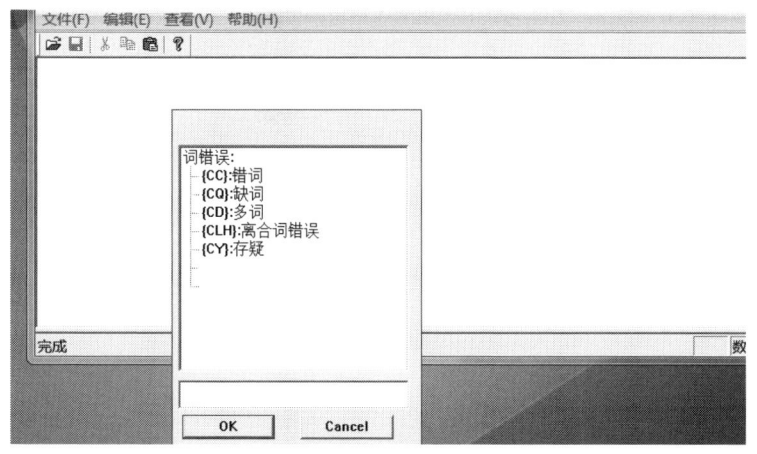

图 3-1

---

① 注：北京语言大学 HSK 语作文语料库是一个中介语书面语语料库。

我们对句法标注内容进行了比较大的修改。句法部分分为基础信息标注和偏误信息标注两类。

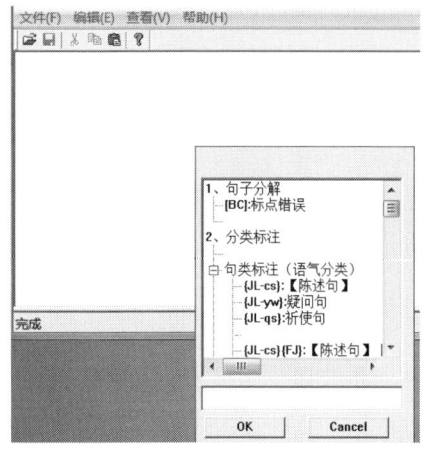

图 3-2

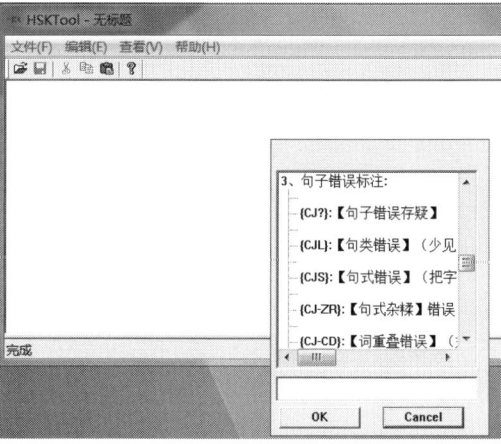

图 3-3

经过试标、分析、统计等程序，最后确定了句法部分的标注项目。

二、聋人汉语书面语检索系统

聋人汉语书面语检索系统包括聋人（语料作者）信息数据库和聋人书面语检索系统两部分。主要有两个程序模块：一是对聋人信息数据库的操作；二是通过对聋人信息数据库的条件选择，进行聋人书面语语料库的检索。

（一）软件安装过程

1. 软件运行环境

硬件环境：一台主频 1GHz 以上的计算机。

软件开发环境：Visio studio 2017。

开发语言：C# 和 mysql。

软件环境：Windows 操作系统。

2. 安装 MySQL 数据库软件

将 mysql 数据导入语料数据库中。将数据通过 MySQL Workbench 软件导入 MySQL 软件中。MySQL Workbench 软件是 MySQL 的可视化软件，操作起来会更加方便。点击［Open connection to start querying］。

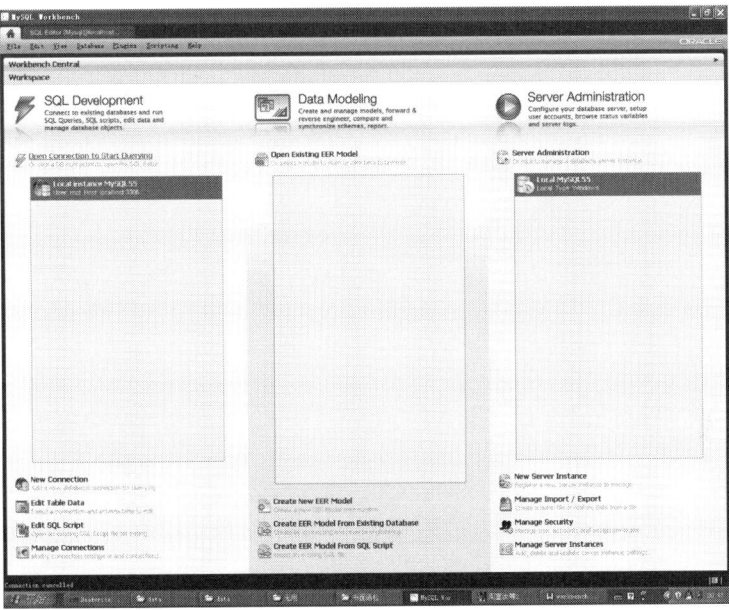

图 3-4

不做更改，直接点击［OK］。

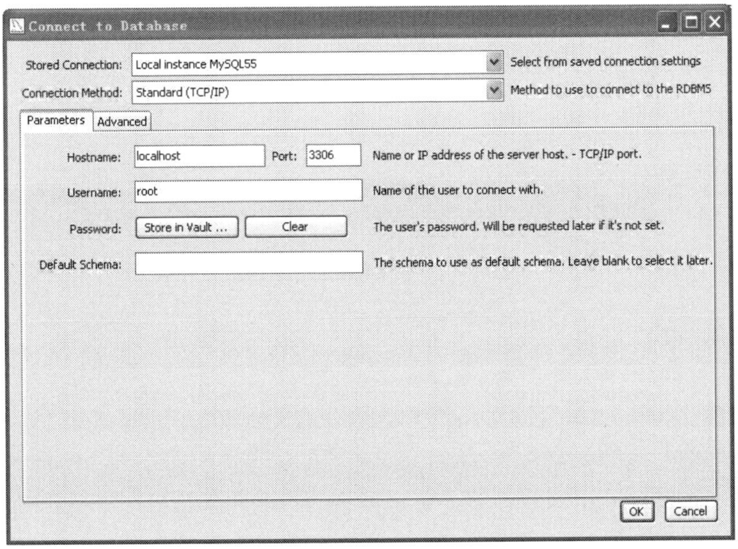

图 3-5

输入密码，点击[OK]。

图 3-6

右键点击[studata]→[Edit Table Data]，可以看到数据库里面的数据。

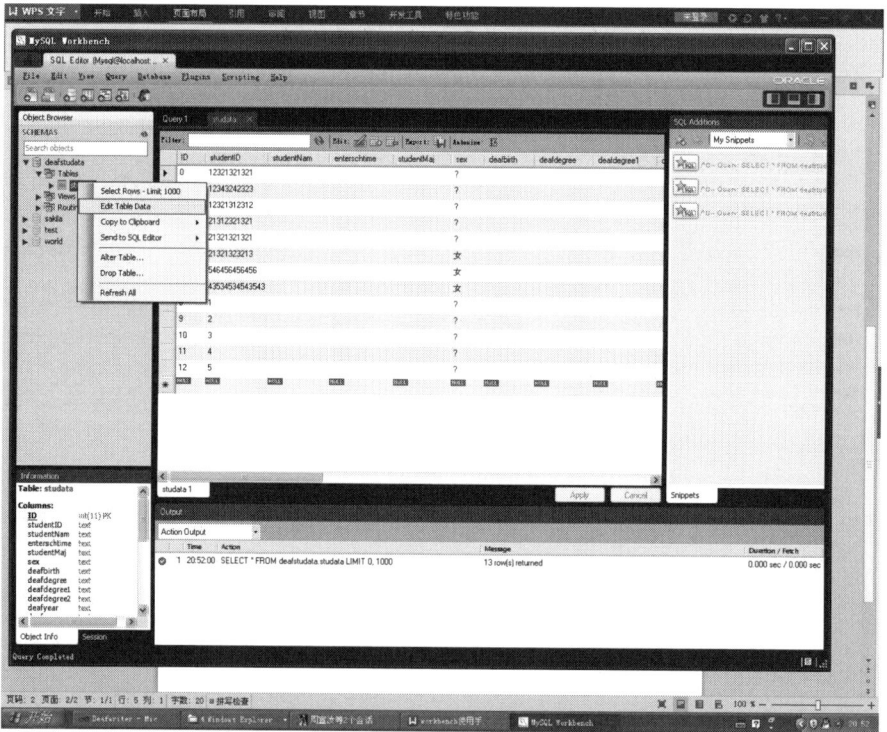

图 3-7

点击圆圈里面的按钮，导出数据库文件。

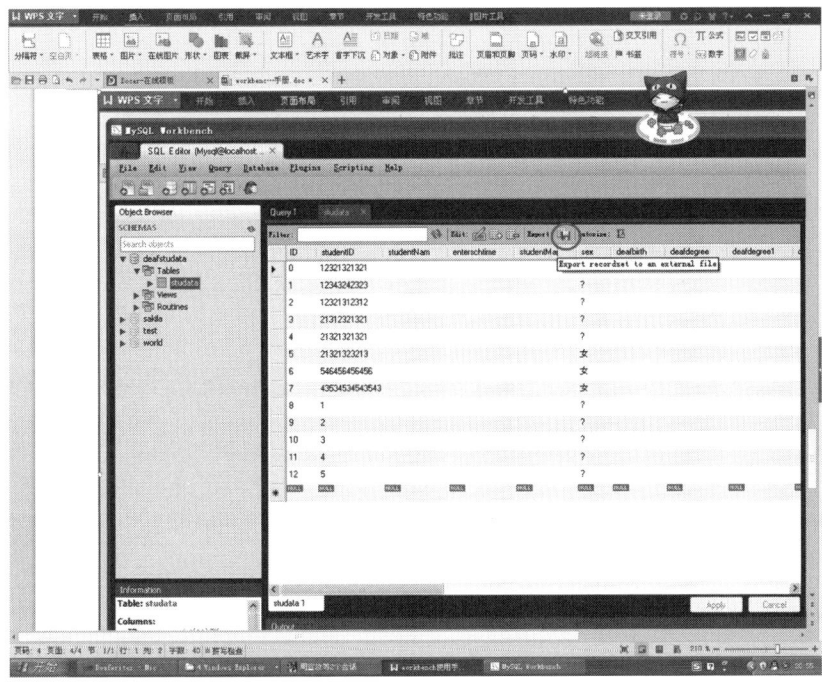

图 3-8

要求保存类型为"SQL INSERT statements"。

图 3-9

选择［Export］。

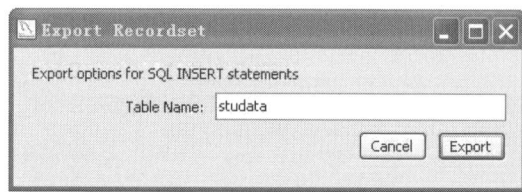

图 3-10

导入，点击方框里的按钮，找到保存的".SQL 文件"，点击［打开］。

图 3-11

图 3-12

选择［Query］→［Execute（All or Selection）］，自动执行。

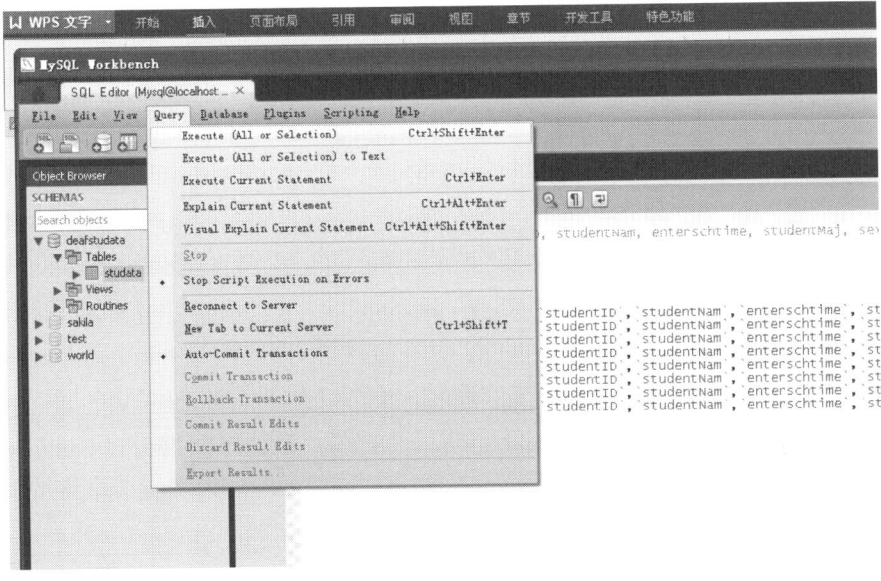

图 3-13

如图 3-14 所示，可查看效果，是否插入。如果插入成功，软件就可以正常运行。搭建数据库是该软件必须进行的基础步骤。

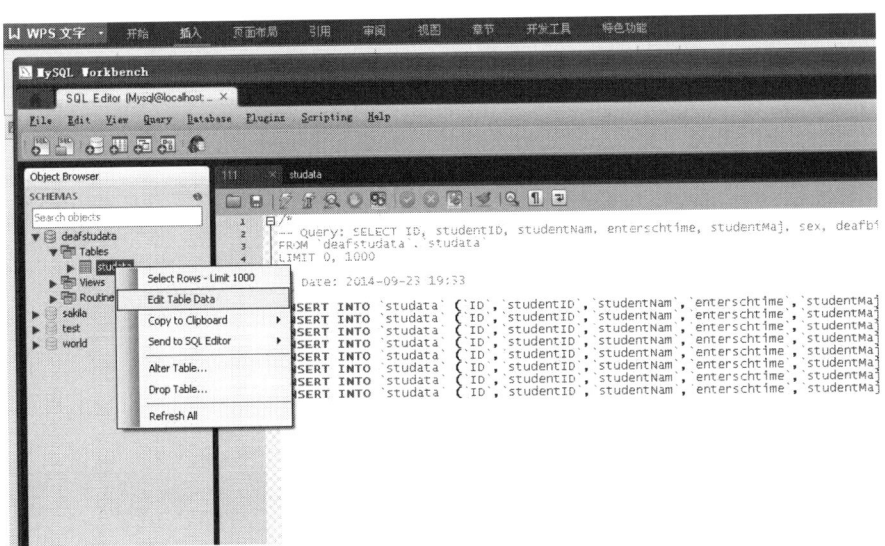

图 3-14

（二）使用说明

1. 打开软件

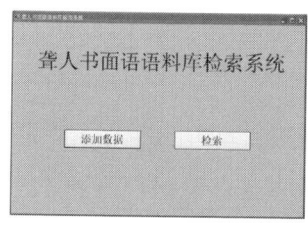

图 3-15

（1）功能说明

此为该软件的主界面，点击按钮可分别进行聋人信息数据库操作和聋人书面语检索。

（2）操作说明

[添加数据]：可进入聋人信息数据库的操作界面。

[检索]：可进入聋人书面语检索条件设定的界面。

2. 聋人信息数据库操作

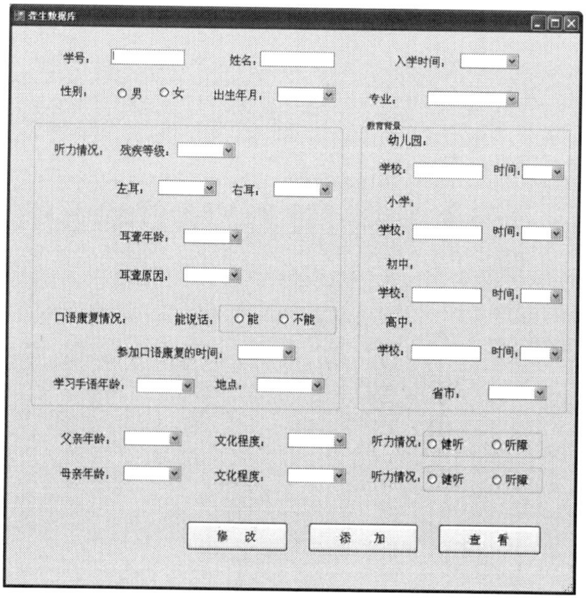

图 3-16

(1) 功能说明

聋人信息数据库包括学号、姓名、入学时间、性别、出生年月、专业等上图中出现的所有信息；学号不得为空，其他信息可为空。本界面可对聋人信息进行修改、添加、查看。

(2) 操作说明

［修改］：需输入学号，在学号存在的情况下，可对该聋人信息数据库中的该学号聋生的信息进行修改。

［添加］：学号不得为空，其他信息可为空，填好后可将信息添加到聋人信息数据库中。

［查看］：可查看聋人信息数据库中所有的数据信息，如图3-17。

3. 查看聋人信息数据

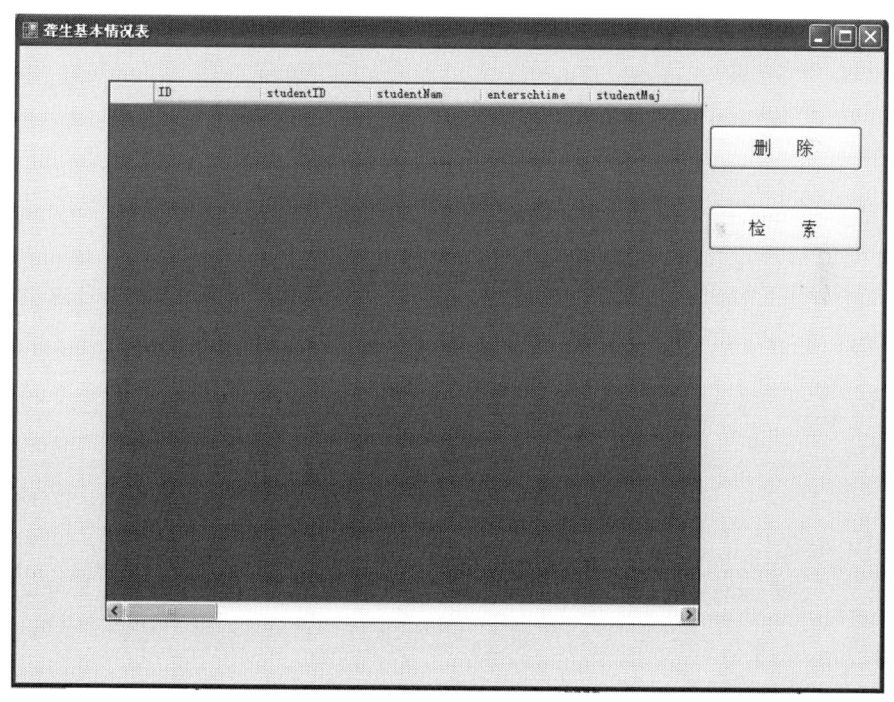

图 3-17

(1)功能说明

可查看聋人信息数据库中所有的聋人信息,双击数据条,可跳转到图 3-18 所示界面查看该学号的完整信息,也可对数据库信息进行[删除]操作。

(2)操作说明

[删除]:选中数据条,单击该按钮,可将该数据条从数据库中删除。

[检索]:可跳转至图 3-19(检索条件设定)界面。

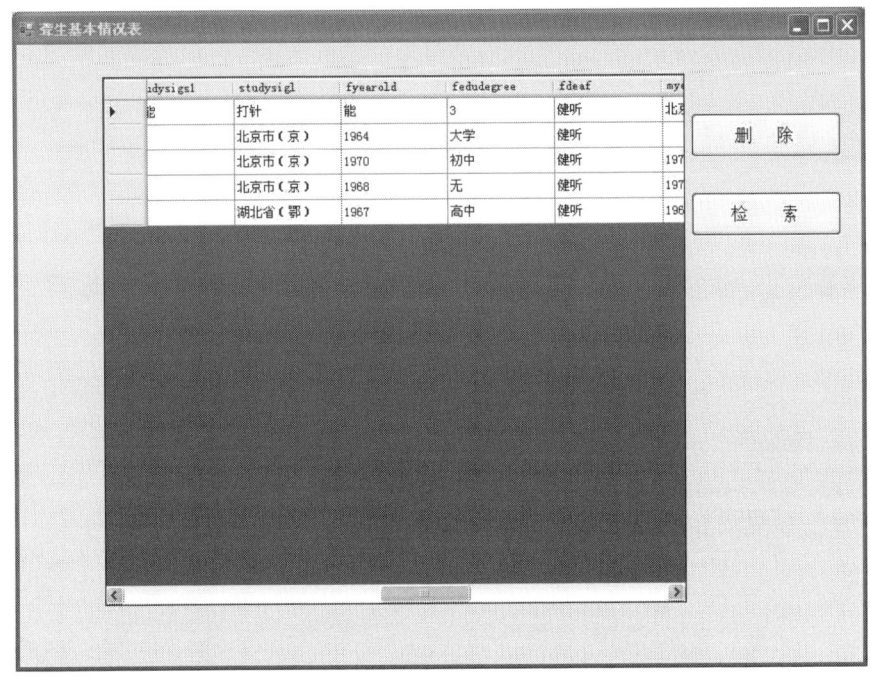

图 3-18

4. 设定检索条件

(1)功能说明

图 3-19 所示界面可对语料作者进行条件设定,在不同条件下检索不同聋人群体的书面语情况。

(2)操作说明

[下一步]:根据设定的条件,从聋人信息数据库中调出符合条件的学号,并根据类型选择对要检索的 TXT 文件进行名字设定,然后跳转到图 3-20(检索)界面。

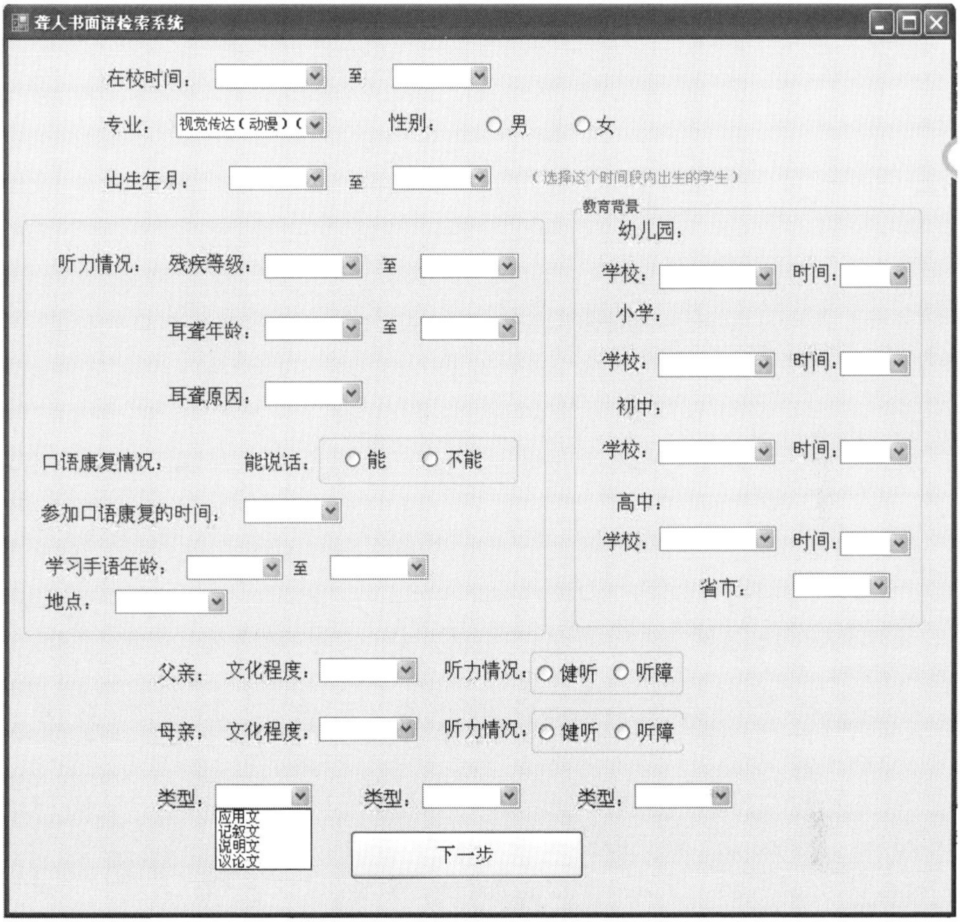

图 3-19

5. 检索

（1）功能说明

对不同检索关键字进行分类，分为自由检索和特定检索，特定检索是指除自由检索以外的所有检索内容。

（2）操作说明

［检索］：检索设定名字的 TXT 文件，若存在，则进行文本比对操作，得到含有检索关键字的句子。

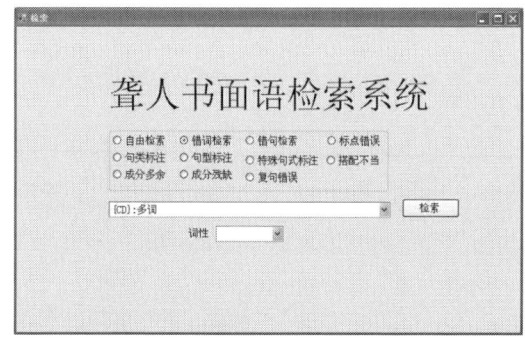

图 3-20

6. 检索结果

（1）功能说明

显示关键字检索结果，并进行排序；双击序号可跳转至该聋生的信息界面。

（2）操作说明

[保存结果]：可将检索结果保存至 TXT 文件，方便后续研究与查看。

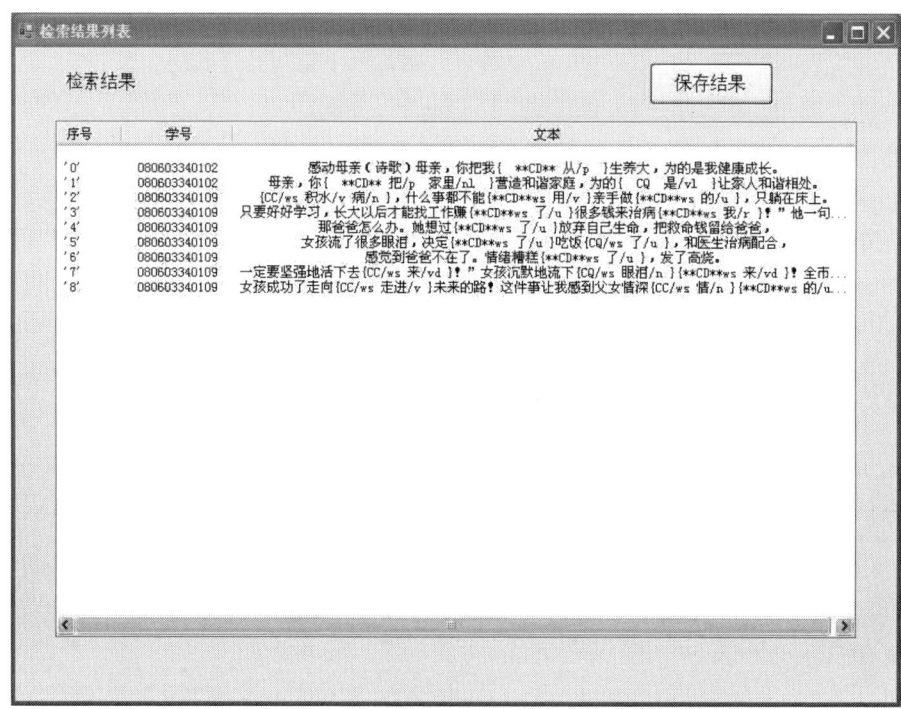

图 3-21

（三）开发平台介绍

聋人汉语书面语检索系统第三版开发使用的是 Visio Studio 2017，开发语言用的是 C# 语言。主要的代码文件有 index.cs、search.cs、searchterm.csstudata.cs、textlist.cs 等。

三、聋人书面语专家辅助评判系统 V1.0

语料标注是一项非常繁琐的工作。它是一种将隐含的语言学知识形式外显的过程，是将非结构化的文本转换为半结构化文本的重要环节，是将文本变为知识的过程。

每个标注者的语感不同、汉语知识储备不同，为使标注结果更加准确，由此开发了聋人书面语专家辅助评判系统 V1.0。由三位标注人标注同一份文件，然后将三份文件放入该系统进行核查。如果核查结果是三位标注人所标内容一致，则标注通过；如果两人一致，则选择两人一致的标注通过；如果三位标注人标注的内容各不相同，则由负责核查的专家最后确定应该如何标注。

在开始使用该系统的一段时间内，大多数标注者都采用了这种方法。但是后来发现，这种标注方法太耗费时间，标注进度非常缓慢。后来就改为一人标注、一人校对核查的模式。

之后，专家辅助评判系统主要用于培训标注人员。几位新手标注人员在培训阶段同时标注一份文件，然后使用辅助评判系统进行核查，找出问题，进行统一。

四、分词及词性标注等软件

分词及词性标注，以及其他词频统计等使用的是国家语委语料库在线系统。

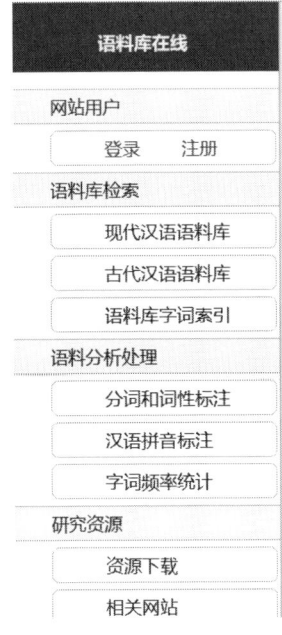

图 3-22

图 3-23

对标注完的语料进行分词及词性标注的时候,可能会出现一些多余的符号,为解决这个问题,我们又开发了对分词及词性标注结果进行优化处理的软件,如图 3-24 所示。

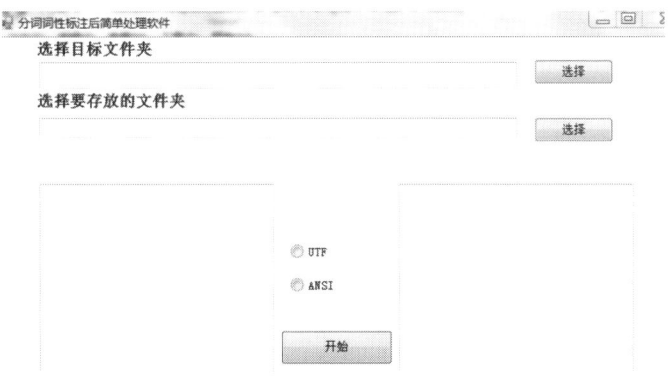

图　3-24

分词后未经处理的页面，如图 3-25。

```
梨子/n  的/u  故事/n
有一次/v  ，/w  有/v  一个/r  大叔/n  在/p  梨子/n  树
 梨子/n  {/w  CC/ws  2/m  梨子/n  们/k  }/w  放进/v
{/w  CC/ws  2/m  几/m  }/w  筐子/n  ，/w  正/a  爬/v
摘/v  。/w  过/vd  了/u  一会儿/nt  ，/w  来/vd  了/u
一头/d  驴子/n  ，/w  看/v  了/u  许多/a  梨子/n  放进
些/r  筐子/n  ，/w  不管/c  它们/r  ，/w  继续/v  走/v
 了/u  一个/r  小男孩/n  ，/w  正/a  骑/v  自行车/n
家/n  玩/v  ，/w  看/v  了/u  许多/a  梨子/n  都/d  在
```

图　3-25

分词后经过优化处理的页面，如图 3-26。

```
梨子/n  的/u  故事/n  有一次/v  ，  有/v  一个/r
，  把/p  这些/r  梨子/n  { CC 2/m  梨子/n  们/k
2/m  几/m  } 筐子/n  ，  正/a  爬/v  梯子/n  { CC
，  来/vd  了/u  一个/r  年轻/a  的/u  男人/n  和
 梨子/n  放进/v  { CC 放/v  在/p  } 这些/r  筐子/
家/v  。  不久/nt  又/d  来/vd  了/u  一个/r  小男
回/v  } 外婆/n  家/n  玩/v  ，  看/v  了/u  许多/a
：  为何/d  不/d  把/p  梨子/n  给/p  外婆/n  吃/v
就/d  偷偷/d  拿/v  了/u  一/m  筐/n  梨子/n  ，
}，  还/d  匆匆忙忙/a  地/u  走/v  。  当/p  他/r
```

图　3-26

第三节　词语标注问题研究

确定好语料库所使用的软件后,将首先进行词汇方面的研究,因此我们对词处理标准进行了统一制订。

第一步,制订了一个分类特别细致的标注标准并进行了试标注。在试标注的过程中发现,如此详细的标准虽然对后期的研究工作有利,但标注过于狭窄,不利于广大研究者使用,而且标注越细致,对标注者的语感和汉语语言学知识的要求越高,就越难找到合适的标注者,也越难统一标注的标准。

第二步,尝试使用北京语言大学 HSK 作文语料库的词处理标准。在使用过程中发现,该语料库的词处理标准虽然在大的分类上没有问题,但在下层分类上,或有与句处理重叠的现象,或有词语不易判断的问题。

第三步,沿用 HSK 作文语料库词处理的大类,对小类进行了重新梳理。与句法重合的部分,归入句处理;不易判断的部分,或改变称呼,或重新分类,并结合聋人产出的汉语书面语实际情况,重新给出了详细的例句,以便标注者对照标注。

词处理标准反复修改,经历多次试标、矫正,用时一年多才初步完成。下面将详细讨论词语标注问题。

HSK 作文语料库将词语偏误分为错词、缺词、多词、离合词偏误四类。在实际的词语偏误标注中,为适应更广泛的研究人群、不同研究者的研究目的,以及为了标注工作的简便,我们将沿袭其大类的划分标准,只标注错词、多词、缺词和离合词偏误类,在小类上略做改动,另外将不能归类的偏误归为存疑,使其操作性更强。在本书中,将会对大类下的小类进行细致切分与解说,一方面为标注者提供参考,提高标注质量;另一方面为今后对词语偏误进行进一步研究奠定基础。从词语的角度讲,我们希望此项工作达到两个目的:其一,为建设聋人汉语书面语语料库词语偏误的标注提供理论和技术上的支持,构建词语偏误标注的规则;其二,对聋人汉语书面语词语偏误进行全面归纳与梳理,找出聋人汉语书面语偏误产生的原因,以指导未来的教学工作。

"词汇层面的偏误存在比较复杂的界定问题,但总体上可分为构词偏误和用词偏误两大类。构词偏误主要是指留学生在词汇使用过程中,受母语、目的语等的影响,误造一些新词,主要有语素错序、语素替代等。用词偏误主要是指留学生在词汇使用过程中,由于语义不清等原因误用了目的语的其他词语,包括单双音节的相互替代以及语义偏误等。"[1]聋人汉语书面语词语偏误问题也主要集中在构词偏误和用词偏误两个方面。我们将从这两点出发,对聋人汉语书面语词语偏误进行分类与分析。我们的语料全部检索自项目组开发的聋人书面语语料库检索系统。文中所列例句均为原始语料,句中存在除偏误词以外的其他语法或词语偏误均未做修改。

一、错词(CC)

错词,指错误的词和固定短语等,包括构词和使用两方面的偏误。在 HSK 作文语料库词处理标准中,将错词分为颠倒、生造词、使用偏误和搭配偏误四类。在尝试使用此标准进行标注时,我们发现词语使用偏误和词语搭配偏误极易混淆。词语搭配偏误又和句法中的搭配偏误有交叉,因此这两项标准的确定存在概念不清和不易操作的问题。因此我们将词语使用偏误和搭配偏误进行重新梳理,引入了"混淆"作为错词中的一类,凡和句法中搭配偏误(主谓搭配不当、动宾搭配不当、定中搭配不当、状中搭配不当、中补搭配不当等)有交叉的,留待句法处理;可进入混淆的,归入混淆。

(一)语素颠倒

颠倒是指将词的构成成分顺序写错,几个构词成分都是正确的,只是顺序有误。这种情况在聋人产出的书面语中特别多。有关研究表明,语素颠倒占所有复合词偏误的 13.65%[2]。

---

[1] 肖奚强,周文华. 汉语中介语语料库标注的全面性及类别问题 [J]. 世界汉语教学,2014,28(03):368-377.
[2] 吕会华. 聋人和留学生汉语生造词比较研究 [J]. 中国听力语言康复科学杂志,2008(03):43-45.

表 3-1　错词之语素颠倒

目标词语	偏误词语	例句	说明
目瞪口呆	瞪目口呆	他**瞪目口呆**地看她	将词语写颠倒，有的是因为字形相近，比如"灿烂"写成"烂灿"，但绝大多数是如表中所示在字形上相差甚远的词语。
永不言弃	永言不弃	要学会**永言不弃**	
奇怪	怪奇	它里有一只怕冷的**怪奇**企鹅	
日报	报日	小企鹅看到他房子墙上有**报日**上	

（二）生造词

生造词是指使用者自造的，汉语中不存在但有表达相同概念的词。生造词和写颠倒不一样，写颠倒的词语构词成分和目标词一致，只是构词成分摆放错了位置。生造词的构成成分有的和目标词一致，有的不一致。吕会华[1]调查发现，复合词偏误中，生造词的比例最高，占所有偏误的 39.42%。

李冰[2]在对日本留学生生造词的偏误分析中将生造词分为 5 大类、14 小类，分别是：①日语汉字词偏误：近形词、异形词；②构成语素偏误：近义语素误代、非近义语素误代、语素误加、语素遗漏、语素错序及语素压缩；③多词杂糅偏误；④类比造词偏误；⑤重叠偏误。李冰关于生造词的分类非常细致，某些类别亦可体现聋人汉语书面语词语偏误的特点，有可借鉴之处。邢红兵[3]将生造词分为：①新造词：指使用的合成词在汉语中没有对应的词，或者虽然有对应词但其中至少有一个语素跟目标词无关；②语素替代：指偏误合成词和目标词相比，构造上没有差异，语素上有差异，有差异的语素和目标语素是同义、近义、反义或者语义相关关系；③语素错误：指和目标词相比，偏误合成词中包含一个错误的语素，这个偏误语素和目标语素之间没有音形义的关系；④语素顺序错误：指偏误合成词的语素位置颠倒或位置混乱；⑤其他错误：指无法根据原文的内容和背景知识推断偏误合成词的意思。

本书对生造词的分类将在邢红兵的生造词分类标准的基础上进行微调。第一，

---

[1] 吕会华.聋人和留学生汉语生造词比较研究[J].中国听力语言康复科学杂志，2008（03）：43-45.
[2] 李冰.日本留学生生造词偏误分析——基于中介语语料库的调查研究[J].语文学刊，2013（04）：17-19+22.
[3] 邢红兵.留学生偏误合成词的统计分析[J].世界汉语教学，2003（04）：67-78+3-4.

将第二条"语素替代"中的单音节词语和双音节词语混用的错误归入混淆,因为在这类情况中两个词语都是正确的词语,只是由于用法上区分不清造成了词语使用方面的错误。第二,将第四条"语素顺序错误"单独列为一类,并改为"语素颠倒"(参见前文),因为此类偏误在聋人汉语书面语中出现频率较高,此类偏误多是由于缺乏声音信息及受手语影响等原因,造成聋人在书写的时候将其写颠倒了。第三,将第五条"其他错误"归入存疑。例如:冰胀慢慢地变长了,这句话里面的"冰胀",作者要表达什么意思,无法推断,归入存疑。经调整后,将生造词划分为新造词、语素替代、语素错误三类。

1. 新造词

表 3-2 生造词之新造词

目标词语	偏误词语	例句	说明
西装	西装服	穿着一件**西装服**	偏误词语和目标词语有共同的语素,但有的语素是多余的,且多余语素在其中起到将事物归类的作用。
零食	零食品	他便给我找**零食品**。	
假肢	假截肢	腿是**假截肢**	
望远镜	远眼镜	用**远眼镜**望去	在汉语中查不到偏误词语,完全是作者自造的。
	远大镜	拿**远大镜**。	
水龙头	抽水头	**抽水头**掉了	
文笔	笔才	可是我**笔才**有限	
年复一年	夜复一夜	就这样日复一日,**夜复一夜**	类比造词,偏误词在汉语中没有对应的目标词,但是有对应的构词模式或相关的语素造词方式,例如日复一日、记者、脸皮等。
人民	民者	全市**民者**都知道了	
脚	足皮	我的**足皮**破了流血了	
雨夹雪	一会下雨	今天天气,**一会下雨一会下雪**	不知道表达该概念的词语,选用描述性语言来表达。
回头	头往回	**头往回**看了看	
惊喜	吃惊的事	为了给我一个**吃惊的事**	

2. 语素替代

表 3-3　生造词之语素替代

目标词语	偏误词语	例句	说明
东张西望	东看西望	跑到筐子旁边**东看西望**，看没人	近义语素替代。"张"：有"看，望"之意。"尘"：飞扬的灰土。"包"：有"装东西的口袋"之意。"罐"：有"盛东西用的大口器皿"之意。
泥土	泥尘	轻轻地拭去它身上的**泥尘**	
热水袋	热水包	它全身捆着几个**热水包**	
洗澡盆	洗澡罐	他非常着急想办法到**洗澡罐**上	
围巾	布巾	用自己的**布巾**把它擦干净	非近义语素替代。替代语素和被替代语素之间或有类属关系，或根本无关系。

3. 语素错误

表 3-4　生造词之语素错误

目标词语	偏误词语	例句	说明
无微不至	无微	实在不敢让您这么**无微**的照顾	语素丢失。
医用纱布	医布	把白色的**医布**绑在我的脚上	
伤心难过	伤过	女孩很**伤过**	压缩语素造成的语素缺失。
撞到摔倒	撞摔	不小心**撞摔**了	
医院病房	医房	送我和姨父到**医房**的一旁	

（三）混淆

易混淆的一组词语首先是完整的词语，与前文的语素颠倒和生造词不同，那些词语从表面形式看，就是不正确的词语。张博[①]提出，"对外汉语教学中的词语辨析不宜固守'同义''近义'这类汉语本体研究提供的标尺，应当转换视角，基于中介语词语偏误的现实更有针对性地进行易混淆词辨析"。因为"将词语辨析的

[①] 张博.同义词、近义词、易混淆词：从汉语到中介语的视角转移[J].世界汉语教学，2007（03）：98-107+3.

范围扩大到广义的近义词,并在近义词的框架下进行易混词的辨析,难免冲犯近义词的界限,并使大量易混淆词受'近义'的规约而被悬搁"①。聋人汉语书面语中的一些词语错误,同样无法作为近义词进行辨析。

易混淆词语之间可能是同义或者近义关系,也可能二者之间在语义方面、语法方面、语用方面甚至可能是字形方面有某些相似之处,从而在使用中混淆。为了检验对易混淆词语人工主观分类的准确度,我们将筛选出的目标词语和偏误词语进行了词语相似度计算。"词语相似度是指两个词语在不同的上下文中可以互相替换使用而不改变文本的句法语义结构的程度。两个词语如果在不同的上下文中可以互相替换且不改变文本的句法语义结构的可能性越大,二者的相似度就越高,否则相似度就越低。相似度是一个数值,一般取值范围在[0,1]之间。"② 因为词语相似度比较主观,为提高判断的准确性,我们运用 WordSimilarity 软件检验主观判断的结果。

1. 理性意义基本相同的词

表 3-5　易混淆词之理性意义基本相同

目标词语	偏误词语	例句	相似度	说明
鼻子	鼻腔	同时左手捏**鼻腔**。	1.0	词义范围大小不同。鼻子、脑袋范围大,鼻腔、脑子属于鼻子、脑袋。
脑袋	脑子	为了保护我的**脑子**。	1.0	
不	无	你**毫无**知道幸福	0.07	"不"和"没"是一对极易混淆的词语,都表达否定的意思,但是"没"用于客观叙述,限于指过去和现在,不能用于表示将来。"不"用于主观意愿,可指过去、现在和将来。而例句中"不"和"无"二者相似度极低。计算的结果和主观判断不一致。
不	没	小企鹅觉得**没**冷反而热	1.0	
没	不	我的衣服一滴水都**不**沾	1.0	
钦佩	敬佩	这种精神使我**敬佩**	1.0	词义的轻重不同。
参观	看看	活动就是自愿去植物园**看看**。	1.0	语体色彩不同。

---

① 张博.同义词、近义词、易混淆词:从汉语到中介语的视角转移[J].世界汉语教学,2007(03):98-107+3.
② 刘群,李素建.基于《知网》的词汇语义相似度计算[J].中文计算语言学,2002(7):59-76.

2. 理性意义不完全相同，在词义上有一定联系的词

表 3-6　易混淆词之理性意义不完全相同，在词义上有一定联系的词

目标词语	偏误词语	例句	相似度	说明
爬	登	**登**下来梯子	1.0	"爬"和"登"有共同义项"攀登"。
盖	铺	爸爸将大衣**铺**在我身上	1.0	"盖"和"铺"有共同义项"建造"。
握着	拿着	她**拿着**小女孩轻巧的手	1.0	"握"和"拿"有共同义项"用手抓（握）东西"。
看	示	我偷偷地向姥爷**示**了一眼	0.24	"示"有"给人看"的意思。与"看"比较，动作的对象不同。
说	叫	招呼他们**叫**"再见"	0.44	虽然在 WordSimilarity 上查找结果是无共同义项，实际上目标词和偏误词之间存在某种关联。
二	两	所以他多动脑筋并**两**郎腿。	0.87	
顶	冒	沐浴盆底的塞子被向上**冒**。	0.21	

3. 有共同语素，但音节数量不同的词

有的是应该用双音节词语而误用为单音节词语，这种情况最多；有的是应该用单音节词语而误用为双音节词语。

表 3-7　易混淆词之有共同语素，但音节数量不同的词

目标词语	偏误词语	例句	相似度	说明
时候	时	她和他擦肩而踵的**时**	1.0	有共同义项，有时其中一个词语包含另一个词语的一个义项。应用双音节，误用为单音节。
外面	外	**外**照射阳光	1.0	
导致	致	由于各种原因**致**我们开始争吵着	1.0	
有点	有	他的膝盖**有**疼	0.04	共同义项很少。
深	深刻	感情最**深刻**的	1.0	有共同义项。
打	挨打	老师**挨打**父亲的屁股	0.14	
后	最后	费经周折**最后**小女孩	0.86	共同义项很少。应用单音节，误用为双音节。
操	操出	为了三个弟妹**操出**了很多心	无	

4. 有相同语素的词语

这类易混淆词有相同的语素，意义上有共同义素，但是之间既无同义关系亦无类义关系。

表3-8 易混淆词之有相同语素的词语

目标词语	偏误词语	例句	相似度	说明
最终	终于	美铃**终于**违反了那个十约定	0.86	
费力	尽力	只是**尽力**地抬着它走过去	0.15	
提出	提醒	同时给她**提醒**十个约定	0.17	
成熟	早熟	当懂事的我慢慢**早熟**了	0.83	
家庭	家境	当他知道我**家境**的条件	0.06	
必须	必要	一定要好好学习**必要**坚持到底	0.04	
空气	天气	早晨**天气**很新鲜	0.45	目标词语和偏误词语之间的联系比较松散。只有个别词语之间存在共同义项或义位，大多只是词语表面语素相关。
取暖	温暖	给自己**温暖**	0.04	
融化	消灭	热水瓶包冰**消灭**了	0.29	
跳舞	舞蹈	不过专门是**舞蹈**	0.04	
怎么	什么	**什么**都不让外婆打	0.04	
流泪	泪水	我默默地心里**泪水**	0.04	
身后	背面	从天而降落到你的**背面**	0.2	
送给	送到	把三个孩子**送到**他们的亲人。	无	
走到	走完	意味着**走完**狗狗的生命尽头	无	
火炉	烤炉	站在它的**烤炉**边不断的取暖	无	

5. 虚词的混淆

邢福义和汪国胜[①]在《现代汉语》中将虚词分为助词（结构助词、动态助词、语气助词[②]），连词和介词。由于手语的手控因素（手势）中虚词不发达，大多通

---

① 邢福义，汪国胜. 现代汉语[M]. 北京：高等教育出版社，2010.
② 注：黄伯荣、廖序东在其主编的《现代汉语》一书中，把语气助词单列为一类虚词。名异实同，只是称说习惯差异。

过非手控因素表达，这一特征对聋人的汉语书面语有较大影响，因此我们将虚词使用的错误归入到错词的混淆小类中，将缺少虚词的情况归入缺词大类，将虚词泛化的情况归入多词大类。

（1）助词的混淆

第一类：结构助词的混淆。现代汉语中，典型的结构助词有"的""地""得"。在聋人的汉语书面语中，三者混淆比较多。"的"有泛化的倾向。例如：

＊您这么无微的照顾。（"的"与"地"的混淆）

＊我哭的很厉害。（"的"与"得"的混淆）

＊老师气地把他的父亲拖到桌子上。（"地"与"得"的混淆）

第二类：动态助词的混淆。典型的动态助词有"着""了""过"，三者之间的混淆相对较少。例如：

＊原来我的朋友偷了告诉同学们。（"了"与"着"混淆）

第三类：语气助词的混淆。语气助词之间的混淆情况比较严重。例如：

＊我认为她是开玩笑了。（"了"与"的"混淆）

＊我以为能脱下了吧！（"吧"与"呢"的混淆）

＊地球南极的冰岛上可真是热闹啦！（"啦"与"啊"的混淆）

第四类：三类助词之间的混淆。不仅各类助词内部存在混淆的问题，上述三类助词之间也存在混淆的情况。主要是三类助词和"着"的混淆，例如，用作动词、介词使用的"在"和"着"的混淆。因为"在"和"着"有共同语义，都可表达"存在"的意思。例如：

＊企鹅高戴的帽子。（"的"与"着"混淆）

＊我躺着床上。（"着"与"在"混淆）

＊小明哭泣地说。（"地"与"着"混淆）

（2）连词的混淆

无论是词语连词还是句间连词，在聋人的汉语书面语中都较少出现且正确率低。例如：

＊我拥抱而吻妈妈。（"而"与"并"混淆）

＊她出生后几个月双耳失聪。再者双眼失明。（"再者"与"并且"或"然后"混淆）

＊学生画完了再去玩篮球。（"再"与"就"混淆）

（3）介词的混淆

"把"字句、"被"字句的标句词用错较多，有将"把"泛化的趋势。例如：

*美术老师想把我每周日下午去美术教室。（"把"与"让"混淆）

*小企鹅把大刀在冰上线了船上。（"把"与"用"混淆）

*被我的脚皮肉破了。（"被"与"把"混淆）

二、缺词（CQ）

缺词是指句子中应有而作者未写出的词语。所缺词语如是实词，在句处理的时候将被处理为成分残缺。句中缺少的词语，如果根据标注者意愿随意补上，可能违反作者的本意，因此缺词类主要标注虚词和处所方位词等项目的缺失。在手语中，处所方位的表达方式和汉语有所不同。聋人汉语书面语中出现此类缺词偏误比较多。

（一）虚词的缺失

1. 助词的缺失

（1）结构助词的缺失

*今天我帮儿子做题{CQ 的}答案。

*美铃最终终于违反了那个十约定其中{CQ 的}几条约定。

*听到他们嚼{CQ 的}声音。

（2）动态助词和语气助词的缺失

*然后裤子捋看到他的膝盖受伤{CQ 了}。

*发现缺1个篓子去哪儿{CQ 了}？

2. 其他虚词的缺失

*不如{CQ 把}梨篓子偷走好{CQ 了}。

（二）处所方位等词语的缺失

*农艺者倚在梨树{CQ 上}同时想想。

*他的清瘦的脸{CQ 上}爬着几条淡淡的皱纹

*它坐在吊床{CQ 上}

三、多词（CD)

多词，用于标示句子中不应有而有的词。多词问题主要标注虚词和处所方位词问题。

（一）多虚词

1. 多结构助词

*哥哥捡到帽子转身{CD 地}跑过去大喊。

*今天早晨晴朗很愉快{CD 的}。

2. 多动态助词

*小男孩一瘸一拐地{CD 着}

*记得上课{CD 了}时，我们安静地坐在教室里

*睡{CD 着}也睡不着

3. 多语气助词

*而想终于想写不出来{CD 呢}？

4. 多介词

*旁边他的爸爸走进{CD 被}发现看他做些写什么作业

*{CD 被}发现小明写得作业不像写字迹{CD 的}

*{CD 被}老师的手{CD 里}捏了他的爸爸

*{CD 把}给你小明的书

*{CD 把}自行车和他都摔倒地上

5. 多连词

*{CD 并且}小明哭泣着{CC 地}说：

*头脑筋{CD 而}都空白了

（二）多处所方位词

*用手指着嘴{CD 上}

*小男孩骑自行车{CD 上}迎面对小女孩骑自行车

* 小企鹅住在热带场 {CD 里}
* 在南极 {CD 上} 有很多企鹅
* 走向雪地 {CD 上}
* 像电动小船 {CD 上}

四、离合词偏误（CLH）

离合词错误，用于标示各种和离合词相关的错误。"汉语离合词对第一语言学习者来讲在用词造句方面很少有偏误，尤其是随着年龄的增长、学习程度的加深，使用这类词似乎成了得心应手的事情，而对第二语言学习者来讲，离合词往往是用词造句中极容易发生偏误的一个重要环节。"[①] 因此在汉语作为第二语言的教学中，离合词问题首先被提出。综观聋人汉语书面语，就目前的统计结果看，聋人是否存在离合词使用回避现象还有待进一步考察，但偏误确实存在。

例如：

* 老师 {CLH 点名} 了儿子
* 被看见小明戴着 {CLH 低头下来} 了就难过了
* 最近和他 {CLH 见面} 好几次

第四节　句法标注问题研究

句处理标准的确定走过了和词处理大致相同的道路。句法标注标准的制订，前后经历过三稿。每一稿都是在试做语篇的前提下进行的。第一稿，是在三个标注者和课题组负责人分析了若干语篇，讨论了标注的细化项目和程度后初步形成的基本框架。然后，换一批语料继续试做，发现若干漏洞和不好处理的地方，又对其进行修正调整。第二稿标注标准主要是把原先过于细化的标注粗略化，因为试标过程中发现标注过于琐细，工作量太大，而且有些问题牵缠在一起不好确定

[①] 张燕. 离合词研究现状综述——以对外汉语教学与中文信息处理为例 [J]. 现代语文（语言研究版），2014（12）：10-13.

所属。请另外的标注者按照二稿标准试标注部分语料，把发现的问题整理汇总并进行讨论，形成第三稿，也就是现在使用的句处理标准。

句处理标准制订出来以后，我们对所有标注参与者进行了培训和试标反馈，纠正问题之后才正式进行标注。

相对于 HSK 作文语料库的句处理标准，本书中的句处理部分在标注项方面做了比较大的调整，等于是另起炉灶。我们参考张宝林对中介语语料进行基础标注和偏误标注的建议，将句法标注分为基础标注和偏误标注两部分。他认为："中介语语料库，特别是其中的偏误标注，为偏误分析提供了很好的条件。然而偏误分析是带有片面性的，因为它只研究中介语的偏误部分，而且是横切面式的静态分析，并未研究中介语的正确部分。""这就难免只见树木，不见森林，看不到学习者全部的语言表现，特别是看不到正确的语言表现，进而夸大偏误的严重程度，使研究者形成不全面的认识。""中介语研究对象应是学习者语言的整体，只有这样，才能认识语言学习过程的全貌。"[1]在考察偏误的同时，应特别注重考察学习者正确的汉语表达，并将这两方面的表现结合起来进行研究，即把研究从偏误分析提升为表现分析，或称为语言运用分析。"……语言运用分析方法分析的仍然是学习者的言语结果。与错误分析不同，它不是只注意学习者的错误，而是注意学习者的所有言语（错误的、正确的），试图勾画出学习者语言发展的轨迹。"[2]

目前我们所使用的句处理标准，具有标注全面条目宽泛且不繁琐、易操作等特点，为研究者提供了更多便利，丰富了类似语料库的句处理标准。

一、基础标注

基础标注是为了了解聋人汉语书面语句法部分的语言学特征，如句式句类倾向问题。基础标注包括标点错误（句子分解）和分类标注两部分内容。

（一）标点错误

在语料中不少句子是杂糅在一起的，可以通过标注标点错误解决句子切分的问题，当然也有些句子即使进行了切分，仍然不能解决问题。标点错误标注为

---

[1][2] 张宝林. 基础标注的内容与方法 [R]. 第七届中文电化教学国际研讨会，2010.

{BC}，标在需要加上适当的标点符号处。例如：

*忙碌 {BC} 摘好梨装在筐子。

*很多企鹅在冰地上 {BC} 有的钓鱼。

句子切分对统计平均句长、统计 T 单位等都有帮助，否则有时统计结果会让人难以解释。比如，统计结果发现聋生的平均句长很长，最后检查发现是类似杂糅的句子在作祟。所以做句子切分的标注，就是要使统计尽可能按照聋人写作时的意图和汉语书面表达常规来确定句子的界限，以保证统计数据不流于表面，而是更接近实际。

（二）分类标注

分类标注分为句类标注、句型标注和特殊句式标注。

1. 句类标注

句类是指句子的语气分类，实则是从交际功能角度进行分类，可以分为陈述句、疑问句和祈使句。我们没有将感叹句算作一个单独的类别，因为它实际上是陈述、疑问或祈使的强烈语气形式。陈述句标注为 {JL-cs}，疑问句标注为 {JL-yw}，祈使句标注为 {JL-qs}，标在句末标点之后。例如：

*它们可真可爱而快活啊！{JL-cs}

2. 句型标注

句型是句子的结构分类。从语料研究的实际出发，复句不做细致标注，只标注句类，标注符号为 {FJ}，单句分为主谓句和非主谓句，并对这两类句型做了更细划分，如下。

主谓句分为：

（1）主谓句－名词谓语句：{JXZ-MW}

（2）主谓句－动词谓语句：{JXZ-DW}

（3）主谓句－形容词谓语句：{JXZ-XW}

（4）主谓句－主谓谓语句：{JXZ-ZW}

例如：

*它们可真可爱而快活啊！{JXZ-XW}

*地图上画着热带的地方。{JXZ-DW}

非主谓句分为：

（1）非主谓句－名词性的：{JXF-M}

（2）非主谓句－动词性的：{JXF-D}

（3）非主谓句－形容词性的：{JXF-X}

（4）非主谓句－叹词句：{JXF-T}

（5）非主谓句－拟声词句：{JXF-N}

如果难以判断句子是单句还是复句，则标注为 {DFJ?}，用于标示单复句区分存疑的句子，我们将这类句子归入特殊句式的标注中。

3. 特殊句式标注

汉语的特殊句式一般包括"把"字句、"被"字句、连谓句、双宾句、兼语句和存现句等。我们在分析聋生语料的基础上确定了六种主要的特殊句式的标注，加上单复句区分存疑的句式，共七种，如下。

（1）"把"字句：{JS-BA}

（2）"被"字句：{JS-BEI}

（3）连谓句：{JS-LW}

（4）双宾句：{JS-SB}

（5）存现句：{JS-CX}

（6）兼语句：{JS-JY}

（7）单复句区分存疑：{DFJ?}

不管句子正确与否，只要是特殊句式，就做标注，例如：

*他把梨树上一个个梨子都摘下来。{JS-BA}（存在偏误的"把"字句）

*把热水管塞住了。{JS-BA}（基本正确的"把"字句）

二、偏误标注

对句子进行偏误标注的目的是弄清句子错误的类型、倾向和普遍性等问题。偏误标注主要有四种错误类型。

（一）错句

这是从句子的整体出发进行标注的，主要有以下七种类型。

句子错误存疑，指难以判断这个句子的错误到底是属于哪一种，标注符号为{CJ?}。

句类错误，指应该用陈述句而用了疑问句等情况，这类偏误出现的情况比较少，标注符号为{CJL}。例如：我发现，他为什么还没明白呢？{CJL}

句式错误，指"把"字句、"被"字句等特殊句式的使用错误，标注符号为{CJS}。

句式杂糅，指将几个句子表达的意思混杂在一个句子中进行表达，标注符号为{CJ-ZR}。例如：它无意中回头一看墙上贴着广告。{CJ-ZR}

词重叠错误，指把不能重叠的词语重叠使用，标注符号为{CJ-CD}。例如：

工作工作　散步散步

词类错误，指把不同词性的词语混用，在词语的混淆错误中也比较多，比如把名词当动词用，以及把动词和形容词、动词和名词相混淆等，标注符号为{CJ-CCL}。例如：答完之后老师看着作答题 {CJ-CCL}

语序错误，在聋人语料中也比较常出现，指写颠倒了的句子，标注符号为{CJF-YX}。例如：要给我点名去黑板上作答题 {CJF-YX}

（二）句子成分偏误

句子成分偏误包括搭配不当、成分残缺和成分多余。

1. 搭配不当

搭配不当包括五种类型，如下。

（1）主谓搭配不当：{CJF-DP-zw}

（2）动宾搭配不当：{CJF-DP-db}

（3）修饰语和中心语搭配不当：{CJF-DP-xz}

（4）主宾意义上搭配不当：{CJF-DP-zb}

（5）并列项匹配错误（不能并列）：{CJF-DP-dp}

2. 成分多余

成分多余包括五种类型，如下。

（1）主语多余或有多余成分：{CJF-DY-zy}

（2）谓语多余或有多余成分：{CJF-DY-wy}

（3）宾语多余或有多余成分：{CJF-DY-by}

（4）修饰语多余：{CJF-DY-xs}

例如：为我【很】高兴[①]

（5）未知成分多余：{CJF-DY-?}

多用于标示表意不清楚而无法判断句法结构和句法成分的句子。

3. 成分残缺

（1）主语残缺：{CJF-CQ-zy}

（2）谓语残缺：{CJF-CQ-wy}

（3）宾语残缺：{CJF-CQ-by}

例如：同学耐心地给我讲学习各方面【】。

（4）修饰语残缺：{CJF-CQ-xs}

例如：题终于做出来了心里【】高兴。

（5）未知成分残缺：{CJF-CQ-?}

例如：引起考试成绩【】可能有原因。

（三）复句错误

复句错误指复句整体错误，复句内部的分句错误按单句错误处理。复句分为两种错误类型：分句无关联或关系混乱和关联词语错误（多用、少用或搭配不当），标注符号分别为 {CF-GX}、{CF-GL}。

（四）未完句和多余句

未完句和多余句是从语义角度来标记偏误问题的。如果未完句是复句，则为缺少必要分句；如果是单句，则为缺少必要成分。标注符号为 {CJ-JWW}。

多余句，指句子多余，而不是成分多余，标注符号为 {CJ-JDY}。

---

① 注：此处是对偏误样本的说明，而非标注样本，因此未使用标注符号，下同。

三、句法标注实际操作中存在的困难以及解决办法

（一）确定句子的界限

聋人语篇普遍存在句子界限不清的问题。从表面上看，是不会准确使用标点符号；从深层来看，是无法确定句子的界限，也就是语义的层次界限。因此，在标注的时候，要求标注者按照正常逻辑确定句子的界限，然后在打破原有标点的地方标明"错标点"。不这样做，将可能出现一整个段落看起来是一个句子而实际上是很多个句子的情况，无法对其进行常规分类和标注。确定这一原则之后，在实际操作中依然存在很多问题。因为不同的标注者的语感有差异，再加上聋人的表达存在较多瑕疵，这两者结合起来，很难标注得尽善尽美。

（二）多角度分析

有些句子可以从多个角度进行分析。在此背景下，如何标注偏误类型呢？比如"上课的时候数学早知道我基础最差"，这个句子表面上是主谓搭配不当，但实际上有多种可能性："上课的时候早知道我数学基础最差"，"上课的时候我早知道数学基础最差"，"上课的时候数学老师早知道我基础最差"。前两者属于语序问题，最后一个句子属于成分残缺，缺主语中心"老师"。这时，要求标注者想清楚所有的可能性，然后都标注出来吗？当然不可能。那么就只能要求标注者先按照自己的语感进行唯一标注，实在拿不定主意再多角度标注。这样势必造成统计数据不能百分之百统一标准，但是因为标注者不是一个人，所以从总体概率上看，数据还是比较可靠的。

一个句子之中存在多种错误的，怎么办？可以多选多标。有些表达较差的语篇，错误经常牵缠在一起，这种情况下，很难分清主次，我们就要求标注者把发现的问题都标注出来。

当然，能够明确标准的，就明确统一方向。比如"同学们为我鼓励"，正常句应该是"同学们鼓励我"。原句把及物动词当作不及物动词用了。那么这个偏误是标注主谓搭配不当还是词类错误？我们的标准是：凡是能明确是词类的错误，优先按词类错误标注。这样考虑的原因是词类问题是造成病句的主要原因。聋人在处理词类问题的时候确实容易出错，尤其是几大类实词和几小类虚词。

还有一些其他标注难题，比如应该用"把"字句表达而没有用的，是否要标注"把"字句，错误类型是否要标注"错句式"？最后确定的标准是：原文没有使用"把""被"等标志的，基础标注不标注"把"字句、"被"字句等，但是偏误标注要标注"错句式"。

（三）错句存疑

标注时一时难以确定类型的复杂病句，统一标注为"错句存疑"。这就给了标注者一个相对宽松的空间，尽可能地避免了因拿不定主意胡乱标注的情形。这种标注方法在后期分析的时候也可以汇总操作。

第四章　聋人汉语书面语词汇整体特征

第一节　聋人汉语书面语词汇使用情况概述

部分聋人学习汉语具有将汉语作为第二语言学习的特点。他们写出的汉语书面语也是一种介于其第一语言手语和目的语汉语之间的中介语。中介语是学习者在学习目的语的过程中产出的一种语言，是有规律的，不是杂乱无章的。学习者语言分析是研究第二语言习得过程的重要手段和最可靠的信息来源。学习者语言分析方法有偏误分析，必用场合分析，频率分析，功能分析，准确性、复杂性和流利性的"三性"分析，互动分析，会话分析，基于语料库的分析等[①]。其中，基于语料库的分析是一种常常和其他分析方法结合、对学习者语言进行分析的有效手段。

我们将采取语料库分析并结合其他分析方法，对聋人大学生的汉语书面语的词汇特征进行初步描写。

本章选取的语料是聋人大学生和听人大学生所写的同题作文。作文要求为观看著名的语言调查影片《梨子的故事》后用汉语书面语复述此故事，影片播放两遍。随机选取听人大学生语料31篇，共2万字左右，均为生语料。随机选取聋人大学生语料62篇，其中高级班和中级班[②]各选取31篇语料，均为1.9万字左右，共4万字左右。聋人语料都是进行了词语偏误和句法标注的语料。

---

① 曹贤文.汉语作为第二语言习得研究中的学习者语言分析方法述评[J].汉语学习 2009（06）：88-97
② 编注：北京联合大学特教学院自2004年开始，对聋人大学生的汉语阅读与写作课程实行分层教学。即打乱行政班级和专业，根据学生的高考语文成绩分为汉语水平高级班、汉语水平中级班和汉语水平初级班，名为A班、B班、C班。后来，随着学生汉语水平的提高，汉语水平初级班取消。2015年前后，学院所有专业均调整为本科专业，行政班级内部学生汉语水平差异变小，最后结束了该课程的分层教学。

我们将以听人大学生的语料为基准,对两个不同等级的聋人大学生语料进行分析比较。

我们使用国家语委语料库在线对语料进行分词和词性标注、字词频率统计,使用聋人汉语书面语语料库 V3.0 对相关内容进行了综合指标检索统计。

表 4-1 语料总字数及平均篇长统计

	语料总字符数	平均每篇长度(标准差)
听人大学生	23523	758(194)
聋人人学生(高级汉语水平)	19180	618(250)
聋人大学生(中级汉语水平)	18928	610(176)

注:括号内数据为标准差。

听人大学生平均每篇语料的字数是 758 个汉字左右,最长的一篇为 1162 个字,最短的为 378 个字,标准差为 194 字。

汉语水平为高级的聋人大学生平均每篇语料的字数是 618 个汉字左右,最长的一篇为 1620 个字,最短的一篇为 319 个字,标准差达到了 250 个字。

汉语水平为中级的聋人大学生平均每篇语料的字数是 610 个汉字左右。最长的一篇为 1026 个字,最短的为 327 个字,标准差为 176 个字。

听人大学生的作文篇幅明显长于聋人大学生的。聋生语料来自观看视频之后用汉语书面语复述故事的任务,这个任务对于他们来讲,有较多可写的内容。如果不是这个任务,聋生所写文章的篇幅比听人学生的要短很多。

第二节 聋人汉语书面语的词汇复杂度

在第二语言习得领域,语言能力是什么,以及如何判断,是人们长期讨论的话题。近年来,人们逐渐认识到语言能力是一个多维度的复合概念。语言的复杂度、准确度、流利度被认为是构成语言能力的不可或缺的要素(CAF)[①]。在本书中,收集语料的时候,由于没有进行时间控制,所以流利度问题暂且先不考虑。

---

① 刘黎岗,缪海涛. 语言复杂度的理论与测量 [J]. 外语研究,2018,35(01):52-55.

一、词汇的复杂度

词汇复杂度由词汇丰富度和词汇深度构成。词汇丰富度包括词汇多样性和词汇密度,词汇深度包括词汇难度和词汇构成。词汇丰富度是复杂度的横向特征,包括词性、词族的多少,实意词、功能词的多少,近义词、反义词的多少,反映出学习者掌握词汇的广度。此外,各种多词短语的数量和种类也能反映丰富度。词汇深度是词汇复杂度的纵向特征,包括非常用词(如专业、学术、抽象词汇)的多少、词汇的搭配,反映出学习者掌握词汇的深度和难度。

词汇复杂度自身也是一个多维度的概念,包括三个方面的词汇知识:词或短语的形与意、句法属性及搭配,以及相关的语用、语域、文化知识。关于词汇复杂度的问题,本书先只就多样性、密度和词汇深度的问题进行讨论。

(一)词汇的多样性

词汇复杂度同样是个复杂的问题。上文中提到的语言能力的不可或缺的要素,是基于英语的考察标准,是否适用于汉语,以及在汉语中如何操作还没有定论,所以我们先暂且选择针对汉语研究已有的比较成熟的标准进行考察。

一般测量词汇多样性都是使用类符和形符比。类符(type)是指一个文本中不同词的个数。重复出现的词只记作一个类符。形符(token)是指一个文本所有词的个数。在汉语二语习得研究中,学者们大多使用类符和形符比对词汇多样性进行测量,但类符和形符比受文本长度的影响,文本长度越长,比值越低,在测量不同文本长度的词汇复杂度方面稳定性不足。为了避免这个不稳定性,我们采用计算 Guiraud 指标的方法。Guiraud 指标可以将文本长度进行归一化,计算方法是:类符数/形符数的平方根。使用 Guiraud 指标进行汉语词汇多样性的测量,已经被一些研究人员证实是可行的。根据这个计算方法我们可以计算出三类语料的 Guiraud 指标。

表 4-2　三类语料的 Guiraud 指标

	类符平均(标准差)	形符平均(标准差)	Guiraud 指标(标准差)
听人大学生	211(46)	473(116)	0.667(0.037)
聋人大学生(高级汉语水平)	163(56)	375(148)	0.659(0.051)
聋人大学生(中级汉语水平)	161(44)	377(101)	0.653(0.045)

注:括号内数据为标准差。

从词汇多样性的角度看，类符平均数和 Guiraud 指标按照听人大学生、聋人大学生（高级汉语水平）、聋人大学生（中级汉语水平）降序排列。听人大学生的这两项指标在三类人员中均为最高，中级汉语水平的聋人大学生的最低。总体上看，聋人大学生的数据接近汉语母语者。不过在聋人大学生的语料中存在一些错词，比如写颠倒的："奇怪"写作"怪奇"、"丰收"写作"收丰"等，当分词软件进行统计的时候，会将这样的词语作为两个词语计算。这会对统计结果有细微影响，对总体数据的影响不大。

在二语习得领域，还有一种测量词汇多样性的公式：Uber index 公式。

$$Uber\ index = U = \frac{(\log tokens)^2}{\log tokens - \log types}$$

在这个公式中，token 为形符，tpye 是类符。Uber index 公式也已经被证明可以有效测量汉语的词汇多样性。为此我们用 Uber index 公式对上面的数据进行了重新测量。结果是：

听人大学生的 U = 20.4076

聋人高水平的 U = 18.3129

聋人中水平的 U = 18.0465

U 值的结果和 Guiraud 指标是一致的。聋生内部的差异不明显，但是和听人学生的差异比较明显。聋生的词汇多样性指标比听人大学生的低。

听人大学生使用的前 50 个词语：的、了、梨、他、梨子、着、在、一、一个、个、男孩、小男孩、筐、把、三、摘、地、从、人、走、看、又、上、帽子、车、骑车、自行车、地上、也、来、就、树上、骑、他们、吃、放、羊、没有、将、农夫、拿、时、并、中、不、然后、是、自己、发现、很

汉语水平为高级的聋生所使用的前 50 个词语：的、了、梨、他、在、个、梨子、一、摘、一个、着、三、有、男孩、地、小男孩、筐、自行车、把、走、就、人、骑、看、他们、放、筐子、帽子、拿、上、地上、来、不、看到、是、正在、吃、位、发现、里、农夫、给、正、说、想、后、梨树、下来、又、羊

汉语水平为中级的聋生所使用的前 50 个词语：的、了、梨、他、梨子、在、男孩、一个、个、筐、把、一、摘、自行车、三、着、有、走、地、小男孩、骑、

就、人、来、看、放、筐子、帽子、地上、他们、给农夫、看到、路上、拿、上、那、自己、吃、是、不、大、位、看见、少年、我、里、又、羊、正在

从词汇多样性的角度看上面的统计，听人大学生和聋人大学生使用频率最高的前 50 个词语区别不大。

词汇多样性降序排列为听人大学生、聋人大学生（高级汉语水平）、聋人大学生（中级汉语水平）。

这一结果和对外国学生将汉语作为第二语言学习的研究结果相似。词汇多样性与汉语学习者的水平相关，汉语水平越高，汉语写作中词汇的使用也更趋向于多样化。

（二）词汇的密度

词汇密度是指文本中的实词数和总词汇量的比，公式为：词汇密度 = 实词数 / 词汇总数 ×100%。词汇密度不受文本大小的影响，其结果能够真实地反映文本的词汇特征。汉语中，实词与虚词的分类问题存在一些分歧，尤其是关于副词的归类问题。本书采用黄伯荣、廖序东的《现代汉语》中的词类划分标准，将副词归入实词，最终对名词、动词、形容词、代词和副词等实词进行了统计分析。

表 4-3　语料中主要实词使用情况统计

	词语总量	名词 频次/比率	动词 频次/比率	形容词 频次/比率	代词 频次/比率	副词 频次/比率	合计 频次/比率
听人大学生	13575	3946/29	3425/25.2	597/4.4	1115/8.2	901/6.6	9984/73.5
聋人大学生（高级汉语水平）	9801	2720/27.7	2780/28.3	495/5.0	857/8.7	587/6.0	7439/76
聋人大学生（中级汉语水平）	10311	3121/30	2761/26.8	477/4.6	914/8.8	606/5.8	7879/76

注：频次指该类词在语料中出现的次数。比率是指该类词数占词汇总数（形符）的比例，具体计算方式为频次/词汇总数 ×100%。

在对留学生的研究中，有结果表明，词汇密度无法区分不同水平汉语学习者的用词情况。目前统计主要实词的使用频度，三类语料区别不大，但是高级汉语水平的聋人大学生的动词性词语的使用明显比其他两者高。总体情况看，听人大

学生的词汇密度低于聋大学生的。这个结果好像有些不可思议，但是从语言习得的角度看，功能词语的缺失是二语者语料的一个重要的特点。在语料标注中，缺词部分标注的是虚词和方位词等的缺失。我们简单统计了中级汉语水平聋人大学生的缺词情况，共检索出 92 处缺词，其中 67 处缺失的是虚词，占所有缺词的 73%。多词的标注和缺词的一样，标注的是虚词和方位词的冗余，共有 66 处多词，其中 48 处是虚词的冗余，占总多词数的 73%。钱农和塞耶斯对学习英语的聋人的书面语进行调查，结果也显示他们在功能词语的使用上出现了词语缺失和回避的现象。

（三）词汇的难度

词汇难度考察的是学习者用词的质量，属于词汇的深度，需要借助词频表或词汇分级表作为标准进行分析，具有相对的复杂度。在汉语作为第二语言习得的研究中，一般参照《汉语水平词汇与汉字等级大纲》来确认语料中甲级词、乙级词、丙级词、丁级词和超纲词的 type 数分别占每篇语料 type 总数的比例。但这对将汉语作为第二语言的聋人来说并不适用。严菁琦[①]介绍了另外一个角度来测量聋人词汇使用的难度和成熟度，即熟语单词总数 / 总次数 × 1000。她认为汉语的复杂词主要表现在成语、歇后语等熟语，以及诗词引用等词语形式上。其研究结果显示，进入高中以后，聋生的词汇复杂度基本呈线性增长。

本书从习用语的使用，以及分词统计后的词语长度等方面对词汇难度进行考察和统计分析。

表 4-4　三类语料习用语使用情况

	习用语数	占总词语比率
听人大学生	56	4.1
聋人大学生（高级汉语水平）	43	4.4
聋人大学生（中级汉语水平）	51	5

---

① 严菁琦. 聋人学生书面词语汇发展定量研究 [J]. 赤峰学院学报（汉文哲学社会科学版），2014，35(10)：263-265.

严菁琦的聋人学生书面语词汇发展的研究表明，小学四年级的聋生掌握的每 1000 词中约有 2 个熟语，到了高三，每 1000 词中已经约有 7 个熟语。她认为，高三聋生的词汇量猛烈增长和升学考试有关。在她的统计分析中，初三聋生的词汇复杂度甚至低于四年级聋生的，她认为原因可能与潜在的习得趋势有关系。

与此相比较，聋人大学生的情况和听人大学生的差不多，这可能和作业任务有关系。因为聋生写作业时，知道这要算作平时成绩的，因为希望自己成绩高，便想写得更好一些，所以在习用语的使用上比较在意。而听人学生在写这个作业的时候，被告知这个写作作业和课堂考试无关，所以他们可能不太在意写作用词情况。

而且我们发现，汉语中级水平的聋生所使用的习用语率高于汉语高级水平聋生的，甚至高于听人大学生的。这与他们的手语比较好，但是汉语水平相对比较低有关。比如"擦肩而过"这个词语，在中级水平的学生中，被用到了 7 篇次，超过高水平学生的使用次数。这是因为在这次写作中，中级班的一位同学打手语询问过老师这个词语，而高级班学生无人询问，所以在他们的语料中，没有出现这个词语的正确用法，分词软件也就没有检测到。听人学生有 6 篇次用到了这个词语。

严菁琦在分析完词汇难度后认为，"通过有效的教育，聋人青少年的书面语能够达到正常人的水平"[①]。这句话说对也对，说不对也不对。从词汇的角度看，聋生在多年接受教育的过程中确实掌握了很多词语，但是我们也应该看到，他们在词语的准确使用方面存在比较大的问题。

表 4-5　三类语料类符音节数统计

	总类符数	类符中单音节词语数量 / 比率	类符中双音节词语数量 / 比率	类符中多音节词语数量 / 比率
听人大学生	1769	464/26.3	1185/66.9	120/6.8
聋人大学生（高级汉语水平）	1529	409/26.7	995/65.1	105/6.8
聋人大学生（中级汉语水平）	1421	397/27.9	928/65.3	96/6.8

---

① 严菁琦. 聋人学生书面语词汇发展定量研究 [J]. 赤峰学院学报（汉文哲学社会科学版），2014，35(10)：263-265.

统计语料中类符的音节数，实际上是考察使用词语的长度问题。在对英语书面语的研究中，也有对词长进行测量的情况。词长也反映了一定的词汇难度。

从统计结果看，在类符中，听人学生、高级汉语水平的聋人大学生、中级汉语水平的聋人大学生的单音节词汇使用比率呈升序排列，双音节词汇使用数量呈降序排列。现代汉语词汇以双音节为主，聋人的单音节词语的使用比率大于听人学生的，说明他们对汉语词语双音节化的掌握和学习还有待提高。从分词的角度看，也发现聋生语料中错词比较多，在分词的时候将双音节词语分解为了两个词。

二、词汇的准确性

词语写得是否正确、词的使用是否恰当，就是词语运用是否准确这个维度。听人大学生的语料中，词语使用不当的情况比较少见。而在聋人大学生的语料中，错误则比较多。

表 4-6　聋生语料中词语错误情况统计

	词汇总数	错词量/比率	多词量/比率	缺词量/比率	合计/比率
聋人大学生 （高级汉语水平）	9801	395/4.0	58/0.59	69/0.69	522/5.3
聋人大学生 （中级汉语水平）	10311	432/4.2	66/0.64	92/0.89	590/5.7

注：比率的计算方式为错词数/词汇总数×100%。多词、缺词计算与此相同。

从上表可以看出，聋生语料中词语的准确率比较低，每 100 个词中约有 4 个错词，每 1000 个词中约有 6 个多词。缺词的情况更严重，每 1000 个词中约有 8 个缺词。这些多出来和丢失的词语只限于虚词和方位词，还没有包括词语正确但在句法层面上搭配不当的情况。

综上分析，聋人大学生的汉语书面语在词汇的多样性、词汇密度及词汇的难度方面与听人大学生的差距不大，主要差距体现在词汇的准确性上。

第五章 聋人大学生主要实词和虚词使用特征及偏误情况

第一节 聋人大学生实词使用情况分析

本章的研究是在第四章的基础上进行的。所使用的语料和统计方法都与第四章相同。本章的各项统计都是基于国家语委语料库在线系统进行的,为了使其结果与分析讨论相适应,在各类词的下位分类上,采用了《信息处理用现代汉语词类标记规范》(GB/T 20532—2006)。

一、名词

(一)汉语名词的特点

《信息处理用现代汉语词类标记规范》对名词的界定和分类如下:

名词(n),表示人或事物的名称,在句子中主要充当主语和宾语。

普通名词(ng),表示事物的名称。如:

人 马 书 教师 飞机 电冰箱 阿姨 桌子 木头 道德 理论 历史 思想 文化 因素 作风 哲学

时间名词(nt),包括一般所说的时量词。如:

年 月 日 分 秒 现在 过去 昨天 去年 将来 宋朝 星期一

方位名词(nd),表示位置的相对方向。如:

上 下 左 右 前 后 里 外 中 东 西 南 北 前边 左面 里头 中间 外部

处所名词(nl),表示处所。如:

空中　高处　隔壁　门口　附近　边疆　一旁　野外

人名（nh），表示人的名称的专有名词。如：

华罗庚　阿凡提　诸葛亮　司马相如　松赞干布　卡尔·马克思

地名（ns），表示地理区域名称的专有名词。如：

亚洲　大西洋　地中海　阿尔卑斯山　加拿大　中国　北京　浙江　景德镇　呼和浩特　中关村

族名（nn），表示民族或部落名称的专有名词。如：

回族　藏族　壮族　蒙古族　维吾尔族　哈萨克族

机构名（ni），表示团体、组织、机构名称的专有名词。如：

联合国　教育部　北京大学　中国科学院

其他专有名词（nz）。如：

五粮液　宫保鸡丁　桑塔纳

（二）聋人使用汉语名词的情况

1. 各类名词使用情况统计

表 5-1　聋生名词使用情况统计

	普通名词	方位名词	处所名词	时间名词	人名	合计
听人大学生	3068/77.7	365/9.2	357/9	134/3.4	22/0.55	3946/99.9
聋人大学生（高级汉语水平）	2206/81.1	241/8.9	192/7.0	81/3		2720/100
聋人大学生（中级汉语水平）	2535/81.2	265/8.4	217/6.9	100/3.2	4/0.13	3121/99.8

注："/"左边是所统计语料中此类名词的数量，右边是此类名词占所有名词的比率。

从上表看，聋人大学生的普通名词的使用比率比听人大学生的大，在特殊名词方面，听大人学生的使用比率比聋人大学生的大。总体上看，聋人大学生使用名词的情况和听人大学生的相差不多。

2. 名词偏误分析

（1）生造词

名词是表达事物概念的，承担着非常重要的给事物命名的任务。聋人在日常的生活学习中，会看到很多的事物，有时候知道这个事物的手语表达方式，却不知道汉语的。有时只会描述事物的模样，既不知道用手语如何表达，也不知道用汉语如何表达。像这种看视频复述的任务，里面的一些物品必须用汉语写出来，但是他们不知道怎么写，这时候怎么办呢，自己造词，也就是使用生造词。

* 放在自己的自行车**前台**上。【车筐】

不知道自行车前面的筐叫车筐，自己给其命名为"前台"。

* 正爬**梯形**摘。【梯子】

将"梯子"写作"梯形"。

* 有一位**老年轻**来牵羊这路边走后。【中年人】

"老年轻"是哪个年龄段的？根据视频内容猜测，应该是想写"中年人"。

* **众男孩**看见他在摔在地上。【男孩们】

不知道如何表达"三个男孩""男孩们"，写成了"众男孩"。在本书所涉及语料中还有写为"群众男孩""三个男孩们"的。

* 然后**女小孩**骑自行车在这窄路上碰见**男小孩**也骑自行车来。【小女孩】【小男孩】

"小女孩""小男孩"写为"女小孩""男小孩"。这是手语的构词法和汉语构词法混合的结果。纯正的手语构词法应该是"小孩女""小孩男"。

* 这时有三个和小伙子**岁龄**差不多的小伙子。【年龄】

这个例子也可以看出来是在写手语，不是在写汉语。

（2）语素颠倒

* 来了一个**轻年**的男人。【年轻】
* 小男孩骑车在**沙泥**不平的道路上。【泥沙】
* 他放下自行车后步行到三个筐子**面前**。【前面】
* 这时有三个人正从他的**前面**走过去。【面前】

语素颠倒的错误存在于各类词语中，没有什么规律性。各种词语中都可能出现语素颠倒的现象，包括成语、惯用语、歇后语、谚语及诗词歌赋、名人名言等。

（3）混淆

①名词和动词的混淆

＊把**骑车**放在地上。【自行车】

＊**自行车**的男孩。【骑自行车】

"自行车""骑自行车""骑车"乱用。

②方位词混淆

在本书统计分析的语料中，"上"和"里"混用的情况最多。

＊装满了梨就下来把口袋**上**装满的梨放到一个大筐子里。【里】

＊男孩看见篮子**上**有许多翠绿的梨子。【里】

＊把梨擦干净之后，放回梨筐**上**。【里】

"里"和"上"都是方位词。"里"表示在一定界限之内，"上"表示物体的表面。"上"需要有物体有平面，《现代汉语八百词》对"上"的解释之一是指物体的顶部或表面，比如门上、墙上、桌子上等。而"口袋""篮子"，以及盛梨的"筐"，都是三面包围的，顶部没有盖子，是中空的。所以用"上"不合适，要用"里"。有时指范围的时候，可以用"上"代替"里"。

从表 5-1 我们也可以看出，听人学生在方位名词、处所名词上的使用比率大于聋人的。在聋人的语料中，方位名词和处所名词的缺失和多余的现象比较多。在本章统计分析的语料中，共有 155 处缺词，其中有 17 处缺"里"，13 处缺"上"，占所有缺词的 19.3%；共有 124 处多词中，有 7 处多"上"，3 处多"里"。总体来看，"上"有泛化倾向。

＊一个女孩也在这路。【上】

＊男孩不专心地自己的路。【上】

③时间名词混淆

＊当她和他擦肩而踵的**时**。【时候】

＊当要找那梨的**时**。【时候】

＊当他们肩过肩的**时**。【时候】

＊走**时候**。【时】

＊**时下**【当时】，他还在那儿继续采摘梨子的。

"时"和"时候"的语义相似度是 1.0，相似度非常高。两个词有共同的义项"时"，但是这两个词语和其他词语搭配时有区别。"时候"是双音节词语，充当定语中心语时候，前面要有助词"的"。"时"是单音节词语，充当定语中心语的时候，不需要助词"的"。这种错误表明聋生没有掌握"的"的使用与否与相关词语音节特征的关联。

3. 词缀的误用

聋人习惯使用单音节词语，常丢失词缀或者乱加词缀。

* 又继续上**梯**摘梨子。【梯子】
* 走下**梯**。【梯子】
* 有一个摘**果**的人站在梯子靠树枝的腰。【果子】
* **梨子园上**，有一位农夫在树上摘梨子。【梨园里】

聋人使用汉语还有一个特点，人名、地名用得少。使用的时候，也常写错。甚至有一些聋人不知道他人的汉语名字是什么，因为在手语里有一套人名和地名的命名方式。比如在其他语料中，我们发现学生写"牙老师"后来经过了解才知道，这位"牙老师"的门牙比较大，所以被同学们用手语称为"牙老师"。

二、动词

（一）汉语动词的特点

《信息处理用现代汉语词类标记规范》对动词的界定和分类如下：

动词（v），表示动作、行为，心理活动、生理状态及事物的存现、变化等，在句子中主要充当谓语。

及物动词（vt），能够带宾语。如：

吃 打 擦 洗 喂 借 送 买 捧 提 填 喜欢 告诉 接受 羡慕 考虑 调查 同意 发动

不及物动词（vi），不能够带宾语。如：

病 休息 咳嗽 瘫痪 游泳 睡觉

联系动词（vl），表示关系的判断。如：

是

能愿动词（vu），表示可能、意愿。如：

能够　能　应该　可以　可能　情愿　愿意　要

趋向动词（vd），表示趋向。如：

（走）上　（趴）下　（进）来　（回）去

（跑）上来　（掉）下去　（提）起来　（扔）过去

（二）聋人使用汉语动词的情况

1. 各类动词使用情况统计

表 5-2　聋生动词使用情况统计

	一般动词	趋向动词	能愿动词	联系动词	总计
听人大学生	3123/91.2	175/5.1	65/1.9	62/1.8	3425
聋人大学生（高级汉语水平）	2510/90.3	152/5.5	57/2	61/2.2	2780
聋人大学生（中级汉语水平）	2497/90.3	145/5.2	67/2.4	52/1.9	2761

注："/"的左边是所统计语料中此类动词的数量，右边是此类动词占所有动词的比率。

虽然《信息处理用现代汉语词类标记规范》里面区分了及物动词和不及物动词，但是我们在具体使用软件进行分词和词性标注的时候，并没有区分及物动词和不及物动词。

动词的使用情况和名词正相反。听人大学生的一般动词的使用比率最大。聋人大学生的趋向动词、能愿动词和联系动词使用比率大。这里所说的大与小只是相对的，最多也就相差一个百分点，三类语料各类动词使用比率基本相同。

2. 动词偏误分析

（1）生造词和语素颠倒

①生造词

*双亲**救病**没什么错的。【治病】

*他听见**停走**。【停住脚步】

*把所有的梨子**怀**入他身上的围裙衣包里。【放入】

*竟然在光天化日之下**毛头毛脚**偷来我的劳动心血。【毛手毛脚】

②语素颠倒

* 但没给他们**吃梨**。【梨吃】

* 没有**守看**筐子上满满的梨子。【看守】

* 他不在意**急着**走。【着急】

（2）语义相关的单双音节词语的混淆（单音节动词和中补结构的词语混淆）

* 他没有注意到前面的大石头就不小心**撞摔**了。

"撞摔"可以分析为语素压缩的错误，也可以分析为"撞"和"撞到"、"摔"和"摔倒"的混淆。

* **看**了他。【看见】

* 就偷偷地一包梨**搬放骑自行车**上。【搬起】【放到】【自行车】

这一句中有多处词语偏误，"搬"应为"搬起"；"放"应为"放到"；"骑自行车"应为"自行车"，是名词和动词的混用。

* **帮**扶他上来了。【帮助】

* 发现男小孩路上**摔**了。【摔倒】

* 偷走的梨子**散**在地上。【散落】

* 他们发现男孩**摔**地下。【摔倒】

* 男孩就**分**了两个男孩。【分给】

从上面的例子可以看出，单双音节动词的混淆问题主要集中在词语中补充说明成分的缺失方面。

（3）有共同语素，部分语义相关（"动词+虚词"和中补结构的词语混淆）

* **看**了少了一个筐子。【看见】

* **看**了许多梨子放在这些筐。【看见】

上例是"动词+了"的结构和中补结构混淆了。

* 东张西望很快**拿着**一筐的梨子。【拿起】

* **捡着**帽子跑去给小男孩。【捡起】

* 男孩**拿着**三个梨子给他。【拿起】

* 但在**拿着**时。【拿起】

* 他悄悄地**拿着**一个梨。【拿起】

* 男孩偷偷地**看到**摘梨的人。【看着】

上例是"动词+着"的结构和中补结构混淆。

***放在**筐子摆好了。

***放在**梨筐。

或者将"放在"改为"放进",或者在名词后加上方位词"里"。

这类偏误也是集中在中补结构的词语上面,主要是后边应该用补充说明的成分却没有用,错误地选择了动态助词"着、了"。这类偏误和上面的单双音节偏误有所不同,单双音节偏误中,动态助词是不能缺少的成分,而在这类偏误中将动态助词改为补语后,错误用例就变成了正确用例。这是词汇和语法相互纠结的问题。

(4)"动词+虚词"结构和"动词+虚词"结构的混淆

这类也可以认为是"虚词"的偏误。动词跟后边的虚词搭配不当。还有一些单音节动词,加上虚词之后就是合理的搭配,这也可以看作虚词的缺失。

***放着**自行车上。【放在】

*他一直**看了**女孩子。【看着】

*怀疑他们是否**偷梨**?【偷了】

以下三例缺少动态助词"着"。

*这时三个男孩津津有味地**吃**【 】梨。【着】

*只静静地**站立**【 】。【着】

*有一位瘦瘦的男人**拉**【 】山羊走过梨筐的地方。【着】

(5)语义有区别的动词的混淆

这类词语,有的有共同语素,有的没有;有的互相之间语义上有一点联系,有的毫无关系;有的甚至意义是相反的,但是用混了。

①语义差别比较大的词语混淆

*正骑自行车回外婆家**玩**【去】

*小男孩也把三个梨作为感谢**还给**其中的男孩。【送给】

"梨"目前属于骑自行车的男孩,给三个帮忙的男孩,是"送给"而不是"还给"。

*三个伙伴在他前面**走过来**。【走过去】

*他的帽子**丢**在地上。【掉】

* 不小心**扔**在地上。【掉】

"丢"是一个主动的行为动作。在这里,帽子不是骑自行车的男孩自己主动"丢"的,而是被风吹掉的,应改为"掉"。同样"扔"也是一个主动的行为,"掉"是被动的。类似的还有:

* 被石头**摔**倒下来了。

* 他没有看到前面的路,就**撞**到了。

② "拿"被误用为多个动词

* 主任**拿**着一只小驴走过来。【牵】

* 帮助小男孩**拿**许多梨子挡在梨筐里。【捡】

* 正在爬上梨树林**拿**梨子。【摘】

* 小男孩或**拿**着骑车。【扶】

"牵""捡""摘""扶"等动词都被"拿"代替了。这几个动词有共同的义项,没有共同的语素。这是以常见动词泛化代替精细表达的现象。

③其他

* 带乒乓球的人**走到**男孩给他。【走近】

* 蓝色短衬的男孩跑**下来**把帽子归还给他。【过来】

* 从高拨子上**脱下**围巾。【解下】

* 这篇故事让我**感觉**。【感到】

* 没注意**看见**大叔在这里。【看到】

* 农民**爬上**梯杆上摘梨。【爬到】

* 孩子过来**帮忙**他收拾梨。【帮助】

* 一直**看了见**她。【看着】

* 男孩**看下**地上有帽子。【看见】

* 也**看了**树上正摘的那个人。【看了看】

这类混淆的情况非常多。以包含"看"的语素为例,"看""看见""看到""看了""看着""看了看""看下"等词语都有混淆使用的情况。

李大忠[①]的研究发现,外国学生最容易漏掉结果补语的两个词语是"看"和

---

① 李大忠.外国人学汉语语法偏误分析[M].北京:北京语言大学出版社,2007.

"听"。汉语的"看"是持续性动词,但是"看到""看见"都是非持续性动词(即瞬间动词)。凡是动词带结果补语的动补结构都是非持续性的,即是瞬间性的。据此分析,在聋生的语料中,有许多动词搭配"着"出现错误也是将应该持续性的动作瞬间化了的结果。

三、形容词

(一)汉语形容词的特点

《信息处理用现代汉语词类标记规范》对形容词的界定和分类如下:

形容词(a),表示性质、状态,在句中主要充当谓语、定语、状语和补语。

性质形容词(aq),表示性质。如:

好 高 美 大 勇敢 危险 漂亮 干净 伟大

状态形容词(as),表示状态。如:

雪白 黢黑 通红 冰凉 绿油油 亮堂堂 白花花 冷冰冰

(二)聋人使用汉语形容词的情况

在聋人语料中,汉语形容词使用比例不大,属于词汇方面的偏误不多。

* 红色的纱巾擦得干净

这句话当然还有其他偏误。仅从形容词看,"干净"的使用没有问题,有问题的是"得"。

* 把梨子擦得干净。

这句和上例一样,"干净"的使用没有问题。

1. 生造词

* 他骑着**摇来摇去**就滑倒了。【摇摇摆摆】

* **辛辛勤勤**地丰收结果子。【辛辛苦苦】

* 有个男子**发凶**的样子。【很凶】

* 竟然在光天化日之下**毛头毛脚**偷来我的劳动心血。【毛手毛脚】

* 筐中的梨**歪歪倒到**。【歪歪斜斜】

2. 语素颠倒

*他可能心**专**地摘。【专心】

*让我感到十分**讶惊**。【惊讶】

*摘梨的人自己**怪奇**了。【奇怪】

3. 混淆

*大叔感到很**惊异**。【惊讶】

*衣兜变**胖**了。【满】

*他也**慢**点走了。【慢慢】

*开始**慌慌**了。【慌张】

*他们对男孩的**认生**。【陌生】

*拿并不是**虚假**，而是活生生的现实。【虚幻】

以上都是形容词和形容词的混淆。

*还有一个**空白**的。【空空】

*堂堂男子汉有**勇敢**承认错误没什么大不了的呢！【勇气】

上例是名词和形容词混淆了。

四、代词

（一）汉语代词的特点

《信息处理用现代汉语词类标记规范》对代词的界定和分类如下：

代词（r），起替代和复指作用。如：

我 你 他 这 那 谁 我们 你们 他们

这个 那个 大家 什么 哪里 怎么 怎么样

（二）聋人使用汉语代词的情况

聋人汉语书面语中经常出现代词混淆的情况。除了混淆以外，"他"的泛化使叙述人称也常显得比较混乱。

1. "我"和"他"的混淆

在叙述故事的过程中，当叙述对象或者直接引语、间接引语发生变化时，人称也需要随之发生变化。聋人在写汉语书面语时，会出现这方面的混淆情况。

＊但我辛辛苦苦地摘梨，可**我**白拿梨。【他】

＊男孩看了大胖子正在摘梨，好像大胖子没有看见我，男孩正好偷一筐梨。

"好像大胖子没有看见我"是心理活动，但是未加引号标出，下一句主语又变成"男孩"，人称不连贯。

＊他抬头一看，农民在摘梨子，一直没有看到我，心理暗暗地想："农民没有看到我，嘻嘻！"

"他抬头一看"中的"他"和"一直没有看到我"的"我"是同一主体，仍为人称混淆。

＊听自行车下去，再看见老人在顶上摘梨，他偷偷地走抱着一个篮子搬了放在我的自行车上面，他心理着急地快跑走了。

整个段落的主语都是"他"，中间突然插入"我"。

2. 限定性和非限定性指示词混淆

＊一个筐子哪会跑了？

这个筐子在前文出现过，在此出现的时候，应该用"那个"。

＊一个男孩骑自行车说

＊一个男孩骑自行车回头看

＊一个男孩骑自行车感动谢谢他们

上几例的"一个"都是非限定性词，即泛指，而这个骑自行车的男孩子在上文中已经出现过多次，所以应该用表示限定性词，即定指"那个"。

＊在地上有一个梨子，他在地上拿着一个梨子。

这句截取了前后文，是一个比较典型的定指和泛指混淆的例子。

综上所述，聋人汉语书面语在实词使用上发生偏误的情况，多样而且有明显的类型化倾向。

第二节　聋人大学生主要虚词使用情况分析

一、虚词使用的总体情况

表5-3　主要虚词使用情况统计

	助词（%）	介词（%）	连词（%）	总计（%）
听人大学生	13.1	5.5	2.1	20.7
聋人大学生（高级汉语水平）	12	4.5	1.4	18
聋人大学生（中级汉语水平）	11.4	4.9	1.56	17.9

注：%是某类词占所有词语（形符）的比率。

从虚词使用的总体情况看，三类学生的区别比较大。聋人大学生使用虚词的频度比听人大学生的低。虚词使用少，导致词汇密度增加，这一结果和第四章词汇统计分析的词汇密度结果一致。两个不同方向的统计，都验证了聋人在汉语虚词使用方面遗漏比较多。

下面我们根据词频统计的结果，分析几个主要虚词的使用频度。

表5-4　主要虚词使用频度统计

	的	地	得	着	了	过
听人大学生	5.88	0.89	0.12	1.75	4.28	0.07
聋人大学生（高级汉语水平）	5.48	1.11	0.02	1.49	3.53	0.09
聋人大学生（中级汉语水平）	5.37	0.85	0.16	1.11	3.6	0.12

聋人大学生和听人大学生对结构助词"的、地、得"的使用频度无明显区别，但汉语水平为高级的聋人大学生对"得"的使用明显偏少。在动态助词的使用差别比较大，聋人大学生对"着""了"的使用明显比听人大学生的人少。

二、助词"的、地、得"

此处标题没有写作结构助词"的、地、得",是因为"的"除了用作结构助词以外还可以用作语气助词,在汉语研究领域,有"的①""的②"等区别,在此不做细致区分。也就是说,在本小节的统计数据中,"的"大多为结构助词,但也不排除有少量"的"为语气词的项统计在其中。

据统计,现代汉语56008个常用词中"的"字用得最多[①]。聋人的语料也是一样,在我们的统计中,无论是听人学生还是聋生,"的"的使用频率都是最高的,听人学生使用了798次,汉语水平为高级的聋人大学生使用了537次,汉语水平为中级的聋人大学生使用了554次。

在对"的、地、得"进行统计后发现,"的"在缺词、多词和错词等偏误中都是出现问题频率最高的。这也和我们600多篇、40多万字语料的统计结果一致。大数据量的统计结果也是,无论是缺词、多词还是错词,都是"的"最多,其次是"地",最少的是"得"。

(一)缺词

表5-5 "的、地、得"缺词偏误情况统计

	的	地	得	合计
聋人大学生(高级汉语水平)	22	3		25
聋人大学生(中级汉语水平)	18	5		23
合计	40	8		48

1."的"偏误例举

*把衣服口袋里【 】梨子放在空筐里。【的】

*用自己【 】红色方巾擦梨干净。【的】

*在途中【 】时候。【的】

*指着筐子里【 】梨。【的】

[①] 现代汉语56008个常用词中"的"字得用最多[EB/OL]. 2009-01-19[2022-01-07]. http://www.huaxia.com/zhwh/wszs/2009/01/1294679.html.

介词构成介词短语时要求宾语是体词性的，所以当介宾短语是复杂中定结构，尤其是有谓词性成分充当定语的短语时，定语后要加"的"。总体上，相当于一般名词作定语。附着在名词、代词、形容词、动词、主谓短语等之后组成"的"字短语，用来修饰或代替名词。

* 把收【　】梨放进空筐。【的】
* 把自己的脖子戴着【　】红色的帕子拿出来把梨子擦干净。【的】
* 经过农夫在摘梨【　】园的时候。【的】
* 走【　】时候，路不平。【的】

小句或动词性成分充当定语时，不管后边的定语的音节是否是双音节，都要加"的"。

* 所以男孩【　】自行车方向不好控制。【的】
* 男孩子头上【　】帽子掉下来。【的】
* 正好路上有大石头碍在他【　】自行车。【的】

表领属关系的名词充当定语时一般要加"的"。"自行车""帽子"属于男孩子，表领属关系，定语和中心语之间要加"的"。

* 三个男孩中有一个爱玩乒乓球【　】。【的】
* 又捡了一个从树上摘下来不小心落到地上【　】。【的】
* 把摘梨时落在地上【　】。【的】

"的"字短语是名词性的。例如：今天的、他的、红的，从某种意义上讲是"定语＋中心语"的省略式。

* 有一个漂亮【　】小女孩正在骑自行车。【的】
* 三个梨筐满满【　】都是梨。【的】
* 一个调皮的男孩偷走了一个装满【　】梨筐。【的】

双音节形容词修饰名词时，一般要加"的"。

2."地"偏误例举

* 小男孩便高兴【　】拿一个。【地】
* 他艰难【　】把那筐梨子放上自行车上面。【地】
* 可牵牛的农夫硬硬【　】牵着牛走过去。【地】

*牛只好乖乖【 】跟着主人走过去。【地】

*再回头看农夫这么入神【 】摘梨。【地】

*所以他轻轻【 】放下自行车。【地】

*三个男孩兴奋【 】吃梨。【地】

*奇怪【 】说}。【地】

形容词作状语"地"的隐现规律是一个比较复杂的问题。从形容词的语义特征分析,当形容词具有 [+ 人物] 的语义特征的时候,即语义指向动作者的时候,必带"地",当可带可不带时倾向于带"地"。语料中出现的缺少"地"的偏误,大都属于这种情况。

(二)多词

表 5-6 "的、地、得"多词偏误情况统计

	的	地	得	合计
聋人大学生(高级汉语水平)	17	13	2	32
聋人大学生(中级汉语水平)	18	6	2	26
合计	35	19	4	58

1."的"偏误例举

*当她和他擦肩而踵【的】时。

*后边"时"是单音节,一般不加"的"。

*另外三个男孩看到男孩【的】摔倒。

*又走过来【的】一个小男孩。

中心语是动词或形容词时,其定语后必须加"的",以标志前后两个成分是定语与中心语的关系。但是前例"男孩"和"摔倒"之间不是定语和中心语的关系,而是主谓关系,所以中间不能加"的";"走过来"和后面的名词性成分之间不是修饰限制关系,是支配关系,构成动宾结构,中间也不能加"的"。

*给他【的】帽子。

这是一个双宾句。"给"是三价动词,后面需要带两个宾语。如果中间加上"的",丢失了一个宾语"帽子"。

＊主动来他们帮助他捡梨装在笼子他对男孩【的】
＊他还在那儿继续采摘梨子【的】
＊就特别想吃【的】
＊他骑得很高兴地把这个梨包，心里想能够给他父母吃【的】
＊他拿帽子跑过去给他【的】

以上各例，主要是非"的"字结构误用为"的"字结构。

2."地"偏误例举

＊就赶紧【地】帮助小男孩
＊他心里着急【地】快跑走了
＊不小心【地】把梨子落在地上
＊男孩不专心【地】自己的路上

当形容词的语义具有[+运动]特征的时候，也就是语义指向动作本身的形容词时，倾向于不带"地"作状语。

（三）错词（混淆）

在统计语料中"的、地、得"用法错误的时候，发现了一个非常有意思的现象。汉语水平为高级的聋人大学生主要是将"的"和"地"混淆，而汉语水平为中级的聋人大学生他们的混淆情况则比较多样。"的"和"地"的混淆的问题，是整个社会语言文字使用中都存在的问题，在此先不做讨论，只讨论和其他词语混淆的问题。

＊出现**的**一个青年的男人。【了】
＊后来又出现**的**一个男孩正在骑自行车。【了】
＊放满**的**筐子。【了】

上例是"的"和"了"混淆。

＊他微笑**地**拿着3个梨给众男孩吃吧。【着】

"地"和"着"混淆。

＊这羊固执**的**很。【得】
＊小男孩感动**地**把三个梨给那小朋友。【得】

上例是"的""地""得"三者混淆。

三、助词"着、了、过"

和上面"的、地、得"的原因一样,"了"除是动态助词以外,还承担其他成分,比较难以区分,此处暂不涉及。

(一) 缺词

表5-7 "着、了、过"缺词偏误情况统计

	着	了	过	合计
聋人大学生(高级汉语水平)	2	26	0	28
聋人大学生(中级汉语水平)	0	41	0	41
合计	2	67	0	69

在缺词项中,"了"占绝大多数。"了"是聋人学习汉语的一个难点,即使是汉语水平比较高的聋人,他们在反思自己的汉语问题时,也表示"了"的用法很难掌握。在写作时,即便经过仔细斟酌,但是最后可能依然写不对。

在现代汉语中,"了"也有两种用法,一种用在动词的后边,表示动作的完成与实现,被称为"了①";一种用在句尾或句中停顿的地方,表示事态的变化,有肯定的作用,被称为"了②"。"了①"和"了②"如何区分呢?

王力以"动+了+宾"作为判断动态助词"了①"产生的句法标准,认为只有见于这个格式的"了"才可以认为是动态助词。当然还有其他若干种说法。在本书中,为了分析方便,遵从王力先生的说法,将在"动+了+宾"结构中的"了"判断为动态助词,句尾的"了"归入语气助词。

*重新数【 】一遍。【了】

*就给【 】我们三个梨子。【了】

*又来【 】一位年幼的男孩。【了】

*小男孩向农夫表达【 】真诚的道歉。【了】

*动【 】歪脑筋,趁他不注意。【了】

*决心把一个梨包偷【 】带走吧。【了】

*怎么缺少【 】一个。【了】

*他在自行车骑自行车的轮子撞上【 】石头。【了】

*小男孩才知道他当时误会【 】农夫的意思。【了】

例句中的"了"都符合"动+了+宾"结构的要求，可以认为其是动态助词。动态助词"了"表示动作行为的发生和状态的出现。在某一动作明显完成的情况下，动词后必须用"了"。例句中的动作明显已经完成了，这时需在动词后边加上表示动作完成的助词"了"。

"了"作为语气助词，可以出现在名词、动词、形容词、数量词、动词加宾语等词语后，比较灵活。

*小男孩便带着自行车慢慢地走【 】【了】

*并对他说他的帽子掉下来【 】【了】

*这三个男孩收下了，就高高兴兴地走【 】【了】

*它无奈乖乖地跟主人走【 】【了】

*三个男孩看到他摔倒【 】【了】

*就下去【 】【了】

作为语气助词的"了"，主要表示事态的变化，有肯定的作用，"走了""下来了""摔倒了"等都符合这一要求。

（二）多词

在本书涉及的语料中，共检索出多"了"的短语或句子 25 个，没有检索到"着"和"过"的多词。

"了"的情况非常有意思。在一些句子中，"了"看起来是多余的，但是只要改变一下位置就变成合适的了，如下例。

*二话不说就拿走一筐了【二话不说就拿走了一筐】

*叫住那三个男孩了【叫住了那三个男孩】

*然后找到小男孩。【然后找到了小男孩】

*慢慢地放入筐桶里了。【慢慢地放入了筐桶里】

*那羊好像想吃了梨。【那羊好像想吃梨了】

*正在着急【了】

*梨的人正在爬下【了】

*有一个年轻的男生带着羊正在走来【了】

*有一位牵羊的人经过三个筐【了】。

*一个小男孩骑着车路过【了】梨树。

"了"用在句中,充当动态助词,表示动作行为的完成,用在句尾或句中停顿的地方充当语气助词,主要表示事态的变化和确定的语气。上例中的"正在"已经明确表明了动作行为发生的时间,不应该再用"了";"经过""路过"等能够表明事态的变化,也不需要再用"了"来协助。

*发现地上有地凸很难走【了】

*擦肩过女孩的样子很不错【了】

"很"修饰形容词时,形容词后一般不带语气助词"了"。

*落【了】得乱七八糟。

结果补语、程度补语的动词后不用"了"。

(三)错词(混淆)

"着、了、过"的自身混淆比较少,主要问题是和其他词语的混淆。这些内容在动词部分已经有所涉及,此处就不再赘述了。

第六章　词类层面偏误问题

词类层面的问题较多。词的语法类别，跟它在进入组合时的功能有很大关系。因此，有些句法成分搭配不当，从根源上说，是词类问题造成的。另外，虚词属于相对封闭的词类，某个词的用法往往非常细致。如果不能弄清楚，就可能发生张冠李戴的情形。

从语料分析来看，聋人汉语书面表达在这个层面主要有以下问题：甲类词误用为乙类词；应当用甲类中的某词而误用了乙类中的某词；同一类别内部，甲词误用为乙词；词的重叠用法偏误；虚词残缺或多余，等等。其偏误与错误的具体情形，跟听人的不尽相同。

本书打破纯粹从语病类型分析的视角，而是从实词和虚词两个大的类别入手，再有所侧重地对实词和虚词出现较多的偏误情况进行解析。

本章语料是从语料库中随机抽取的 50 名聋人大学生的 50 篇语料（为了研究类型化倾向是否存在，考虑了同题语料的充足性）。在研究过程中，对这 50 篇语料进行了穷尽分析。

第一节　实词的偏误

按照一般的分类方法，把名词、动词、形容词、副词、区别词、代词、数词、量词、拟声词、叹词等十个类别都归入实词当中。但是在聋人汉语书面表达中，并不是所有类别的词都有明显的偏误倾向，出现较多的错误包括以下几种。

一、甲类实词误用为乙类实词

实词误用的最主要问题是甲类词误用为乙类词，有时是大类误用，有时是小类误用。这些误用都是表达时选错了词语，属于选择性误用。

（一）实词大类之间的误用

实词大类之间的误用，最明显的是名词和动词之间的误用。例如：

* 他**疑问**地转头看着坐在书桌旁边的儿子。【疑惑】

* 左手用力**掌巴**①到爸爸的屁股上。【打】

* 父亲右手拿了钢笔，写在我作业上有几道难题**决解**了，都**答案**出来了。【答】

* 小企鹅把大刀在冰上**线**了船上。【描/画】

* **天气**这么小雨。【天】【下着小雨。】

* 不过八大处也有**好处**的一面。【好】

* 企鹅又拿起来**咕咕声**喝下来。【咕噜咕噜】

* 这样使老师非常**火了气**。【生气】

以上是名词性词语误用为谓词性词语，其中名词误用为动词的占多数。有趣的是，名词误用为动词的时候，很多都是从形象化角度可以臆想到那个目标动词的，比如"巴掌""线""小雨""咕咕声"都是如此。这跟聋人手语的形象性优先习惯不无关系。

反过来，也有谓词性词语误用为名性词的。例如：

* 上高中时，各门课多了，我**担任**太重了。【负担】

* 儿子听见老师的**说话**，心里很紧张。【话】

* 工作上，对别人有**负责**、关注、宽容。【责任/责任感。】

* 它在很酷的太阳**晒**下的吊床。【光】

* 小企鹅用最大的**尽力**，拿着帽子，连忙把水挖向外倒（向外舀——引注）。【努力】

这种误用跟前一类误用一起，构成词类误用的主体。除此之外，也有一些其他误用的情况，如形容词和副词之间的误用、形容词和动词之间的误用等。例如：

---

① 注：掌巴，即巴掌，是语素颠到，详见第五章第一节。

*坐在后排的小明时不紧张地**乐意**着昨晚他爸爸帮他终于大功搞成了。【得意】

*无论遇到重重的困难，不再**恐怖**，不再挫折，都要，要努力。【恐惧】

*就这样，航游啊航游，又经过了一个**另**一个国家岛国的国界。【又】

从比例上看，其他词类之间的误用，远不如名词性词语和谓词性词语之间的误用多。

（二）实词小类之间的误用

如果追究小类（词类的二级分类或三级分类）之间的误用，最典型的误用是把不及物动词当及物动词用，直接带宾语。例如：

*父亲**过去**我身边。

*老师**进来**教室。

*聋人努力去**奋斗**自己的梦想。

*不停地**摆**来摆去风扇。

*小明父亲打开（门）看到小明老师和小明，小明父亲**奇怪**老师。【看到老师感到奇怪。】

*他们正在**走**儿子家的路上。【去】

对于不及物动词和及物动词的区分需要经过大量的语言训练形成语感后才更易掌握，单纯从理论上去区分对于聋人来说学习难度较大。但是汉语中有很多动词属于不及物动词，在使用的时候不允许带宾语或者不允许直接带宾语，比如"进来"这种复合趋向动词，一般要将其用作补语时才能带上宾语，比如"走进教室来"。像"奋斗"这种词，只能把关涉的名词变成状语的一部分用在其前面。

这是小类误用里最突出的，前面章节已有涉及。

二、同一类别内部，甲词误用为乙词

这种情形以代词、趋向动词出现的偏误最为典型，其次是副词、数词等。

代词误用的语例如下：

***这样**让父亲叹息了。【这】

*它的好朋友知道它要离开**这个**，要到酷热的地方。【这里】

*我看着楼与人，才发现，确实是**这个**回事。【这么】

*常常听到×××这个名字，不知道他是**怎么样**的人。【什么样】
　　*上高中时，【**各门**】课多了，我担任太重了。
　　*说来八大处与蒲黄榆这两个地方还是【**各**】有差别的。
　　*看看贴在【**各**】照片都是冰的地方。（看到贴着的照片里都是有冰的地方）

　　其中比较明显的问题是，代替名词、谓词、副词的代词分不清楚，如前四例。这其实是前一个问题的延续，只是换个形式又出现了。当然，由于代词是封闭性词类，教学中应该对每一个、每一类代词予以详细地讲解和引导。这种问题经过训练是可以减少的。

　　除代词外，趋向动词的内部误用也很常见，成为一种倾向性偏误。这个问题主要出现在趋向动词作补语的情况下。

　　词类内部误用有时也会发生在其他词类上，比如副词、数词等，总体上都是辨析不清的缘故，比如"二"和"两"的搭配习惯，副词中"×然"的差别，比较式中的"更""不"和"没"的区别等。副词的误用如下：

　　*看完之后，心里久久不能平静，**仍然**有了很多的想法。【忽然】
　　*这个我得教训你这个**没有**称职这样的父亲。【不】
　　*底下的学生看起来**不**认真地听老师的课。【没有】
　　*谁知炉子比它**挺**重的。【更，或删除】
　　*只要听人耐心地话，听人就会知道聋人比听人**很**辛苦的，**很**努力的。【更】

　　有时候也会出现名词内部的误用，如具体名词和抽象名词、现象和结果混淆等。例如：

　　*胖老师用右手按扭门的**铃声**。【铃】（另，"按钮"应为"按"；"的"为多余词）

　　但是总体上，这类偏误还没有形成普遍性倾向。

三、重叠式使用偏误

　　汉语并没有纯粹的词形变化，但谓词重叠属于词形变化。在聋人汉语书面表达中，动词重叠的形式经常出现偏误。在50份抽检样本中得到以下语例，虽然样本量不多，但是因为重叠式使用的总体频率非常低，所以依然比较引人注意。

　　*后来老师突然拿起他的作业，**看看**他写的情况后，不禁地生气了。
　　*可倔强的建新，仍然守住自己的梦想，给家人承诺**看看**一年之后能不能成功。

*后来拿出来地图**看看**，它脚下的两只热袋淹没（指融化了——引注）冰。

*回头拿出自己的眼镜下来，**看看**贴在各照片都是冰的地方。

*企鹅拿着锯刀**切了切**着地上的霜冻，费了很大的力气切了"船"的图圈。

*我有多次想不去爬山的想法，外婆和妈妈还是硬拖我去**爬一爬**。

*乌龟背上有一杯冰饮料**爬着爬**。

***看着又看着**他们一个又一个地滑。

***走着时**，要看地图，它的脚穿着热水袋使地上冰融化掉冰水里。【**走着走着 / 走着的时候**】

以上语例出自八名不同作者，说明这种偏误是具有相对普遍性的，问题也相当接近。前八个例子，虽然有些是动词直接重叠，有些插入了虚词或副词，但问题都是一样的，就是不需要使用重叠式而使用了。纠正方式上也大体一样，就是取消所有重叠用法。最后一例有所不同，是应该用重叠式而没有使用。当然这个不是一定要用重叠式，是因为动词带上"着"表示进行，重叠可以表示持续或在状态中，如果换成"走着的时候"也是可以的，殊途同归。

滥用重叠式这种现象很值得深思。为什么会出现这样的情况呢？是没有理解动词重叠式的语法意义，还是受了手语习惯的影响？

四、代词使用缺陷和语用中的称代问题

我们在上文中已经提到，代词是小类内部误用的典型代表。其实不仅仅是代词甲和代词乙的误用，语料反映了更为深广的问题，即很多聋人未能真正学会在何时使用代词，使用哪种、哪个代词。

我们知道，当人需要进行指称某个人或物时，语言表达有两种基本方式：称名或称代。普通幼儿在语言习得初期都有称代困难，会直接说"宝宝出去"，而不是"我出去"。但是在经过大量的语言学习之后，会逐渐学会区分何时需要使用代词，并掌握不同代词之间的区别。这在第二语言的学习过程中也是一样的。

在我们的聋人语料中，汉语学习程度较高的一批学生已经能很好地掌握代词的用法了，仅会在个别词的使用上偶尔出现错误。但是汉语学习程度较低的聋人，还存在比较明显的称代困难和错误。

称代问题在第一人称的使用上问题最少。在第三人称的使用上问题最明显。

第二人称因为在书面语中较少使用，所以还不能得出结论，但是存在第一和第二人称转换问题。

在第三人称叙述时，往往出现不能准确使用代词等问题。以《父与子》为题的语料为例，父亲、儿子和老师是三个人物，但是很多语料中没有使用"他"或"孩子"等正常称代，而是直接使用了"儿子"这个称谓，造成儿子跟老师并列时出现"老师和儿子""老师带着儿子"等容易误解的表达。例如：

*老师要求**儿子**带老师去家访，去家访的路上，老师一手牵着**儿子**。

*放学后，老师一只手牵着**儿子**的手，另一只手放在身后，拿着作业本，快步地去**儿子**家里，想去做家访。

这里的"儿子"，按照惯例都应该理解为"老师的儿子"，但是老师带着自己的儿子去家访又说不通。实际上，这就是没有学会正确地称代。不使用"儿子"这个亲属关系中的称谓，而是选择一般社会关系中的他称名词"孩子"，或者在必要的时候替换成"他"，都可以解决这个问题。在我们的语料库中，发现还有其他解决方案，就是给"儿子"起一个虚拟的名字，比如"小刚""小明"甚至更具体的名字。这个方法虽然有点笨拙，但至少避免了称代混乱的问题出现。在25份问题文本（其作者都是较低层次的汉语学习者）中，有11份文本存在这样的称代问题，占将近50%。

在第三人称称代方面有时候还存在自指不当或不会自指的问题，例如：

*父亲正在看儿子写英语作业，看了儿子好像写不出来，觉得**他自己**很烦恼。

*爸爸为了不让孩子在外面（因为）不会做丢**他爸爸**的面子。【称代不明，目标词是"自己"；"因为"，原文无，引用时据文意补】

*我心里跟**我**说。【自己】

第一个语例的前两个分句中，"父亲"是主语，但是第三个分句中的"他自己"却显得模棱两可，到底是指父亲还是儿子。第二个语例中"他爸爸"是指前面的"爸爸"还是爸爸的爸爸，也没说清，两种似乎都说得通，这就说明此处指代不明。实则按照上下文，第一个语例中的"他自己"应该是"他"，指儿子；第二个语例中的"他爸爸"应该是"自己"，指爸爸。最后一个语例中的第二个"我"应该写成"自己"。

除了第三人称代词，也存在第一人称称代不当的问题，例如：

*儿子对老师说"儿子的父亲帮儿子做题，父亲为了儿子好。"【我】

还有单纯的称代重复，没有掌握承前省略或承后省略，造成主语无意义重复的情况。例如：

*爸爸把儿子抱在自己的大腿上，爸爸帮儿子做作业。

*我从中学的时候，我在我班同学里倒数第一。

有时候还会出现由第一人称叙事突然转换为第二人称代词，前后不一致的情况。例如：

*通过这个困难中，我终于明白了，只要你愿意去克服困难，那么就一定会战胜困难，这部分是一种经历，让你们明白，困难没什么可怕，只要你们有信心或努力克服它，那么就可以战胜困难啦！

上例中的"你"和"你们"，改为"我"或"我们"，保持人称一致。例句中的人称转换，大概是为了向读者表达自己的目的，但是显得生硬而且容易产生误解。

有时，代词使用错误是因为和其他问题纠缠在一起。有些聋人学习者，不能正确使用直接引语和间接引语，从而造成代词的称代不当问题。例如：

*果不其然，老师把孩子的书给孩子的父亲看，指出是不是你帮孩子写的。【同时有用词不当，"指出"应改为"问"。】【纠正A：问是不是他帮孩子写的。纠正B：问："是不是你帮孩子写的？"】

以上语例中"指出是不是你帮孩子写的"，如果使用间接引语，应该使用第三人称代词"他"；如果使用直接引语，要加上引号。这类问题在不少聋生的书面表达中都存在。

可以这样说，称代困难或者说代词使用缺陷，是聋人汉语学习过程中必须翻越的一座山。

五、几类实词在使用中的冗余偏误

实词中的名词、动词、形容词等是句子构成的基本成分，如有残缺或多余都会造成句法结构上的大问题。此外还有一些特殊类型的实词，聋人在书面语使用中，容易出现偏误倾向。从语料分析的结果看，方位词、副词、趋向动词等几类，容易出现冗余偏误。

（一）方位词冗余

方位词冗余在听人的书面表达中也会出现，主要问题是掩藏主语而造成句式杂糅。在聋人汉语书面表达中，方位词的冗余不止是这种情形，还有很多"没有道理"的冗余。例如：

*不过老师有一点儿怀疑作业**上**有问题。
*老师右手握着爸爸的颈**上**。
*爸爸的脸**上**微微地向左靠着儿子的头脑**上**。
*小明父亲看到作文本**上**。
*那时它走**上**冰岛**上**，不禁全身都冰冷。
*儿子坐在房间里的椅子**上**。
*片子，关于是在南极生活**上**的企鹅故事。
*他发现作业**中**很难。
*从他成功开店的过程**中**，我看到了他的身上有一种我们所没有的精神——勇敢尝试。
*它始终努力往前走，终于走到了有阳光**下**的地方。
*他穿着一件黑色的上衣，双手伸着（＝放在、放进）裤子**里**的口袋里。

从以上语例中可以看出冗余的方位词会造成句法成分之间难以搭配或者单纯性的冗余。这种情况非常特殊，是聋人书面表达中呈现出来的一种明显的倾向，也就是方位词的使用泛化。

（二）副词冗余

除了方位词，在副词的使用中也会出现冗余问题，例如：

*爸爸右手拿着小男孩左手的毛笔，**正在**写字。
*"我"一边看我爸爸**正在**写的，一边观察着其他的事物。
*老夏站在夏勇的身边，转身地看到夏勇**正在**不动笔。
*一会儿，"我"**终于**真的想不出来了。
*但是现在他知道"我"是学习差的人，**就**怎么会这样呢？
*我们**正**进行谈话关于孩子做作业的事，终于**已**有答案了吧。
*我忍无可忍看我**不**怎么收拾你。
*写字得**很**整整齐齐的。

这些语例中的副词（加粗字）都属于冗余使用，或造成前后语义矛盾，或形成语义重复，或对真正的信息造成干扰，或违反了说话的初衷，等等。例如，"我不怎么收拾你"是否定副词的使用冗余，前后文语境表明，"不"字使前后意思矛盾了，跟表达的初衷背道而驰，应该去掉；"整整齐齐"是形容词重叠式，本身已经含有程度，不能再受"很"修饰。

（三）趋向动词冗余

除了方位词和副词有很明显的冗余偏误，趋向动词也存在冗余问题。例如：

*小明父亲拿着一个鸡毛尖笔**起来**写**上**。

*胖老师用左手带着小男孩的右手走**去**。

*想来想去，还是没法做出来，明天就要交**出**上去，所以心里比较急。

*回头拿**出**自己的眼镜**下来**。

*进**去**屋里后，（老师）说："你是不是想当学生啊？"

趋向动词冗余产生的原因比较复杂，有些是两个趋向动词用在同一个句子里造成冗余（属于重复性冗余或矛盾性冗余），有些是动词后面不需要用却用了趋向补语。

除了以上几种，有时候还会有其他词类出现冗余的情况，比如量词。

*儿子感谢父亲帮**个**忙。

*父亲开**个**门发现儿子和老师来了，对老师说什么事啦。

这两例错误比较特殊。量词"个"在汉语中除了用作物量词，还有跟动作有关的用法，其中有一个是"动＋个＋宾"结构，这一结构使"整个语句显得轻快、随便"[①]，比如"写个字""吃个饭"。但是这种用法含有随便的意味，不是任何时候都能用。感谢帮忙和接待客人都不宜太随便，所以语例中的两处都不合适。

总体上，我们发现，无论是句法成分层面还是词类层面，冗余都比残缺更多见。

在实词范围内，除了以上提及的偏误，还存在复合趋向动词的离合式使用错误的情况。汉语复合趋向动词在带相对短小的宾语的时候，常常需要使用分离形

[①] 吕叔湘. 现代汉语八百词 [M]. 北京：商务印书馆，1999。关于词类归属问题，本书主要参考该书和黄伯荣、廖旭东主编的《现代汉语》。

式，但语料显示存在表达偏误的情况，例如：

*晚上，孩子按老师布置的作业来做，但几道题他总是想来想去，还是没法做出来，最后它还是坚持**想出来**了办法。【坚持想办法；坚持想出了办法；坚持想出办法来】

在对这个病例进行修正的过程中，因为不能准确推知作者原意，我们发现了几种可能的修正方式（如【】所示三种可能），其中第三种是使用分离式符合趋向动词。

这种情况不如外国人学习汉语中的偏误多，但是也确实存在。

第二节 虚词的偏误

汉语虚词包括介词、连词、语气词和助词。其中连词的语法偏误，我们放在句子层面的"关联不当"这部分进行分析。本节只讨论介词、助词和语气词的偏误问题。我们发现，聋人汉语书面表达在虚词方面的误用比实词的要严重。

一、介词的误用

介词是从动词虚化来的，因此，在虚词中是相对"实"的，发生使用错误的时候也较少跟助词、语气词直接关联。相对于后两者来说，错误发生率也低得多，但是依然存在在介词内部甲词用作乙词，当用未用、不当用而用，把介词当作其他词类来用，或者应当用介词而用了其他词类等跨类偏误。跨类偏误我们放到后面分析，这里先分析介词的内部误用。

（一）介词的选择性误用

介词的选择性误用是指应该用甲词而选用了乙词。例如：

*上课时老师**向**每一位学生检查作业并进行批改。【为，给】

***对于**实际上来说，交通，银行，饭店等等，薄黄榆实确给我们带来了方便。【从】

*拿出我们的非凡勇气，**为**美好的未来迈进吧！【向】

＊鸭子也跟着把自己的身体和头倒原位，在电视上看《企鹅》的故事。【从】
＊大多数公司当然因为沟通不便为理由拒收聋人工作。【以；或删"为理由"】

选择性误用是未能清楚辨析每个介词的功能用法的表现。在介词的使用上，和方向性（或对象性）有关的介词容易出现错误使用，和某些词语组成固定搭配模式的介词也可能出现错误使用。值得注意的是，与动词兼类或与动词有渊源关系的介词的使用（如"在""靠"等）更容易出现错误，有可能混淆两种词类的用法。例如：

＊到晚上，我忽然急着，把作业与钢笔、水墨等，去到桌子上做作业。【拿着】
＊两个朋友看到后摇摇头，并且把它到炉子上热一热。

语例一应该用行为动词却用了介词，造成句子缺少必要的动词。语例二明显是把"把"当成"抬""放"之类的动词来用的，正常应该说"把它（指企鹅）抬到/放到炉子上"。这种情形也时有所见。

（二）介词冗余

介词冗余是指不该用而用了某个介词。例如：

＊终于我爸爸明白了，就马上纠正自己的缺点和不足，一定要求自己用严格教育这个孩子如何学会做人。
＊当老师拿起作业一看时，惊讶得呼叫了一声，这！不是你写的吗？
＊（老师）用眼瞪对夏勇来说："批评。"
＊老师按在家门口旁边的铃声的时候我低低头了。
＊前不久我弄了项目调查，粗略统计大部分本院听障生面对于正常人竞争是采用是顺其自然的态度。

上例中介词冗余的情况和程度并不相同。语例一、语例二是单纯冗余。语例三的冗余是前面有了"用眼瞪"，后面可以直接跟对象，不需要使用却用了介词。语例四的介词冗余是和句式、语序问题同时出现的，如果保留现在的语序，"在"则多余；如果调整语序变成"在家门口旁边按铃声（应该是'铃'）"，介词的用法就是对的。语例五是介词冗余的一种常见现象，听人语用中也同样存在，即在及物动词或其他不需要借助"于"来带宾语的情况下，仍然使用了"于"，如"来自于""源自于""出自于""提醒于"，等等。这是"不及物动词＋于＋宾语"用法的扩大化。及物动词带宾语，动词后是不需要也不能带介词"于"的。近些年听人这种错误用法也有扩大的趋势，但是目前尚不能认定为符合规范或约定俗成。

（三）介词残缺

与冗余相反的，就是应该使用介词的时候没有用。例如：

＊爸爸【】惯例查查孩子在干什么。【按】

＊"我"偷偷【】自己的爱好去玩。【按】

＊老师非常生气，爸爸扑倒【】写字桌上。【在】

＊可谁知企鹅被冻枚了，还翻滚【】了厚厚的雪地。【在】

上述语例，因为缺少介词造成名词性成分直接作状语或补语了。事实上，汉语只允许特定类型的名词性成分这样使用，如表示时间、地点的状语或补语，如"爸爸今天早上出差了""他等了三天""这孩子大街上摆摊"等。聋人汉语书面表达中出现这类问题，可能是受第一语言（手语）影响。

相对而言，介词的偏误还不是最严重的，助词和语气词的问题才是最多也是最普遍的，即使汉语水平很高的聋人，也会出现这方面的错误。

二、助词偏误

助词的偏误主要表现在结构助词和动态助词上。第五章第二节对此已有论述，下面我们侧重从语法的视角来分析。

（一）结构助词偏误

结构助词"de"按照功能分化为"的""地"和"得"三个成分标记，分别是定语性、状语性和补语性标志。聋人汉语书面表达中结构助词的偏误类型较多。除了三者不分、混用（这一点跟听人相似），如"到达家门口时，小刚垂头丧气打不起精神，心虚的低着头"之外，更多的表现为结构助词残缺或冗余。

结构助词残缺的语例：

＊它又变成了热企鹅，忍受不了烈日的阳光，还喝刚从乌龟的背上放着【】几杯饮料。【的】

*国内聋人等学院给聋人设置【 】专业太小了,具有局限性。【的】

*走着时,要看地图,它的脚穿着【 】热水袋使地上冰融化掉冰水里。【的】

结构助词冗余的语例:

*第二天**的**上课时,……。

*第二天,小明背着书包去学校,老师要求**的**作业必须完成而他得意洋洋地进入教室。

*它不觉**地**看见一张(上)面有一艘大船的图画。

*他知道**地**这作业做的不是我做。

*后来老师突然拿起他的作业,看看他写的情况后,不禁**地**生气了。

结构助词的残缺或冗余会造成句法结构性质改变,不能正常表达语意,尤其是结构助词残缺的情况,有时会把名词性结构变成谓词性结构,如上例中的残缺语例。

除了残缺和冗余的情况,还有应该用结构助词的地方用了动态助词。例如:

*企鹅们吓**着**跑散了。【得】

*冰船快要冰融化了,企鹅吓**着**不知道该怎么办。【得】

*我一定会坚强**着**活下去了!【地】

这三例都应该用结构助词,却用了动态助词"着"。这种情况在学习水平较低的聋人文本中出现较多。

(二) 动态助词偏误

动态助词主要有"着""了""过"和表强调的"的",容易出现的偏误也有残缺、冗余和误用三种。

动态助词冗余的语例:

*大乌龟背着有可口可乐杯子给小企鹅喝**着**。

*回**着**头看,墙上的几张在家乡的照片想家了!

*见他心里发愁**着**。

需要说明的是,有些句子虽然单看没有语病,但是放在具体语境里看却是有问题的,例如:"没有了桌子,我们却能在这样破旧而窄小的宿舍里谈天说地,十分开心。"如果不看上下文，单看这一个句子，是正常句子。但是上下文表明，桌子是一直没有的。这个语料文本的作者的汉语学习水平极好，整篇几乎没有语病，但是这个"了"错了。这也说明一个问题，有时我们看一个句子是否存在语病，是否是正常表达，要放在语篇中来看。否则，纠正一个孤立的句子，对学生的帮助是有限的。

动态助词的残缺指在各种需要借助动态助词表现动作行为的动态感时没有使用动态助词。例如：

*因为作业不会，所以**父亲帮我写【】作业**的。【写的作业】

*（老师）用眼**瞪【】对夏勇来说**："批评。"【瞪着夏勇说】

值得注意的是，强调句式中不能缺"的"字，因为强调句式在强调主语、状语等成分的时候，会在动词之后加上动态助词"的"字表示强调，如"因为作业不会"一句。

动态助词误用的情况比较复杂多样。有些误用是应该用另一个动态助词或者换用结构助词，或反之。例如：

*第三次它穿**着**好多衣服，鞋穿**着**厚厚的。【了】【了/得】

*我一个人去外面散步，我**低头的走**，不高兴。【低着头走】

*老师发现他说话**带有颤抖**的。【带着颤抖】

前两例主要是动态助词和结构助词之间的误用。第二个"穿"后面，用"得"是最佳表达方式，作为"穿"的补语，表示程度；"低头的走"是误用了状中结构，应该是"低着头走"，表示伴随。第三例的误用是用实词取代了"着"的功能。

*除此之外，还有一种误用值得注意：

*这时父亲很痛苦地喊救命，脸上还**出汗着**。【出着汗/出汗了】

*接受沉甸甸的任务必须完成了，给他们非常大的压力，**熬夜着**工作下去。【熬着夜】

有趣的是，这两个例句出现语病的原因都在于没有掌握动宾式动词带动态助词时，要放在动宾之间，构成离合词的形式。这几例中的"着"表示伴随或状态时，都要放在动宾式离合词中间。"我**低头的走**"并没有直接使用"着"，但是目标表达应该如此。

这样的偏误，无疑是有代表性的。这会反过来促使我们思考教学中应该注意哪些问题，就如同疾病的存在会推动医学的发展一样。

动态助词和结构助词的偏误是助词偏误的主体。此外，其他助词也偶有误用的时候，例如：

*大部分的同学们低头，但只有儿子高兴了。

*有的玩跳水、钓鱼、双人滑冰……等。

有时候会见到单复数的使用错误，如语例一。助词"等"用在列举多项事物之后，表示列举未尽或已尽，如果用了省略号，就不再用"等"，因为省略号本身已经表示列举未尽之意，语例二明显错用省略号和"等"。

总体上，这些助词的误用都远不如前两类助词误用情形常见，语病也不具有普遍性，兹不赘言。

三、语气词偏误

语气词和助词一样，是聋人汉语书面表达中错误率较高的词类，包括各种误用的类型，下面我们将例举一些问题来进行分析。有些语气词，如"了"，兼有助词的功能，我们都放在这里将其看作语气词，不再单列。

（一）语气词残缺

语气词在句末，除了表示语气，还有成句的作用。如果缺少语气词，句子可能就不完整，感觉很别扭。从语料分析来看，语气词的残缺集中反映在表示陈述语气的"的"和"了"上。例如：

*大部分聋人都是被动性【】。【的】

*老师说："这个课题是你写【】？"【的】

*你做回答对的，这作业是你做【】吗？【的】

*他是怎样经历成为"哑巴灯饰"董事长【】。【的】

*包建新的成功，并不是成功在于生意上，（而是在于）他的精神是自强【】，不服输，大胆冒险【】。【的，一处或两处】

*他知道地这作业做的不是我做【】。【的】

以上语例语气词残缺的原因基本一致，是在使用"是……的"句式的时候缺少搭配的语气词，从而造成句子有不完整的感觉。纠正方法多是补上语气词"的"或者去掉前面的"是"，意思基本一样，只是语气的轻重疾徐程度有所不同，"是……的"句式语气要较为轻松随意一些。

＊我变的有信心【 】。【了】
＊你的作业写字很漂亮，难题都解决【 】。【了】。
＊撑了几天，快到热带那里【 】。【了】
＊父亲开门时看到是老师，心里突然虚了，孩子在外面做坏事【 】吗？【了】

以上四例都是缺少语气词"了"，其中有兼用为动态助词的情况。由于缺少句末语气词，句子的完整性受到了影响。

句末语气词残缺集中反映在"的"和"了"上，这是因为陈述句在聋人汉语书面表达中占有最主要的地位，其数量占句类的绝大多数。

（二）语气词冗余

语气词冗余的情况，跟残缺的情况惊人的一致，也都集中反映在表示陈述语气的"的"和"了"上。例如：

＊黑色的大胡子在嘴下面**的**。
＊但是有一个人不喜欢玩，似乎懒惰**的**。
＊它想环游，个性很特别，与别的企鹅有所不同**的**。
＊他脸上得红露出来，感到吃惊，对李老师说："说实话，**是**我承认**的**，不过……。"

上例四个语例中的"的"多余，其中也有"是……的"句式，应该连同"是"一起删去。前三个语例也可以使用"是……的"结构，去掉语气词"的"或者加上"是"都可以。这是因为"是……的"句式结构主要用于描述，一般都充当非动作性谓语。但是这个办法用于第四例就不妥当。语例四是个疑难句，难以判断作者的目标句是什么。第一种可能，"我承认"是个省略句，后面省略了宾语，但是"是……的"这一句式不能插在主语和谓语前后。如果这个说法改成"我是承认的"或者"我承认"就说得过去了。这种情形按语序错误理解也可以。第二种可能，"是我承认的"这是两个短句纠缠在一起了，目标是"是，我承认的"。如果是这种情况，"的"字就是多余的。这样的语例也从侧面说明一个问题，要纠正聋人书面汉语表达的语病并不容易,有时候很难弄清病灶在哪里。

*妈妈点点头表示同意了。

*"你为什么还没做完了?"

*提笔没写就想得很长久了。【提笔没写就想了很长时间】

*(妈妈)反复叮嘱劝告志华,她要将来怎么生活了。

*孩子心里非常高兴了。

*我一定会坚强活着下去了!

*第二天,有三个小男孩在教室里上课了。

"了"主要直接用在动词或形容词后且在句末或句中停顿处,这种情况下,"了"还表示"完成"这个动态意义。但是以上例句不含"完成"的意义,所以这个语气词不需要出现。这说明写作者还没有意识到"了"有语气词和动态助词的兼职作用。

(三)语气词的内部误用

在语气词内部,也有误用的情况。

*社团又跟教室混合在一起,我们学习挺不容易**呀**!【的】

*以前八大处只要坐311号到地铁,挺麻烦**呀**!【的】

*父亲开个门发现儿子和老师来了,对老师说什么事**啦**。【啊】

*"爸爸妈妈,我回来了**吧**。我回来了**吧**。"【啊】

*当老师拿起作业一看时,惊讶得呼叫了一声,这!不是你写的**吗**?"【吧】

*聋人是可以做到了,世界上没有做不到的事情。【的】

语气词内部误用仿佛都"避开"了"的"和"了",而是集中在其他语气词上。一定程度上说明陈述句的语气词容易发生残缺或冗余,而其他句型的语气词容易发生误用。这可能跟祈使句、感叹句、疑问句的使用率低有关系。因为用得少、不熟悉、不熟练,所以造成使用上的张冠李戴。

除上述聋人汉语书面语中的介词、助词和语气词偏误的情况之外,有些时候还会出现跨类错误,即应该用甲类词而用了乙类词。例如:

*去热带时,小企鹅兴高采烈地躺**着**冰船上。【在】

*看看贴**在**各照片都是冰的地方。【着(的)】

*这里有一只企鹅围**在**大炉子温暖热气。【着】

*他穿着短袖,穿上鞋子。【着】

*企鹅吓**着**不知道该怎么办。【得】

这类情况(第五章已有详细例举论述)跟词类内部误用并没有本质区别,都是由不能准确辨析词类、不能准确掌握某个词类或某个具体词的用法造成的。唯一的解决方案就是在实践中加以指导以提高聋人汉语书面表达水平。当然,语料反映出的书面语表达水平的差异,可能与聋人的阅读量和阅读质量也有关系,这个问题另外专门讨论。

综合来看,在聋人汉语书面语中,虚词方面的偏误比实词的要严重。这应该和手语的表达特点——手语(视觉语言)善于表达具象的概念有关。因此虚词偏误所反映出来的细微之处的问题,恰恰就是聋人学习汉语的障碍所在。

第七章　聋人汉语书面语句法特征

语言的复杂度、准确度和流利度被认为是构成语言能力不可或缺的要素。在第四章中，我们从词汇复杂度和准确度两个角度分析了聋人汉语书面语词汇的特征。对句法特征的分析也可以从句法复杂度和准确度等方面去分析。

第一节　句法复杂度

一、句法复杂度的测量方式

对句法复杂度的测量方法大多是针对以英语为代表的有形态变化的语言的。在对汉语的句法复杂度的测量中，"单元词语数量"和"单元从句数量"是应用最广泛的句法复杂度测量指标。单元包含的词语和从句数量越多，句法复杂度越丰富。陈默等人[①]在对韩语母语者汉语口语复杂度进行研究时，选择言语分析单元为汉语分析单元构建的原则。言语分析单元，是说话者产出的单一语句，这个语句由一个独立的句子单元组成，或者由一个独立的字句单元组成，并包含跟上述二者有关系的。他们认为，汉语的句子结构和英语的有一定差异，汉语句子分为单句和复句。汉语的一个言语分析单元既可以由一个独立的单句构成，也可以由一个复句构成。语言的复杂度、准确度和流利度被认为是构成语言能力不可或缺的要素，这不仅适用于词汇分析，也适用于句法分析。

单元包含的词语，可以通过平均句长来测量。平均句长（The Mean Length of

---

① 陈默，李侑景. 韩语母语者汉语口语复杂度研究 [J]. 语言文字应用，2016（04）：61-70.

Utterance，简称 MLU），是指在所收集的儿童自发性的言语样本中，统计出每个句子所包含的有意义单位（一般指词或语素）的数量并求其平均值。平均句长被认为是最可靠的、容易测定的、客观的、定量的并容易理解的测量语言成熟度的尺度，也被认为是一种测量儿童句法发展的重要指标，在儿童母语习得研究、智力障碍儿童语言习得研究和第二语言习得研究中均有重要的应用。

汉语和英语等语言不一样，书面语不分词连写，因此有些研究者不用词语来计算平均句长，而是用语素数量来计算，或用字的多少来计算。黄自然[1][2]认为，字是汉语句子长度测量的可靠单位，他还用此研究了韩国学生汉语中介语平均句长与句长分布发展情况。吴继峰[3]采用字数作为 T 单位长度的统计单位。原因有二：第一，Jiang 研究发现，在汉语中，用字、词作为 T 单位长度的统计单位，二者没有明显差异；第二，组数更便于统计，也更客观。

测量平均句长还涉及如何判断句子的问题，也就是"单元"包括哪些内容。正如前文所言，汉语分为单句和复句。单句是由词、短语或者小句充当的、有完整的语调、能独立表达一定意思的语言单位。复句是由两个或者两个以上意义上相关、结构上互不包含的分句组成，分句是类似单句而没有完整句调的语言单位。复句中的各个分句之间一般有停顿。陈默等人对韩语母语者的汉语口语的分析，采用的是单句复句都计算的方法，测量指标为句法成分长度和句法结构密度。

我们认为，标点符号是区分句子的一个基本指标。一般认为句号、问号、感叹号及省略号是一句话完结的标志。但是目前无论是听人学生还是聋生，对标点符号的使用都不够规范，一逗到底的情况比较多。为了简便起见，我们采用比较宽泛的切分句子的方法。除了前面说到的句号、问号、感叹号和省略号以外，增加逗号和冒号作为测量的标记。

测量句法复杂度的方法，除了平均句长以外，T 单位也是一个常用指标。T 单位是由亨特（Hunt）提出的，指在不留下任何句法不完整的参与片段的前提下，所

---

[1] 黄自然. 以"字"为单位的汉语平均句长与句长分布研究 [J]. 齐齐哈尔大学学报（哲学社会科学版），2018（01）：133-138.

[2] 黄自然，贾成南. 平均句长在语言习得研究中的应用与问题 [J]. 长江大学学报（社科版），2013,36（01）：95-97.

[3] 吴继峰. 韩语母语者汉语书面语句法复杂性测量指标及与写作质量关系研究 [J]. 语言科学，2018，17（05）：510-519.

能分割的最小片段。因此一个 T 单位通常包含一个独立小句，以及嵌套在其中间的从句。亨特认为平均句长这一指标不够客观，因为麦卡锡（McCarthy）[①]并没有设定一个明确判断"句子"的标准，而由于学生对标点的不充分使用，他们对句子的判断并不可靠。吴继峰认为，"与英语二语写作句法复杂性的研究相比，汉语二语写作句法复杂性的研究甚少，主要表现在三个方面：一是汉语二语句法复杂性测量指标的探索和研究才刚刚起步；二是尚无考察句法复杂性和写作质量关系的研究；三是尚无考察写作任务、学习者因素、教学环境等因素对句法复杂度影响的研究。但是在汉语二语句法复杂性测量指标的探讨方面，不乏重要发现。其中最重要的一点是，验证 T 单位对汉语写作句法复杂性的适用性并提出适合于汉语二语的测量指标"。

除此以外，汉语的特殊句式，比如"把"字句、"被"字句、"是"字句、"有"字句，以及关系从句等也被认为是考察句法复杂性的可靠指标。我们将在后面章节进行专门讨论。

二、语料来源和研究方法

（一）语料

本节所分析的语料与第四章的相同。

（二）测量方式

1. 平均句长

对全部语料进行统计。以标点符号（句号、问号、感叹号、省略号、逗号、冒号、分号）作为句子切分的标记。用总字数除以总句子数，得出整类语料的平均句长。

2. T 单位

T 单位的计算将参照吴继峰的研究方法，但本书研究只统计 T 单位的数量，不统计话题链。

[①] 注：20 世纪 30 年代，美国心理学家麦卡锡提出平均句长的概念，作为测量儿童语言成熟度的指标，此后这一概念得到了广泛应用。

第一步，为了避免受文本长度的影响，每篇文本仅分析前 100 个字。如果 T 单位在切分处未完结，则往后顺延。

第二步，切分每篇文本的 T 单位，然后计算出 T 单位的总数、T 单位的长度、T 单位的分句数。

T 单位的划分同样采用吴继峰的方法。第一，简单句作为一个 T 单位。例如，"我的爱好是骑自行车。"是 1 个 T 单位。第二，有两个及两个以上分句组成的复合句，根据每个分句中是否含有谓语划分为不同的 T 单位，分句中含有谓语才能算作一个 T 单位。例如，"对我来说，看中国电视剧也能提高我的汉语水平。"是 1 个 T 单位。第三，复杂句中的嵌入分句不作为独立的 T 单位。例如，"我喜欢一部叫《英雄本色》的中国电影。"是 1 个 T 单位。

三、结果与讨论

（一）平均句长

表 7-1　三类语料的平均句长统计

	语料总字数	语料总句数	平均句长
听人大学生	23523	1984	11.86
聋人大学生（高级汉语水平）	19180	1511	12.7
聋人大学生（中级汉语水平）	18982	1723	11

从统计结果看，听人大学生语料的平均句长是 11.86，聋人大学生的是 11.85，二者相差无几。说明聋人到了大学阶段，在产出的句子的长度上可以达到听人大学生的水平，不过我们也要考虑到统计的偏差。实际情况是聋生语料的平均句长应该稍微比听人学生的低一点。因为在聋生的语料中，有不少句子属于句式杂糅，也就是说两句甚至多句所要表达的意思变成了一句，这在无形中提高了平均句长。

*他在爬上梨树摘许多梨摘了这些梨爬下来。

上例中一共有四个动词，包含四个意思：爬上梨树，摘梨子，摘了许多梨子，爬下树。

杂糅的情况会对统计结果产生影响，但是对整体结果的可信度影响不大。聋人大学生的平均句长可以达到接近听人大学生的水平。

从聋人内部分析可以看出，汉语水平为高级的聋生的平均句长长于汉语水平为中级的聋生的平均句长，不同汉语水平的聋人的平均句长有所差异。

（二）T单位

表7-2　三类语料T单位统计

	T单位数	T单位字数	T单位分句数
听人大学生	8.03（1.49）	13.63（2.83）	2.16（2.16）
聋人大学生（高级汉语水平）	9.26（2.35）	12.13（2.99）	1.97（2.47）
聋人大学生（中级汉语水平）	9（1.5）	11.99（2.14）	2.09（2.12）

注：括号内数据为标准差。

从统计结果看，听人大学生的100字左右语料中的T单位数量明显低于聋人大学生的，不同汉语水平的聋人大学生之间差别不大。同样字数的语料，T单位越少，意味着每个T单位包含的词语越多。所以在T单位的比较中，聋人和听人学生的差距较大。

在T单位字数上，听人大学生100字语料中的T单位字数（即T单位长度）高于聋生的。对汉语作为第二语言学习的其他学习者的研究也发现，T单位长度和作文水平相关。"作文水平越高，平均T单位长度值越大，说明语言输出流畅性也越高，每句话表达的意义可能更加丰富，语言表达水平也就更高。"[①]

在T单位分句数量上，听人大学生的最多。说明听人大学生在文章中使用了更多不同的句式。

第二节　句法准确性

句法准确性，简单来讲就是学习者写出的句子正确程度。前文我们在讨论聋人大学生词汇特征的时候，提到从词汇复杂度的角度看，聋生和听人学生词汇使

[①] 安福勇.不同水平CSL学习者作文流畅性、句法复杂性和准确性分析——一项基于T单位测量法的研究[J].语言教学与研究，2015（03）：11-20.

用情况差距不大，主要偏差体现在准确度方面，句法层面也是一样。目前有结合 T 单位进行测量句法准确度的，即用正确 T 单位数除以 T 单位总数，从而得出正确率。

在前文中我们使用 T 单位对句法复杂性进行了测量。结果表明，聋人大学生在 T 单位方面和听人大学生汉语母语者有一定差距。本节我们将在上节语料的基础上，统计每篇文章前 100 个字的正确 T 单位数量，从而测量出聋人大学生的句法准确性。

一、语料来源

本节语料与上一节的相同。

二、研究方法

上节已经切分好文本的长度，并统计了 T 单位的数量。本节在此基础上，统计正确的 T 单位数量，用正确的 T 单位数除以文本的 T 单位总数再乘以 100%，得出正确率数值。

三、结果与讨论

表 7-3　T 单位正确率统计

	正确的 T 单位例数	T 单位数	正确率 %
聋人大学生（高级汉语水平）	4.16（2.78）	9.26（2.35）	44.36（25.76）
聋人大学生（中级汉语水平）	3.35（2.66）	9（1.5）	37.36（31.33）
两者均数	3.76	9.13	40.85

注：括号内为数据标准差。

从表 7-3 可以看出，聋人大学生的 T 单位正确率非常低，总体正确率在 40.85%。T 单位正确率和聋人大学生汉语水平密切相关。汉语水平为高级的聋人大学生的 T 单位正确率，明显比汉语水平为中级的聋人大学生的高。在之前比较的其他项目中，两者的差距都很小，在正确率方面存在明显差距。

聋人大学生句法复杂度和听人大学生的相比存在差距，句法准确性也很低。

为了进一步探讨句法的问题，下一章我们将从句式习得角度进行统计分析。

第三节　句子层面几种不理想的表达倾向

汉语书面语对聋人来说属于第二语言范畴，因此会出现一些句法特征上的特异性的非正常表达倾向。在随机抽取的 50 篇语料中，主要包括扁平化表达、复杂化表达、主观化表达和长句倾向等。

一、扁平化表达

扁平化表达是指因为不能完美使用汉语而造成的某些雷同化、幼稚化的书面表达，从而使语言显得缺乏立体感，不生动，不准确。

扁平化表达的第一种表现是使用重复性雷同句式，例如：

*父亲的头发是光头的，穿上衣是黑色，穿裤子是白色，穿鞋子是黑皮鞋。【目标句：父亲是个光头，穿着黑色上衣，白色裤子，黑皮鞋。】

第二种表现是因未能正确掌握某些句式而出现的错序句或杂糅句等不正常或难以理解的表达。其中有些表达呈现出明显"幼稚"特征，跟标准汉语表达存在差距，有时还会出现皮钦语才会有的弯绕式表达。例如：

*儿子突然向老师，说："**我爸爸写我的作业。**"【我的作业真是我爸爸写的】

***滚快滚增加雪厚**打倒企鹅们。【越滚越快，越滚越增加雪厚度（=雪球越滚越大），把企鹅们撞倒了。】

以上两例没有掌握正常句式表达，尤其是"越 A 越 B"这个句式。

正好对面贴墙看了船想起办法。【正好看到对面墙上贴着的图片里的船（正好看到对面墙上贴着图，图上有船），就想出办法。】

*说明了我可以来的及，**紧时间里有空的**，可以做到努力。【抓紧点，时间总是有的】

这两个语例的问题是把一些相关的词语拼接在一起，试图表达心里的想法，但是都没有形成正常句子，出现了搭配奇怪的杂糅效果。

语序和词性也会影响正常表达，例如：

*到了下午，**滑雪使我明白的动作**。【我明白了滑雪的动作】

　　*旧学院地方有点小又窄，满足不了我们想要的东西，**让我感到了就是——闷**！【让我感到闷】

　　*我**深得很感动**的是《隐形的翅膀》的主人公志华。【深受感动的】

　　*我**深得搞懂**，主人公志华经过（经历的）苦难的生活**使我感到肺腑**。【感人肺腑】

　　*每天她**用脚靠着自己**养活。【她用脚（自己）养活自己】

　　第一个语例是错误使用兼语结构的结果。"深得很感动""深得搞懂"是将主客体混淆了。

　　弯绕式表达的主要表现是，明明可以用简单句或简单成分表达的，却使用了复句或复杂手段，例如：

　　*我**有多次想不去爬山的想法**。【我多次想不去爬山。】

　　*校园很不大，**如等于足球场平方米**。【如足球场那么大】

　　*我听了她的话，只好**带着正在发抖的身体**去爬山。【颤抖着去爬山】

　　*这时候老师**带着一副生气、很不满意的样子**走进教室。【生气地】

　　*小企鹅不小心地摔倒在地上**滚滚地跑出来，碰他们倒在地上**。【滚下来，把他们碰倒在地上】

　　*今天想起了八大处的那个地方，不禁泪水滚滚而来，**谁有人可知**？【有谁可知；有谁知道；谁人可知】

　　*我还是**懂一点也没了**。【一点也没懂】

　　"有……的想法"就是"想"；"大"这个形容词并非难词，却用"平方米"来代替；"颤抖"或"发抖"足以形容状态，却又画蛇添足地说成"带着正在发抖的身体"；"滚下来"变成了"滚滚地跑出来"。同时用相近动词或名性词，也造成一种啰唆表达，如"谁""人"，称代重复；"滚""跑"近似。这些弯绕式表达在未能充分掌握某种语言的词汇时最容易出现，就像想不起英语"hen"（母鸡）这个词，就说成"cock's wife"（公鸡的老婆）一样。弯绕，就是复杂化表达，跟简单化表达在本质上是一样的，即意图中想要表达的内容不能以符合规范的方式表达出来，又竭尽全力地去表达。

　　如上，正是因为在句式方面或者在词语组合方面出现了这样或是那样的问题，最后造成了扁平化表达的后果。也可以这样理解，这些扁平化表达，都是未能熟练掌握语言的表现。

二、他语化表达

聋人使用汉语书面语是将其作为第二语言使用的，但是在表达时偶尔会出现第三种语言的表达习惯或结构模式，我们姑且称为"他语化表达"。这种表达通常比较容易找到所参照的第三种语言的痕迹，相当于对译。对译在中介语中非常常见，也是产生语法问题的原因之一。

* 但是"我"听他的话，"我"真的有点不懂。【但是我听不懂他的话。】【对应句：I listened to him, but I really couldn't catch much.】

* 我们正进行谈话关于孩子做作业的事，终于已有答案了吧。

【我们谈了孩子做作业的事，终于有答案了。】【对应句：we are talking about the child's homework.】

* 夏勇等待李老师来的，是关于作业的事。【Xia Yong was waiting for Mr. Li about his homework.】

这类表达方式有时候并没有构成典型的错误，只不过把一句话分为两句话来表达，但是形成的句子对听人来说是奇怪的。这种情况在对外汉语教学中也普遍存在。

三、主观介入式表达

试看以下例句：

* **可见**它不放弃梦想，坚持要去。

* **可见**企鹅却躲在家里而取暖呢。【可见 = 我看见，可以看见。以上两例见于同一作者】

* **看来**没事就看望远地方。

* **看来**它计划失败，（朋友们）把它抬到暖房去。【看来 = 我觉得，我看见】

* **这不**时时转来转去。【这不，时时转来转去。？】

这种表达近似主观拟测型插入语，去掉加粗的词语，丝毫不影响句子意思。那加粗的词语在其中起什么作用呢？大体是作者在表达时加入了自己的主观感受和看法，如同"我看，他也蹦跶不了几天了"中的"我看"。但这不是真正符合汉语表达习惯的主观插入。主观介入式表达可能和叙述者的旁观视角有关，但基本没必要呈现，是聋人汉语书面语中独有的。

四、长句倾向

在我们的语料文本中，有时候会出现长句倾向，尤其是涉及人物形象描写的内容。我们抽取了 25 份《父与子》的同题文本，其中，一位聋人大学生关于《父与子》中父亲的描写如下：

*有一个穿黑色的马甲，有啤酒肚，穿着黑色的皮鞋，脸上有一双大大的眼睛，浓浓的眉毛，并且长着胡须的爸爸望着头发长长的儿子在桌子上写作业。

*留着黑胡子，身穿一件黑色的 V 字衫，脚穿一双黑色的写字，双手托在裤带里的胖子是孩子的父亲。

与之相对的是短句表达，在抽取的语料文本中，最理想的是：

*他是一个很胖的父亲，脸上圆圆的，没有头发，只有胡子，穿上【着】一件黑色的马甲。

在抽取的了 25 份同题文本中，没有进行形象描写的有 9 份，进行了形象描写的有 16 份。而这 16 份进行了形象描写的文本中，使用了短句表达的有 11 份，使用了长句表达的有 4.5 份，因为有 1 份文本同时使用了长句和短句表达。也就是说，大约 1/3 的写作者使用了长句表达。这在汉语书面表达总体并不熟练的使用群体中算是特异性表现。在所有语料中，使用长句表达的情况实在太有限。

为何会出现这样的情形，只能推测与手语使用习惯有关，这个问题还有待深入研究。

以上几种倾向，扁平化表达可能构成偏误，后面几种尚不能称为构成偏误，但依旧属于不理想的书面表达，特此列出是为了引发教学中的思考以进行更有效的引导和指导。

第八章 基于语料库的聋人汉语句式习得研究

第一节 汉语书面语"把"字句习得研究

一、"把"字句

"把"字句是指谓语部分带有由介词"把"构成的介词短语作状语的动词谓语句,是汉语的特殊句式之一。"把"字句是现代汉语语法研究的热点,也是汉语作为第二语言习得研究的热点。

"'把'字句有两个基本的特征:'把'字后面的名词必须是有指或特指,有定、已知,或见与上文,或可以意会。述语中的动词具有处置义,即动词对其宾语施加影响,使其产生某种结果。动词不能以光杆形式出现,一定要加有其他成分,如体标记'了',结果/趋向/动量补语,动词重叠或介词短语。"[①]崔希亮[②]对《红楼梦》和《男人的一半是女人》中的"把"字句的结构类型进行统计,结果显示,86%的"把+名词+VP"结构中的VP是述补的结构。

"把"字句的习得研究中除了少数对母语儿童"把"字句习得发展的研究外,主要集中在对外汉语领域,大多是研究留学生"把"字句的偏误问题。

目前,曹锦晖[③]对聋人汉语书面语中的"把"字句进行了研究。他从学生作业中搜集到了95个"把"字句,针对这些"把"字句进行偏误分析。聋人习得汉语书面语"把"字句的情况还需要进一步调查分析。

对"把"字句的习得研究,首先面临一个如何对"把"字句进行分类的问题。

---

① 黄月圆,杨素英.汉语作为第二语言的"把"字句习得研究[J].世界汉语教学,2004(1):49-60.
② 崔希亮."把"字句的若干句法语义问题[J].世界汉语教学,1995(03):12-21.
③ 曹锦晖.聋生"把"字句习得偏误分析[J].南京特教学院学报,2009,22(02):56-59.

黄自然和肖奚强在 2008 年提出了"把"字句的下位句式分类方式。之后，继续用此分类方式考察了韩国学生"把"字句的习得情况，[①] 具体分类情况如下：

Ⅰ. 状动式

句式Ⅰa　N_1+把+N_2+状语+V

句式Ⅰb　N_1+把+N_2+一 V

Ⅱ. 动补式

句式Ⅱa　N_1+把+N_2+V 在/到/给/向+N_3

句式Ⅱb　N_1+把+N_2+V+结果补语

句式Ⅱc　N_1+把+N_2+V+趋向补语

句式Ⅱd　N_1+把+N_2+V+情态补语

句式Ⅱe　N_1+把+N_2+V+动量补语

Ⅲ. 动宾式

句式Ⅲa　N_1+把+N_2+V+N_3（N_3 为间接宾语）

句式Ⅲb　N_1+把+N_2+V 成/作/为+N_3

Ⅳ. 动体式

句式Ⅳa　N_1+把+N_2+V（一/了）V

句式Ⅳb　N_1+把+N_2+V+（了/着）

Ⅴ. 致使式

句式Ⅴ　N_1+把+N_2（施事）+V+其他成分

此分类方式是针对将汉语作为第二语言学习的外国学生的。聋人的汉语学习情况和其他将汉语作为第二语言学习者的情况有相似之处。因此，我们在对聋人汉语书面语中"把"字句进行分析时也采用上述分类方式。采用该分类方式的另外一个好处是可以将聋人"把"字句习得情况和韩国学生"把"字句的习得情况进行比较。

[①] 黄自然，肖奚强. 基于中介语语料库的韩国学生"把"字句习得研究[J]. 汉语学习，2012（02）：71-79.

二、聋人大学生"把"字句使用情况

（一）语料来源

语料来自聋人汉语书面语语料库 V3.0。选取 102 位聋人大学生的作文语料，语料内容是观看短片《梨子的故事》之后的故事复述，以及对其做简单评价。语料是经过标注的熟语料，总计约 6.6 万字。另外有 31 篇听人大学生的同题语料作为对照，对照语料大约 2.35 万字，对照语料是生语料，没有进行偏误标注。此外，还使用黄自然等人研究中的韩国学生"把"字句使用情况的数据作为对比项。

（二）检索方式

在聋人汉语语料库检索系统中，使用自由检索项，以"把"字为检索关键词，检索出含有"把"的句子。逐一对句子进行穷尽分析，剔除含有"把"字，但不是"把"字句的项。

（三）结果与分析

1. 总体使用情况

表8-1　中国聋人大学生和听人大学生及韩国留学生语料总体数量统计

	文本数量	"把"字句用例	正确用例	偏误用例
聋人大学生	6.6万字	460（0.69%）	310（67%）	150（33%）
听人大学生	2.35万字	148（0.63%）	144（97.3%）	4（2.7%）
韩国留学生	60万字	300（0.05%）	217（72.3%）	83（27.6%）

6.6 万字左右的聋人大学生语料中共检索出包含"把"字的用例 465 处，其中 4 处为"车把"，1 处为"把握"，其余 460 处均为"把"字句。每 1000 字大约有 6.9 个"把"字句出现。

2.35 万字左右的听人大学生语料中共检索 148 句"把"字句，每 1000 字大约有 6.3 个"把"字句出现。

从百分比看，聋人大学生使用"把"字句的比例高于听人大学生的，也明显高于韩国留学生的，这可能和语料内容有关。不过从偏误句所占全部"把"字句的比例看，聋生的偏误率最高。在吕会华[①]的聋生生造词使用情况调查中，也发现汉语水平为高级的聋人学生的偏误率高于留学生的。

2. 分布统计与比较

表8-2 中国聋人大学生和听人大学生及韩国留学生"把"字句的总体分布情况统计

	聋人大学生			听人大学生			韩国留学生		
	正确	偏误	总计	正确	偏误	总计	正确	偏误	总计
Ⅰa	4.2	1.3	3.3	3.5		3.4	4.1	8.4	5.3
Ⅰb									
Ⅱa	43	31	38.4	28.5		27.7	35	27	33
Ⅱb	18.7	12	16.5	28.5		27.7	18.4	14	17
Ⅱc	20	20.6	20.4	32.6		31.7	16.6	14	16
Ⅱd	1	4	2				1.8	8.4	3.7
Ⅱe	1		0.2				1.4	1.2	1.3
Ⅲa	9.6	3.3	7.7	1.4		1.3	7	9.6	7.7
Ⅲb	1.3	1.3	1.3				13.4	13.3	13.3
Ⅳa	0.6	1.3	0.87	2.7		2.7			
Ⅳb	0.6	20.6	7.2	2.7	50	4	2.3	3.6	2.7
Ⅴ		4.6	1.5			1.3			
其他					50				
总计	310/100	150/100	460/99.4	144/99.9	4/100	148/99.8	217/100	83/99.5	300/100

注：正确是指该类正确"把"字句占所有正确"把"字句的比率。偏误是指该类偏误"把"字句占所有偏误"把"字句的比率。合计是指该类"把"字句占所有"把"字句的比率。

在聋人大学生的语料中，无论是正确句还是偏误句，都没有出现状动式句式Ⅰb。另外，动体式句式Ⅳa、句式Ⅳb和致使式句式Ⅴ也出现得非常少。不过动体式句式Ⅳb在偏误例中比较多。主要原因是在偏误句中，有一些把"把"与其他介词混淆的句子以及"把"字多余使用的句子，这些句子大多归入了此类。还有一

[①] 吕会华. 聋人和留学生汉语生造词比较研究 [J]. 中国听力语言康复科学杂志，2008（03）：43-45.

些实在混乱、不能判断其类别的，单列了一项为"其他"。

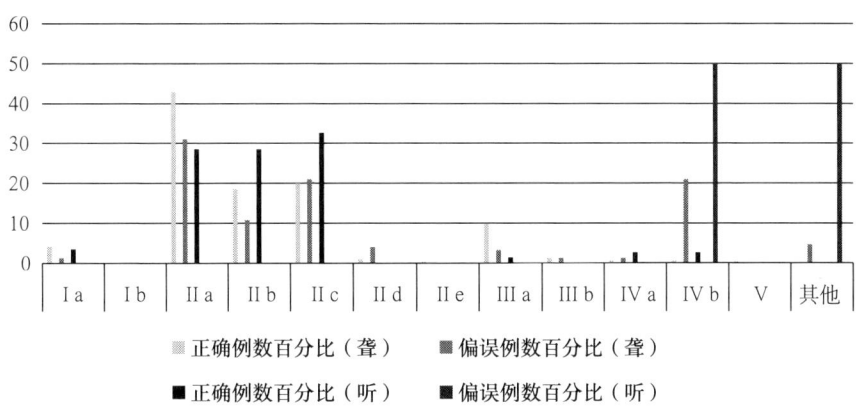

图 8-1 中国聋人大学生和听人大学生"把"字句使用情况分布比较

将聋人大学生的数据与听人大学生的比较，使用频度最高的三类"把"字句是相同的，是动词谓语是动补结构的句子，都没有出现状动式句式Ⅰb。同时，动体式句式Ⅳa和动宾式句式Ⅲb使用较少。致使式句式Ⅴ在聋人大学生的语料中出现了1例正确用例，在中国听人大学生的语料中没有出现。

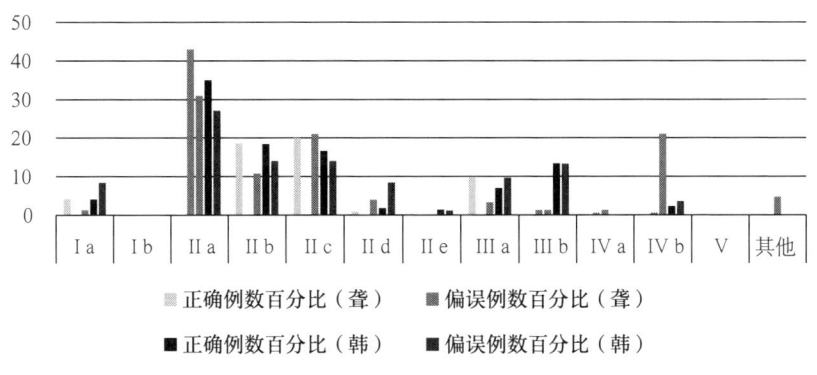

图 8-2 中国聋人大学生与韩国留学生"把"字句使用情况分布比较

将聋人大学生的数据和黄自然等对韩国留学生的研究数据进行了百分比的处理，这样比较起来更科学。从图表可以看出，聋人大学生使用各类"把"字句的情况分布和韩国留学生的基本持平，共同的是都没有出现状动式句式Ⅰb。同时，动体式句式Ⅳa和致使式句式Ⅴ都使用得非常少。这可能和致使式的句子难度比较高有关系。

刘同坤[①]根据语义关系,将"把"字句细分为如下四类,对母语为英语的汉语学习者的习得情况进行研究。

甲类:A(施事)+把+B(受事)+VP+了

小张把小王打伤了。(小张打小王,小王伤了)

乙类:A(施事)+把+B(对象)+VP+了

我把这篇课文背会了。(我背课文,我会了)

丙类:A(施事)+把+B(与事)+VP+了

她把手绢哭湿了。(她哭∅,手绢湿了)

丁类:A(致事)+把+B(施事)+VP+了

这首歌把我听烦了。(我听这首歌,我烦了)

研究结果表明,中级组英语母语者基本掌握了甲类语义格式,高级组对乙类的掌握也基本达到了母语者水平,而在丙、丁两类语义格式(致使"把"字句),尤其是丁类上,即便是超高级组也仍然难以完全习得。

由此可以看出,不论是汉语母语者,还是将汉语作为第二语言的学习者,都较少使用致使式"把"字句。所以在分析聋人汉语书面语"把"字句习得情况的时候,不必因为某些"把"字句中的下位句式不正确或者分析偏误就怀疑聋人的汉语水平。

3. 习得难度探讨

"习得顺序是指第二语言学习者对某一语法项目掌握的先后顺序,这一顺序体现了第二语言习得的内在发展规律。"[②]施家炜[③]认为,在语料库出现的语料中,句式的正确使用频次或正确使用相对频率越高,就越容易,越早习得。肖奚强认为,语法项目难易等级的排序不能仅仅依靠正确使用相对频率,应该多参照本族语者的使用频率和外国学生的偏误情况。我们主要依靠正确使用的相对频率来对聋人大学生习得汉语"把"字句的顺序进行简单的谈论。

从频度看,Ⅱa、Ⅱc、Ⅱb这三类句式是聋人大学生使用最多的,占全部正

---

① 刘同坤. 英语母语者汉语"把"字句习得研究 [D]. 北京:北京大学,2015.
② 黄自然,肖奚强. 基于中介语语料库的韩国学生"把"字句习得研究 [J]. 汉语学习,2012(02):71-79.
③ 施家炜. 外国留学生22类现代汉语句式的习得顺序研究 [J]. 世界汉语教学,1998(04):77-98.

确用例的 82.5%，说明这类句式的习得难度相对较低。无论是只算正确例数的百分比还是加上偏误例数一起计算，中国聋人大学生、听人大学生和韩国留学生使用的占比较高的"把"字句都是动补式中的前三类，即Ⅱa、Ⅱb、Ⅱc句式。仔细分析三小类的百分比，将汉语作为第二语言学习的聋人大学生、韩国留学生和中国听人大学生之间还是有区别的。听人大学生动补式三小类的使用率之间的差别比汉语第二语言学习者的差别小。尤其是Ⅱa类句式，汉语第二语言学习者的使用率占绝对优势。崔希亮[①]认为，Ⅱa、Ⅱb这两类句式属于"把"字句的典型形式，在语言输入的数量和频率上高于其他的句式。

表8-3 三类学习者"把"字句使用频度排序

聋人大学生	Ⅱa	Ⅱc	Ⅱb	Ⅲa	Ⅰa	Ⅲb	Ⅳa	Ⅳb	Ⅱe	Ⅴ
	43	20	18.5							
韩国留学生	Ⅱa	Ⅱb	Ⅱc	Ⅲb	Ⅲa	Ⅰa	Ⅱd	Ⅳb	Ⅱe	
	35	18.6	16.6							
听人大学生	Ⅱc	Ⅱa	Ⅱb	Ⅳa	Ⅳb	Ⅲa				
	32.6	28.5	28.5							

三、聋人大学生"把"字句偏误分析

"把"字句的偏误一般分为遗漏、冗余、误代及错序等类别，有时还会加入回避这一类。也有从动词的角度对偏误进行分类的。我们采用黄自然等人的分类方法，和上文提到的采用"把"字句分类方式一样的原因，除了他们制订的分类标准易于操作以外，还有就是希望能与韩国留学生的情况进行对比分析。

所涉及的语料中共出现150个偏误用例。在所有包含"把"字句的例句中，个别例句属于句中有词语偏误但是不影响整个句子结构，这种就没有计算为偏误句，例如：

*把梨放在围在腰围上的口袋里。

"腰围"的目标词语应为"腰"，类似的句子有几例。

因缺少虚词而影响句子表达的，则计算为偏误句，例如：

---

① 崔希亮."把"字句的若干句法语义问题[J].世界汉语教学，1995（03）：12-21.

＊把收梨放进空筐。

【把收的梨放进空筐里。】

原句缺少了一个结构助词"的"和一个方位词"里"。

此外还有一个句中存在两种以上偏误的情况，这时以和"把"字的关系远近为标准进行分类，没有两处以上的偏误，只选择了一个进行归类。

＊他把自己【　】围巾拿下来【把】擦梨子。【的】

这句存在遗漏结构助词"的"和"把"字冗余两种情况，根据上面的标准，将其归入冗余类。

表 8-4　"把"字句偏误用例在偏误类型上的分布情况

	遗漏	冗余	误代	错序	总计
数量	54	25	64	7	150
百分比 %	36	16.6	42.7	4.6	99.9

从偏误类型的分布看，误代的情况最多。

（一）遗漏

遗漏是指句子遗漏了一些成分或词语，从而造成句子不合语法。从大的方面讲，遗漏可以分为两类，一类是句子遗漏了"把"字，从而使"把"字句成为病句，一类是除"把"字以外的其他成分或词语被遗漏了。

1. 将"把"遗漏

＊他自行车倒在地上。【他把自行车放倒在地上。】

＊主动帮助他扶起来。【主动帮助把他扶起来。】

上述偏误句，加上"把"字以后是合格的"把"字句。单纯遗漏"把"的偏误在聋人大学生的语料中并不多，占所有偏误用例的 2.6%。这从侧面可以说明聋人大学生已经知道在写汉语"把"字句的时候需要加上"把"字。

2. 遗漏了其他成分或词语

第一种，遗漏了句中的动词（7 例）。

＊干脆把一筐梨。【干脆把一筐梨偷走了。】

*把自行车回去了。【把自行车骑回去了。】

语例一中直接将动词遗漏了。语例二中动词的遗漏可能与手语中名词性词语和动词性词语的手语表达方式大体相同有关系。在中国手语中，自行车和骑自行车的手势是一样的。遗漏动词的偏误占全部偏误用例的 4.7%。

第二种，遗漏"在 / 到 + N / NP + 方位词"结构中的某个成分（27 例）。

动补式中的第一小类句式 II a：N_1 + 把 + N_2 + V 在 / 到 / 给 / 向 + N_3，当"在 / 到 / 给 / 向 + N_3"构成介词短语的时候，需要在名词性成分后面加上方位词。"在 / 到 + N / NP + 方位词"结构中，方位词不能省略。聋人汉语书面语语料中，这样的遗漏比较多。在"把"字句中，也同样存在这样的遗漏。一种是遗漏方位词，一种是遗漏介词"在"等。

*把梨子放在第二个筐子。【把梨子放在第二个筐子里。】

*把梨子放在自行车。【把梨子放在自行车上。】

共有 17 例偏误句遗漏了方位词，占全部偏误用例的 11.3%。在此次分析的语料中，主要是遗漏方位词"里"。

*把小男孩摔倒地上【把小男孩摔倒在地上】

*不小心把梨子落地上【不小心把梨子落到地上】

共有 10 例遗漏了"在 / 到 + N / NP + 方位词"结构中的"在""到"等词语。

遗漏"在 / 到 + N / NP + 方位词"结构中的某个成分的句子共 27 例，占全部偏误用例的 18%。这个比例还是比较高的，说明聋人大学生对这个结构的掌握还不够牢固。方位词是聋人学习汉语的难点，可能与中国手语表达方位概念和汉语不同有关。

第三种，遗漏了趋向动词（6 例）。

*把它捡起。【把它捡起来。】

*把自行车轻轻地放。【把自行车轻轻地放下。】

遗漏了趋向动词的句子一共有 6 例，主要是在复杂谓语的使用上出现了偏差。

第四种，遗漏了"了""的"等虚词（10 例）。

*他把这件事的经过告诉叔叔。【他把这件事的经过告诉了叔叔。】

*打算把梨子卖。【打算把梨子卖了。】

*把摘梨时落在地上，非常悉心地擦干净。

【把摘梨时落在地上的，非常悉心地擦干净。】

动态助词"了"和结构助词"的"，在聋人语料中也属于遗漏比较多的项。有些聋人甚至终身不能很好地掌握助词（结构助词、动态助词、语气助词）的用法。功能语类是第二语言学习者难以攻破的难关。

（二）冗余

冗余是指句子中有些成分或词语是多余的，也分为两小类，第一类是"把"字冗余，第二类是"把"字句中的其他成分或词语冗余。

1."把"字冗余

*把水灵灵的梨顺着他的手，乖乖听从他指挥。
【水灵灵的梨顺着他的手，乖乖听从他指挥。】
*把小男孩摔倒了。【小男孩摔倒了。】
*他把拿三个梨还给他们。【他拿三个梨给他们。】
*他把帽子飞了。【他帽子飞了。】

"把"字冗余的句子共有17例。将"把"字去掉以后，句子大多就正确了。从习得的角度看，这种冗余的情况，也被称为泛化。

2.句中其他成分或词语冗余

句子中出现其他成分或词语的冗余，有的是虚词的冗余，有的是实词的冗余。冗余还和句子的杂糅有关系。

*把梨子擦得干净。【把梨子擦干净。】
*把一个梨筐带走了过去。【把一个梨筐带走了。】

（三）误代

误代，可以理解为错词，分为两类，一类是"把"字和其他成分的误代，一类是句中其他成分的误代。

1."把"字和其他成分的误代

第一种，应该用"把"字而误用其他词语（14例）。

*拿来就从梨的表面上排除灰土和杂草。
【拿来就把梨的表面上的灰尘和杂草擦除掉。】

该语例除了存在"从"和"把"的误用以外，还有其他词语的误用及语序的误用。

*他们来帮男孩扶起来。【他们来把男孩扶起来。】

"帮"和"把"的误用。其他还有：我们帮一个骑车小男孩扶起来。

*他被那个筐子载走了。【他把那个筐子载走了。】

"把"和"被"的误用。

*从脖子系着红色的围巾拿下来。【把脖子系着红色的围巾拿下来。】

"把"和"从"的误用。其他还有：从脖子里的围巾拿下来擦一下梨子。

第二种，不应用"把"而误用"把"（19例）。

*把绳子卷子大羊的头【用绳子拴住羊头】

"用"和"把"的误用，此类误用最多。还有：把自己的小围巾擦梨把围巾擦梨子的脏土。

*那个篮子把自行车挂上。【那个篮子被挂在自行车上。】

"把"和"被"的误用，并且存在错序现象。

可以看出，"把"和其他介词的误代现象是比较严重的，在所统计的语料中共有33例，占所有偏误用例的21.3%。这个比例远远高于韩国留学生，韩国留学生与"把"有关的误代只有3例，占所有偏误用例的3.6%。

2. 句中其他成分或词语误代

句中其他成分或词语误代，实际上就是词语错误在"把"字句中表现。

比如：掉在与掉下，放在与放好，搬到与搬在，放进与放好，过来与起来，自行车与骑自行车，感谢与谢谢，戴上与戴着，等等。在此不一一进行分析。

（四）错序

错序是指"把"字句的语序是乱的。例如：

*把自己脖子上解开方巾。【把自己脖子上的方巾解开。】

*吹风把男孩的帽子掉了。【风把男孩的帽子吹掉了。】

我们从遗漏、冗余、误代、错序四个方面分析"把"字句的偏误用例，可以看出聋人大学生在哪些方面存在问题，以便于今后的教学工作。具体到"把"字句，目前还需要将和"把"字句密切相关的项目找出来，进行进一步的分析。和

"把"字句关系最为密切的是"把"字句中"把"的遗漏、多余和"把"与其他词语的误代，共有 54 例，占全部偏误用例的 36%。这可以说明聋人大学生对"把"字句还没有完全掌握，存在不知何时使用及泛化的现象。

我们从聋人汉语书面语语料库中选取了大约 6.6 万字的语料，分析聋人大学生"把"字句的使用情况，并与中国听人大学生的同题语料和其他研究者对韩国留学生"把"字句习得情况的研究的统计结果进行对比分析。结果发现聋人大学生习得情况最好的是动补式"把"字句中带处所补语、结果补语和趋向补语的"把"字句，产出的正确用例占全部正确用例的 81.5%。其次是动宾式"把"字句，占全部正确用例的 9.7%。这四类占到了全部正确用例的 91.2%。其余各类出现较少，甚至未出现正确用例。这一结果，三类学生高度一致。也就是说无论是中国聋人大学生、听人大学生还是韩国留学生，在语料中出现最多的三类的正确用例是一样的，只是在使用频率上存在少许差异。偏误分析的结果显示，中国聋人大学生动补式"把"字句中带处所补语、结果补语和趋向补语的"把"字句和动宾式"把"字句的偏误率比较高，占全部偏误用例的 84.1%。动补式"把"字句中带处所补语的"把"字句，正确用例最多，偏误用例也最多，需要特别关注。

第二节　汉语书面语"把"字句习得发展个案研究

一、"把"字句习得发展相关研究

（一）"把"字句在不同语体的分布

"把"字句是汉语中使用频率很高的一种句式，也是极具特殊性的句式。它的结构和用法比较复杂，一直是聋人书面语教学的重点和难点。

"把"字句在不同语体中的使用量不同。张先亮和范晓[①]对"把"字句在不同语体中的适用性进行研究，对不同语体的语料进行标注，整理结果如下表。

---

① 张先亮，范晓，等.汉语句式在篇章中的适用性研究 [M]. 北京：中国社会科学出版社，2008.

表 8-5 "把"字句在不同语体中的分布情况

所属语体		考察文本	文本字数（万字）	"把"字句数量（句）	"把"字句数量（个）/每万字
口头语体		《我爱我家》	59.1	1350	22.84
事务语体		法律法规	15.14	5	1.72
		政府公告	9.26	26	
政论语体		《邓小平文选》第三卷	18.42	250	11.32
		《毛泽东选集》第一卷	19.48	179	
科技语体		《产股必读》	36.72	55	6.41
		《家庭实用菜谱大全》	1.2	188	
文艺语体	小说	《骆驼祥子》	13.51	447	27.38
		《烟锁重楼》	10.78	228	
		《围城》	21.19	406	
		《白鹿原》	16.27	550	24.11
	戏剧	《茶馆》	3.02	43	16.62
		《日出》	4.44	81	
	散文	《朱自清散文集》	5.82	1	0.17
	诗歌	《现当代诗歌集》	5.47	125	22.85

也就是说，不同的语体中"把"字句的使用率是不同的，母语者的"把"字句使用率随着语体的变化而变化。因此，语料的语体不同，"把"字句使用率就会有差异，不能单凭使用率来分析回避或泛化。在研究聋人的"把"字句使用率时，要先分析所采用的语料属于什么语体，以保证研究更加严谨。

（二）儿童的"把"字句习得发展

在儿童"把"字句习得研究中，最早取得成就的语言学家应当是李向农、周国光、孔令达[1]，他们在 1990 年就已系统地研究了 2—5 岁儿童的"把"字句习得

---

[1] 李向农，周国光，孔令达. 2—5 岁儿童运用"把"字句情况的初步考察 [J]. 语文研究，1990（04）：43-50.

发展情况。研究显示，4.5岁可以视为儿童"把"字句习得的成熟阶段，其"把"字句结构类型可达到9大类（含17小类），基本接近成人"把"字句的掌握水平。同成人使用"把"字句的类型相比，儿童"把"字句的使用覆盖率已达到90%，未使用类型6的平行格式"把+名+动词重叠嵌'了'"（把被子拉了拉）和类型8的平行格式"把+名+动十时量"（把小猪圈了三个月）。从发展趋势看，由于这两种结构句法的难度较大，恐怕儿童难以使用。

（三）听人二语者"把"字句习得的相关研究

张宝林[①]以"IISK动态作文语料库"为语料来源，在对语料进行统计分析的基础上，将外国人的"把"字句偏误概括为回避（该用而未用）、泛化（不该用而用）、其他偏误这三大类。他认为，"对参加高等汉语水平考试的二语者来说，"把"字句的回避问题并不十分严重，以往的研究把这一问题夸大了；回避并非是一种学习策略，而是一种缺失偏误；产生回避问题的根本原因是其他语言与汉语在句子类型上的不对应"[②]。聋人作为汉语的第二语言学习者是否也存在相同的问题？因此，回避和泛化也将成为聋人二语习得研究的关注点。

许春瑶[③]从"HSK动态作文语料库"中的"把"字句偏误入手，对留学生常见的偏误进行归类，并分析偏误产生的原因，试图从语言本体角度寻求合理解释。她的研究显示，留学生的"把"字句偏误主要为回避、泛化、遗漏、误用和乱序。同样作为二语者的聋人与听人二语者相比，他们的"把"字句偏误类型有何异同，我们是否可以将聋人与听人二语者归于一类，还是很值得探讨的。

（四）聋人"把"字句习得的相关研究

曹锦晖[④]认为只有在学生日记和作文中出现的语料，才是自然情况下聋生主动运用的，才具有研究价值。他采用偏误分析法，从学生日记和作文中采集95句"把"字句进行分析，将聋生"把"字句习得偏误归为以下四类：不需要用而用了"把"字句，"把"字句句子成分偏误（即谓语的偏误、补语的偏误、宾语的偏误），

[①][②] 张宝林.回避与泛化——基于"HSK动态作文语料库"的"把"字句习得考察[J].世界汉语教学，2010，24（02）：263-278.

[③] 许春瑶.对外汉语教学中把字句的偏误分析及教学建议[D].西安：陕西师范大学，2013.

[④] 曹锦晖.聋生"把"字句习得偏误分析[J].南京特教学院学报，2009，22（02）：56-59.

助动词、否定副词偏误，当用而不用"把"字句。此外，他还发现由于手语的干扰，学生使用"把"字句时普遍出现回避现象。

这是目前为止找到的唯一一篇分析聋人"把"字句习得状况的研究文章。受益于此文，我们将从偏误的角度研究聋人的"把"字句发展状况。

二、研究内容及方法

本书通过考察个案的三个不同阶段的"把"字句使用情况，对个案的"把"字句习得发展进行研究。将个案与儿童的"把"字句发展情况进行对比，考察个案的"把"字句结构类型的发展过程是否与儿童类似，或者个案所发展的"把"字句结构类型与儿童存在哪些差异。然后将个案的"把"字句习得情况分别与听人二语者和聋人二语者的"把"字句发展情况做对比，考察个案作为二语者与其他二语者之间是否存在差异，如果存在差异，可能是什么原因导致的？

本书的个案对象是一位来自延边的朝鲜族女性聋人，小学二年级时因感冒治疗不慎致聋。自幼学习朝鲜语，小学之后学习汉语，致聋后学习朝鲜手语和中国手语。该聋人有写日记的习惯。

本书所采用的研究材料是个案在三个不同阶段所写的文字记录，分别是初一（13岁）、大一（19岁）时的日记和她步入社会后（23岁和24岁）所写的博客。我们对日记和博客进行了电子化处理并对句法做了基础和偏误标注，主要关注的是和"把"字句有关的项。所采用的聋人二语者的语料是从聋人汉语书面语语料库中选取的100名聋人大学生的命题作文（以《感动》为题写一件事）。此语料为记叙文，与个案的日记和博客的文体一致。

三、结果与分析

（一）个案"把"字句习得情况

使用聋人书面语检索系统对个案的语料进行检索，共得到"把"字句161例，其中第一阶段出现"把"字句71例，第二阶段出现"把"字句27例，第三阶段出现"把"字句63例。在161例"把"字句中，正确用例共129例。其中，第一阶段有60例正确用例；第二阶段有22例正确用例；第三阶段有47例正确用例，详情见表8-6。

表 8-6 个案的三个阶段"把"字句使用情况

	"把"字句用例	正确用例	偏误用例
第一阶段	71（0.183%）	60（84.5%）	11（15.5%）
第二阶段	27（0.185%）	22（81.5%）	5（18.5%）
第三阶段	63（0.180%）	47（74.6%）	16（25.4%）

根据李向农、周国光和孔令达的"把"字句分类标准，即将"把"字句分成 9 大类（含 17 小类）对个案三阶段的"把"字句进行分类（详见表 8-7），以此观察个案的"把"字句结构类型发展。

表 8-7 个案的三个阶段中各"把"字句结构类型的使用情况

	1		2	3		4		5				7	8	9	合计
	a	b		a	d	a	b	a	b	c	d				
一	8	1	13	21	4	4	1	2	7	2	2	1	3	2	71
	0	0	7.7	28.6	25	25	0	0	14.3	50	50	0	0	0	12
二	7	1	7	2	5	/	/	1	/	/	/	1	/	3	27
	14.3	0	28.6	0	0	/	/	0	/	/	/	100	/	33.3	5
三	16	5	13	7	3	12	1	/	2	2	/	/	/	2	63
	25	20	23.1	28.6	33.3	16.7	0	/	50	0	/	/	/	100	16

注：此表格"一""二""三"分别代表"第一阶段""第二阶段""第三阶段"，每阶段第一行数字是个案每个结构类型的使用数量，第二行是个案该"把"字句结构类型的错误率（%）。"/"表示未使用此"把"字句结构类型。

各"把"字句结构类型举例如下：

1a 把 + 名词 + 动词 + 动词 / 形容词

爸爸把胳膊展开来，做出要抱我的样子。

1b 把 + 名词 + 动词 + 趋向动词

那是因为飞机位置不变，地球却把它的位置改变来，所以位置变。

2 把 + 名词 + 动词 + 在 / 到 + 处所名

过一会儿我有办事，把墨水瓶放在一把书桌上。

3a 把＋名词＋副词＋动词

晚上把功课都做完后好好睡觉。

3d 把＋名词＋介词短＋动词

我把我写的字和老师写的字相比。

4a 把＋名词＋动词＋了

妈，昨晚我把床罩弄脏了，我要洗它。

4b 把＋名词＋动从＋着

我高兴地把嘴总张着。

5a 把＋名词1＋动词＋名词2（名词1属于名词2）

然后把腰里的钥匙插进钥口。

5b 把＋名词1＋动词＋名词2（名词1是物，名词2是人）

我天天练习钢笔字，还把自己写的作品给了亲戚们。

5c 把＋名词1＋动词＋名词2（名词1是处所，名词2是动作的结果）

但我不怕这一句话，只想把它作为心中的推物，时时向前推动我的技术。

5d 把＋名词1＋动词＋名词2（名词2是名词1的一部分）

第三次，我把脚的四指部里加了力气，使劲地向前一蹬。

7 把＋名词＋动词＋得＋情态

这样把自己的身体锻炼得更健康。

8 把＋名＋动＋动量

为了试试自己的跳远技术，我把腿向前蹬了一下。

9 把＋名词1＋当/搞成＋名词2（＋动）

我很想问您，想把您的学习经历当作鼓励自己努力向上的武器。

第一阶段出现的类型最多，有 14 种；第二阶段出现的类型有 8 种，无新类型出现，比第一阶段少了类型 4a、类型 4b、类型 5b、类型 5c、类型 5d 和类型 8；第三阶段出现的类型有 10 种，与第一阶段相比无新类型出现，缺少类型 5a、类型 5d、类型 7 和类型 8，但是比第二阶段增加了类型 4a、类型 4b、类型 5b、类型 5c 等 4 种结构类型。

从个案不同阶段的结构类型偏误率来看，个案第一阶段的"把"字句结构类型是掌握最好的，不仅使用的结构类型最多，没有出现偏误的句型结构也最多，有 7 种。第二阶段的"把"字句结构类型使用最少,与第一阶段相比,类型 1b 和类型 5a 的偏误率没有发生变化;类型 3a 和类型 3b 的偏误率为 0,说明个案在第二阶段对这两个结构类型的掌握有所提升,但是类型 1a、类型 2、类型 7 和类型 9 的偏误率明显增加。第三阶段类型 5c 的偏误率降低为 0;类型 4b 的偏误率保持为 0;类型 2 的偏误率较第二阶段有所降低,但还是未及第一阶段的。此外,第三阶段 60% 的"把"字句结构类型偏误率有所增高。总体来说,个案对"把"字句结构类型的掌握程度随年龄的增长而降低。

分别对照曹锦晖和许春瑶的偏误分类,并结合语料中的"把"字句偏误用例,本书将个案的"把"字句偏误分为泛化、成分偏误和乱序等 3 大类、10 小类偏误(详见表 8-8)。

表 8-8 个案三个阶段的"把"字句偏误分类

			第一阶段	第二阶段	第三阶段
泛化			4	1	1
成分偏误	谓语偏误	光杆动词	2	1	1
		谓语缺失			2
		谓语误用	2	1	3
	补语偏误	谓语与补语搭配不当	1		1
		补语误用			3
	宾语偏误	宾语泛指			1
		宾语误用			
		宾语缺失			1
乱序			2	2	3

注:此表中出现的谓语误用、宾语误用是根据句意判断出的用词错误,与其他部分不存在重复。

以下是"把"字句各种偏误类型举例。

泛化,不该用"把"字句时用了"把"字句,例如:

*当我把有件题目向她问时,她没回答。

*前月写的作文制定了图书,我高兴的把嘴总张开着。

*就是在这日里,我把给老师的礼物中写文章的。

* 老师把这一切都明白了。

前两例属于单纯多了"把",去掉"把"字即为正确用例。第3例是句式错误,应把"把"换为"在",如"我在给老师的礼物中写文章的"。第4例中的"明白"不具有处置义,不能用于"把"字句,结合句意,应改为"老师明白了这一切"。

"把"字句中谓语动词后应添加动词或趋向动词以保持句子完整。句子中只有谓语动词,没有添加其他动词或趋向动词的句子偏误为光杆动词偏误,例如:

* 所以应该把说的话都移在实践。

* 在教室里面把撕掉的门张(封条)造原样。

上例应改为"所以应该把说的话都移在实践上"和"在教室里面把撕掉的门张(封条)伪造成原样"。

谓语与补语搭配不当,例如:

* 要把事业技术熟悉地学完。

该语例的谓语中心语是"学",而补语是"熟悉地",搭配不当,应改为"要把事业技术熟练地学完。"

谓语误用,结合句意分析谓语动词使用错误的句子,例如:

* 把一切力量洒在胳膊方面。

应该把"洒"改为"集中",即"把一切力量集中在胳膊方面。"

乱序,句子成分排列错误导致的偏误,例如:

* 把脑里的知识无贡献。

* 可把自己的东西一点儿不借给别人

在"把"字句中,否定词应该提前,这两例"把"字句有否定词"无/不",应改为"没有把脑里的知识贡献出来"和"一点儿也不把自己的东西借给别人"。

谓语缺失,句子中遗漏谓语,例如:

* 上次领导把我辛苦做的网站坏了。

* 打扫结束后把一天的工作和生活安排在本子上。

第一例的名词"网站"和形容词"坏"之间,第二例的名词"生活安排"和名词"本子"之间都缺失了谓语动词,应修改为"上次领导把我辛苦做的网站弄坏了"和"打扫结束后把一天的工作和生活安排写在本子上"。

补语误用,结合句意分析补语使用错误,例如:

*就是把这世界所有美好的，上善的东西变成我的生活。

这句话应该改为"把这世界所有美好的，上善的东西变成我的生活的一部分"，而不能是"东西"变成"生活"。

宾语缺失，句子中遗漏宾语，例如：

*他担心哪个坏男人把勾引走。

这句话中缺少宾语，应改正为"他担心哪个坏男人把我勾引走"。

纵观个案的三个阶段，第一阶段出现了5种偏误；第二阶段个案的"把"字句偏误类型比第一阶段少了1种，无新出现的偏误类型；第三阶段个案的偏误类型最多，有9种，与第一阶段比，新出现4种偏误类型。

（二）其他聋人"把"字句习得情况

使用聋人书面语检索系统对聋人大学生的汉语书面语语料（约4万字）中的"把"字句和"把"字句错句进行检索，共得到"把"字句39例，其中正确用例16例，错误用例23例（详见表8-9）。并根据李向农、周国光和孔令达的"把"字句分类标准，对39例"把"字句和23例"把"字句偏误用例进行分类（详见表8-10、8-11）。

表8-9 聋人大学生"把"字句使用情况

文本数量	"把"字句	正确用例	错误用例
4万字	39（0.098%）	16（41.0%）	23（59.0%）

表8-10 聋人大学生的各结构类型"把"字句使用情况

类型	1a	1b	2	3a	3c	4a	4b	5b	5d	7	8	合计
数量	4	1	14	3	2	6	1	5	1	1	1	39
错误率（%）	75	100	42.9	33.3	50	66.7	100	80	100		100	23

可以看出，大学阶段的聋生的"把"字句共发展出了11种结构类型，其中使用最多的结构类型是类型2，其次是类型4a和类型5b。但是从各结构类型的偏误率来看，除了类型7以外，其他结构类型都存在偏误。

表 8–11　聋人大学生"把"字句偏误分类

泛化	成分偏误		乱序	回避
	宾语误用	宾语缺失		
3（13.0%）	2（8.7%）	1（4.3%）	1（4.3%）	16（41.0%）

由表 8-11 可以看出，回避是聋人大学生的"把"字句偏误分类中偏误率最高的一类，其次是泛化和成分偏误，最后是乱序。

四、讨论

（一）个案与汉语母语者的"把"字句习得发展情况的差异体现

1. 个案与听人儿童的"把"字句的习得发展过程是否一致

纵观个案三个阶段的"把"字句，可以发现类型 1a、类型 2 和类型 3a 是使用最多的基本结构，无论在哪个阶段，都占有重要比例。从"把"字句的发展趋势来看，第一阶段到第二阶段使用的"把"字句结构类型数量有明显的下降，到了第三阶段结构类型数量比第二阶段有所上升，但还是无新句型出现。

与听人儿童的"把"字句发展相比较，个案第一阶段的"把"字句已出现 14 种结构类型，其中包括儿童在"把"字句应用成熟期才出现的类型 8 和类型 9。个案的"把"字句结构类型习得发展看似达到了儿童的"把"字句使用成熟阶段，但是个案一直未曾使用"把"字句类型 3b（把+名词+一+动，如把书包一扔）、类型 3c（把+名+给+动，如我把橘子给吃了）和类型 6（把+名+动词重叠，如把车修一修）。因此，个案的"把"字句结构类型习得发展并不完全成熟。

经过对个案使用的"把"字句结构类型加以整理发现，在个案的习得发展中没有出现上述 3 种类型的原因可能有两个：

第一个原因是选取的语料不同。李向农等人所选取的语料是听人儿童的自言自语或自由交谈的语言，而我们所选用的语料是聋人的日记。从本质上来讲，前者是口语语料，后者是书面语语料。"口语和书面语虽然都是交流方式，但分别强调语言的不同方面。口语强调语言情感表达和交际功能，它是与别人的适时互动，是双向活动。书面语则不同。它是一个单方面的交流过程，是单向活动，强调语言的认知、描述和论辩。"①相较而言，口语更活泼，语言结构类型更丰富，书面语则更加严谨和保守。因此，由于语料的不同，造成了这种差异。

第二个原因是聋人与听人儿童的语言环境不同。听人儿童在所处的语言环境中可以接触到不同语言发展阶段的汉语听人，其中不乏听到或看到各种类型的"把"字句。在此环境中，他们可以通过交流或模仿习得"把"字句。而聋人所处的语言环境是无声的手语环境。与有声的大环境相比，手语环境就显得格外狭小。他们难以通过口语的交流和模仿等方式来学习使用"把"字句，而他们的第一语言——手语在学习使用"把"字句上存在一定的局限性。个案的语言环境比其他聋人更为复杂：个案是朝鲜族人，自幼学习朝鲜语，在她未聋之前，也是一名二语者。以往的朝鲜族学生"把"字句习得研究也表明，朝鲜族学生在"把"字句习得上存在很大的问题。

由个案的"把"字句各结构类型偏误率可以看出，其偏误率呈增长趋势。也就是说，个案的"把"字句结构类型的习得发展过程与听人儿童的不一致，听人儿童到一定年龄之后，可以掌握全部的"把"字句结构类型，偏误率是逐渐降低的；但个案的"把"字句结构类型发展到一定程度之后，出现了退化现象。

产生退化现象的原因可能与教学和日常练习有关。第一阶段中，个案写日记是受学校要求的，她有意识要写好，且学校正在教这些东西，所以她在该阶段的"把"字句的掌握度是最好的，到了第二、第三阶段，写日记（或博客）是出于自己的意愿，随意性较强，再加上少了课堂的指导与练习，偏误率开始上升。

2. 个案与听人成人的"把"字句习得情况有何异同

从个案的"把"字句结构类型习得发展上看，与听人成人相比有 5 种类型未出现。除了跟儿童相比有 3 种类型未出现之外，还有类型 6 的平行格式（把 + 名 + 动词重叠嵌"了"，如把被子拉了拉）和类型 8 的平行格式（把 + 名 + 动十时量，如把小猪圈了三个月）这两种类型也不曾出现。其原因应该与前 3 种类型未出现的原因相同，是研究所选取的语料不同和研究对象的语言环境不同所导致的差异。

从"把"字句使用率方面来看，个案三个阶段的"把"字句的使用率基本一致，第一阶段 3.8 万字语料中"把"字句使用率为 0.183%，第二阶段 1.5 万字语

---

① 彭昌柳. 口语和书面语的比较研究 [J]. 湖北函授大学学报，2013，26（01）：143-144.

料中"把"字句使用率为 0.185%，第三阶段 3.5 万字语料中"把"字句使用率为 0.180%。

根据张先亮、范晓的研究可以推论出，个案使用的"把"字句语体类型介于口头语体和政论语体之间。口语语体中的"把"字句，其口语色彩较浓，随意性强；政论语体中的"把"字句则具有较强的逻辑性和鼓动性。个案的语料为日记和博客文章，内容大多是记录日常生活，发表个人看法。其语言既通俗平易，具有口语体的特点，又有政论语体的逻辑性特点。

由此可见，个案的"把"字句结构类型习得发展虽不及听人成人，但其"把"字句使用率已经达到了成人母语者的水平，只是还存在一些偏误现象。

（二）个案与其他二语者的"把"字句习得情况是否相似

1. 与将汉语作为第二语言的听人的"把"字句习得情况的差异

从"把"字句的使用率来看，个案的"把"字句使用率约为 0.183%，张宝林[①]的研究显示，二语者的"把"字句使用率为 0.092%。个案的"把"字句使用率远远高于听人二语者，相当于听人二语者的两倍。

张宝林对听人二语者"把"字句的泛化和回避问题进行了深入研究和探讨，他认为听人二语者不存在回避问题，反而泛化偏误比较严重，偏误率为 35% 左右。个案的"把"字句使用率高出听人二语者 0.091%，那么个案是否存在严重的泛化问题呢？根据前面的语体分析，从使用率上看，个案的"把"字句使用接近于听人，没有回避或者泛化问题。再从泛化偏误率来看，个案第一阶段的泛化偏误率为 6.6%，第二阶段的泛化偏误率为 3.7%，第三阶段的泛化偏误率为 1.6%，远低于听人二语者。因此，个案主要的"把"字句偏误问题既不是泛化，也不是回避。

从偏误角度详细分析，个案的"把"字句偏误率呈增长趋势，由 15.5% 增长到 25.4%，尤其第三阶段增长最多，较第二阶段增长了 6.9%。偏误类型第一阶段有 5 种，第二阶段有 4 种，第三阶段有 9 种。由此可见，个案的第三阶段"把"字

---

① 张宝林. 回避与泛化——基于"HSK 动态作文语料库"的"把"字句习得考察 [J]. 世界汉语教学，2010，24（02）：263-278.

句的掌握程度有所下降，存在退化现象。这与唐文研[①]对听障人士汉语书面语句法的研究结果相似，她指出社会组的听障人士的句子正确率不如高中组，出现退化现象。

许春瑶[②]研究发现留学生的"把"字句偏误主要集中在回避（39%）、泛化（12%）、成分偏误（45%）、乱序（4%），其中回避和成分偏误占主要比例。与听人二语者不同的是，本书个案的"把"字句偏误主要不在回避上，而是主要体现在乱序和成分偏误上。

我们认为，造成聋人使用"把"字句出现成分偏误的原因很可能与二语者相同：汉语知识不足，对"把"字句的句意理解不透。而母语的影响是乱序产生的主要原因。手语它的表达特点是：先表示行为目的，后表示行为对象；先打出感受到的信息，后打出信息引起的反应；省略虚词和量词。聋人靠手势及面部表情来实现彼此间的交流。为了提醒对方注意，往往先打出最重要的中心词，然后再打说明部分和修饰词语。有时将一些表示实际意义的主要手势语打出来，配合相应面部表情来传递信息。手语与汉语的语序是不同的，这也影响了聋人对"把"字句的掌握，所以个案的"把"字句的语序经常错乱。

2. 个案与其他聋人汉语书面语的"把"字句习得发展是否一致

我们对聋人大学生的100篇语料中的"把"字句进行检索分析，发现聋人大学生的"把"字句使用率只有0.098%。这与听人二语者0.092%的使用率极其相似，但远低于个案的使用率。聋人大学生的"把"字句习得类型也少于个案，只有11种。与个案相比，缺失类型5a、类型5c和类型9，相当于4岁左右儿童的发展程度。个案各结构类型"把"字句的偏误率也都高于聋人大学生的。由此可证明，个案的"把"字句习得发展水平高于其他聋人。

从偏误的角度分析聋人大学生的语料，发现其中偏误最多的类型是回避，占错句的41.0%，其次是泛化和成分偏误，各占13%，最后是乱序，占12%。这也与个案的"把"字句偏误用例不一致，但与听人二语者的极其相似。导致这种差异的

---

① 唐文研. 听障人士汉语书面语句法研究 [D]. 上海：华东师范大学，2010.
② 许春瑶. 对外汉语教学中把字句的偏误分析及教学建议 [D]. 西安：陕西师范大学，2013.

原因是多方面的。首先，唐文妍[①]的研究显示，性别、听力障碍程度，以及阅读习惯影响听障人士的句法发展。具体表现为：女性优于男性，喜欢阅读的优于不喜欢阅读的，听力障碍程度轻的优于听力障碍程度重的。再看个案的自身情况，个案为女性，根据其日记中的描述，她十分喜欢阅读，甚至经常泡在图书馆里。虽然没有明确说明她的听力障碍程度，但她在日记中写道："我的听力是全班最好的。"由此我们判断，个案的听力与其他聋生相比是比较好的。个案自身的这些情况都有利于其句法的发展，使其句法发展处于一个较高的水平。

其次，致聋时间影响"把"字句习得发展。个案的致聋时间是小学二年级（大约 8 岁），而在此之前，她很可能已经习得了各种类型的"把"字句。而语料库中的聋人大学生与个案的致聋时间不一样，就有很大可能造成差异。

个案的个性特征也可能是导致这种差异的原因之一。"能力和性格是在动机、理想等推动作用下形成、稳定或者再变化，也需要依赖于动机和理想等动力机制才表现出来。"[②]个案一直都有坚定的理想——成为一名教师，而教师要具备许多能力，其中就包括书面语的表达能力，所以在生活中她十分注重书面语的练习。她在提高语言能力的同时也提高了"把"字句的使用水平。而语料库中的聋人大学生的个性特征存在差异，不同的理想所推动的能力也不一样。

五、小结

个案的"把"字句习得发展过程与听人儿童不一致。个案的"把"字句结构类型习得发展得不成熟，聋人到一定年龄后，也难以习得全部"把"字句类型，但儿童可以。

个案的"把"字句的使用率与听人成人一致。个案，在不同语体中"把"字句的使用率极其接近听人成人的使用率，只是一些句子存在偏误现象。

个案的"把"字句习得发展水平高于其他二语者。根据对已有语料的研究，个案的"把"字句习得发展水平高于聋人二语者和听人二语者。无论是在"把"字句结构类型的发展方面，还是在使用率、正确率方面，个案都远远高于二语者。

---

① 唐文妍. 听障人士汉语书面语句法研究 [D]. 上海：华东师范大学，2010.
② 彭聃龄. 普通心理学 [M]. 北京：北京师范大学出版社，2004.

第三节　汉语书面语"被"字句习得研究

一、"被"字句

汉语的被动表达大概可以归纳为两类。"第一类是带有形式标记的被动句。'被'是现代汉语中最主要的被动标记，除了'被'字，被动式的形式标记还有'叫''让''给'。第二类是不带形式标记的、受事在主语位置的句子。"[①] 我们主要分析的是第一类，带有"被"字的被动句。其他类型先不予以考虑。"'被'字句是汉语被动范畴中一个最为核心和典型的句法形式。'被'字句具有一系列的特点。语义上，一般表示不幸的事情；语用上，一般叙述已完成的事实，很少用于否定句。与'把'字句相似，会受到动词和受事的限制。在谓语范畴，要求动词带有处置性，光杆动词一般不做'被'字句的动词。在受事范畴，'被'字句中的受事主语一般是有定、有指或特指、已知。"[②]

对"被"字句进行分类，很多学者都尝试过。李临定将"被"字句分为 32 种之多。刘月华将"被"字句分为 4 类。周文华和肖奚强[③]在他们的研究中，对几种典型分类进行了分析。他们认为，李临定的分类虽细致，但不适用于汉语作为第二语言的教学；刘月华分类中的"被……所"和"被……给"这两个句式在他们的中介语语料库中没有出现，而且是受文言影响的格式。这两个句式的"被"字句，在我们统计的中国听人大学生和聋人大学生的语料中，都出现了极少几例。因为例子极少，所以我们对这两种句式也没有单独列出。

周文华和肖奚强将"被"字句分为了 6 类进行考察。分类比较清晰，易操作。我们在本书中也采用他们对"被"字句的分类方法，分类如下。

句式 I：$N_1 + 被 + N_2 + V$，动词后不带任何成分，如：

[①][②] 黄月圆，杨素英，高立群，等.汉语作为第二语言"被"字句习得的考察[J].世界汉语教学，2007（02）：76-90+3.
[③] 周文华，肖奚强.基于语料库的外国学生"被"字句习得研究[J].暨南大学华文学院学报，2009（02）：44-50+71.

其声音被钢铁的船板阻拦，根本传不出去。

句式Ⅱ：N_1+被+N_2+V+N_3，动词后带宾语，如：

到目前，他共创作诗歌1200余首，被当地群众称为"农民诗人"。

句式Ⅲ：N_1+被+N_2+V+C（C为补语），动词后带补语，如：

伤了的崔和有再次被妈妈救起，后到乡下务农去了。

句式Ⅳ：N_1+被+V，"被"后无宾语，动词后无成分，如：

这样的一个学校为什么不被承认，我百思不得其解。

句式Ⅴ：N_1+被+V+N_2，"被"后无宾语，动词后带宾语，如：

有的诗歌已经被谱了曲，在延安流行。

句式Ⅵ：N_1+被+V+C，"被"后无宾语，动词后带补语，如：

此外，新娘父亲的"山羊胡"被冻成了一撮，看上去有点滑稽可笑。

对"被"字句的习得研究，除了对儿童被动句习得发展的研究中有所涉及以外，主要集中在留学生的"被"字句习得研究上且集中在偏误分析、习得发展，以及教学设计、教材编写等方面。对聋人的"被"字句习得研究非常少，目前还没有查到论述聋人"被"字句习得情况的单篇论文。当然这与聋人的汉语习得研究比较薄弱有关，但事实上聋人的汉语书面语中"被"字句的偏误出现频率还是比较高的。

二、聋人大学生"被"字句使用情况

（一）语料及检索

本书的语料来自聋人汉语书面语语料库V3.0中167位聋人大学生的作文语料。语料内容是观看短片《梨子的故事》和《企鹅的故事》以后的故事复述及对故事的简单评价。聋生语料为经过标注的熟语料，约12.3万字。另外，选取56篇听人大学生的同题语料作为对照，对照语料是没有进行任何标注的生语料，约5.3万字。

在聋人汉语书面语语料库检索系统中，使用自由检索项，以"被"字为检索关键词，检索出含有"被"字的句子。逐一对句子进行穷尽分析，剔除含有"被"字，但不是"被"字句的项。

(二) 结果与分析

1. 总体使用情况

表8-12 中国聋人大学生和听人大学生语料总体数量统计

	文本数量	"被"字句用例	正确用例	偏误用例
聋人大学生	12.3万字	188（0.15%）	113（60%）	75（40%）
听人大学生	5.3万字	119（0.2%）	119（100%）	0

从数据来看，聋人大学生"被"字句的总体使用情况和听人大学生的相比，差距并不明显，但是聋人的"被"字句偏误率达到了40%。周文华等人①的调查显示，从"被"字句的使用总量看，汉语母语者的使用量几乎是外国学生的5倍。由此可见，从使用数量上来看，聋人大学生"被"字句的使用量介于中国听人学生和外国学生之间。从偏误率上看，聋生对"被"字句的使用掌握还不够牢固，没有完全掌握"被"字句的用法。

2. 分布统计与比较

表8-13 "被"字句分布情况统计

	句式Ⅰ	句式Ⅱ	句式Ⅲ	句式Ⅳ	句式Ⅴ	句式Ⅵ	总计
正确用例（聋）	15	0.8	30	14		40	113/99.8
偏误用例（聋）	12	5.3	51	4		27.7	75/100
总计	13.8	2.6	38.8	10		34.6	188/99.8
正确用例（听）	10.9	2.5	37.8	9.2		39.5	119/99.9

从分布上看，句式Ⅲ和句式Ⅵ是中国聋人大学生和听人大学生使用最多的句式。这两种句式的特点是动词后边带补语。聋人大学生产出的这两种句式，占了全部句式的73.4%，听人大学生产出的这两种句式占全部的77.3%。周文华等人的研究表明，汉语母语者以使用动词带补语的"被"字句为最多，动词带宾语的为最

---

① 周文华，肖奚强. 基于语料库的外国学生"被"字句习得研究 [J]. 暨南大学华文学院学报，2009（02）：44-50+71.

少。从上表数据可以看出，聋人大学生使用"被"字句的特点和听人大学生类似，只是偏误比较多而已。这两类学生都很少使用句式Ⅱ，甚至句式Ⅴ都没有出现。这和周文华等人对本族语者的调查结果是一致的。此外，聋人大学生比听人大学生较多使用句式Ⅰ。

施家炜[①]认为，在语料库出现的语料中，句式的正确使用频次或正确使用相对频率越高，就越容易，越早习得。

听人大学生"被"字句的使用频率从高到低是：句式Ⅵ、句式Ⅲ、句式Ⅰ、句式Ⅳ、句式Ⅱ、句式Ⅴ。

聋人大学生"被"字句的使用频率从高到低是：句式Ⅲ、句式Ⅵ、句式Ⅰ、句式Ⅳ、句式Ⅱ、句式Ⅴ。

这两类学生对不同的"被"字句句式的使用频率虽然稍微有所差别，但排在前三位的句式是相同的。也就是说，聋人大学生在"被"字句的使用偏好方面和听人大学生的大致相同。

但是这里面可能会涉及回避的问题。因为某个句式的难度系数高，使用困难较大，从而出现回避现象，正确使用的频次也会随之下降。不过据 Schachter 的研究，学生较多使用比较熟悉或对他们来说比较容易的句式，从而产生的偏误也会多，其正确率就可能较低；而对于不熟悉或比较难的句式，他们就少量使用，甚至回避，产生的偏误自然就少，其正确率可能就高。因此，周文华等人[②]提出在考察语法项目的习得顺序时，应该兼顾语法项目的正确率和使用频率，以正确率为习得顺序的主要依据，以使用频率为习得顺序的重要参考。据此，我们在分析聋人大学生汉语书面语"被"字句的习得顺序时，也需要综合考虑正确率和使用频率。从数据中我们可以发现，聋人大学生使用正确率高的句式，其偏误率也高，综合来看，其使用率也高。前文可知，聋人大学生和听人大学生的"被"字句使用频率方面只在句式Ⅵ、句式Ⅲ上有差异。聋人大学生句式Ⅵ的正确用例高于句式Ⅲ的，句式Ⅲ的总体使用率高于句式Ⅵ的。所以本着以正确率为主要依据的原则，聋人大学生"被"字句习得顺序与听人大学生的一致，都是先习得句式Ⅵ，后习得

[①] 施家炜. 外国留学生22类现代汉语句式的习得顺序研究[J]. 世界汉语教学，1998（04）：77-98.
[②] 周文华，肖奚强. 基于语料库的外国学生"被"字句习得研究[J]. 暨南大学华文学院学报，2009（02）：44-50+71.

句式Ⅲ。

三、聋人大学生"被"字句偏误分析

从表 8-12 可以看出,聋人大学生"被"字句的偏误用例有 75 例,其偏误率达到了 40%。我们将从遗漏、冗余、误代、错序四个方面进行偏误分析。

表 8-14 "被"字句偏误用例在偏误类型上的分布情况

	遗漏	冗余	误代	错序	总计
数量	25	9	38	3	75
百分比 %	33.3	12	50.7	4	100

(一)遗漏

"被"字句的遗漏情况主要分为两类,第一类是遗漏了"被"字,从而使"被"字句变为病句。对本书所涉及语料进行统计分析的时候,没有发现这类情况(因为这样的句子基本不会被标记为"被"字句)。

第二类是指遗漏了句中除"被"以外的其他成分。例如:在动补结构中,遗漏了动词或者补语;还有遗漏结构助词、动态助词等虚词。

1. 动补结构偏误

* 他的帽子不小心被风吹了。【他的帽子不小心被风吹掉了。】

* 他被雪包了。【他被雪包住了。】

上述两个语例是遗漏了动补结构中的补语。在《梨子的故事》中,有一个小片段就是男孩的帽子被风吹掉了。在语料中,多位同学出现了遗漏"掉"的偏误。

* 少年的草帽被掉了。【少年的草帽被吹掉了。】

该语例丢掉了动补结构中的主动词"吹"。类似的偏误还有:

* 被翻了【被压翻了。】

因为"被"后边的动补结构使用不当所造成的偏误有 16 例之多,占全部遗漏类偏误的 64%。由此可见,聋人大学生对"被"字句动词特点的掌握还存在问题。"从情状类型的角度看"被"字句谓语范畴的特点,谓语部分要包含某些终结点(或是结果,或是变化后的位置,或是量化后的行为),如果句中的动词本身没有结果意义，那么谓语部分往往需要补足成分来提供终结性。"① 谓语部分需要一个动补结构，动词和补语都不能缺少。

"吹"是一个动作动词，没有指向结果，不包含终结点，所以需要补足成分来提供终结者，"包"也是类似的情况，"被翻了"则缺少了动词中心。

2. 助词偏误

*一个篮子被别人偷走。【一个篮子被别人偷走了。】

*约翰被他们无私精神感动了。【约翰被他们的无私精神感动了。】

（二）冗余

冗余是指句子中多了一些成分或词语，从而造成句子不合法。在此次统计分析的语料中，有9例冗余类的偏误，全部是"被"字的多余。

*淋浴盆底的塞子被向上冒。【浴盆底下的塞子向上冒。】

*男孩偷偷地看到摘梨的人，被他没有发现我。

【男孩偷偷地看看摘梨的人，他没有发现我。】

"被"字句有泛化的倾向，不该用"被"字句的地方用"被"，反映出学习者还没有完全弄清楚什么时候应该用"被"字。

（三）误代

误代是指应该用A词语，学习者用了B词语的情况。"被"字句的误代偏误分为两类，一类是"被"字和其他词语的混淆，一类是句中其他词语的混淆。

1. "被"字误代

"被"字误代的情况一共有13例。跟"把"字用法混淆的例数最多，其次是"让"字和"用"字，分别为3例和1例。

*热水袋被冰融化了。【热水袋把冰融化了。】

*那时农夫没有注意到他被那个筐子载走了。

【那时农夫没有注意到他把那个筐子用自行车拉走了。】

*没想到澡盆的洞被水冒出来了。【没想到澡盆的洞让水冒出来了。】

---

① 黄月圆，杨素英，高立群，等. 汉语作为第二语言"被"字句习得的考察 [J]. 世界汉语教学，2007（02）：76-90+3.

＊又拿梨子被方巾擦擦得干净。【又拿梨子用方巾擦干净。】

从"被"字误代偏误上来看，有些学生还没有搞清楚"把"字句和"被"字句的关系。

2. 句中其他成分或词语误代

句中其他成分或词语误代，实际上就是"被"字句中的错词偏误，如冻住和冻着、水神和神水、晒得和晒着、太阳和晒太阳，等等。

（四）错序

错序，是指语序的错误。在"被"字句的偏误用例中比较少。

＊如果我偷梨的话，他被发现。【如果我偷梨的话，被他发现。】

＊太阳被企鹅的大船冰雪变成水了。【太阳把企鹅的冰雪大船变成水了。】

综上所述，聋人大学生使用"被"字句的偏误率较高，占到了所有"被"字句用例的40%。聋人大学生和听人大学生一样，较多使用动词后边带补语的句式，动词后边带补语的两类句式占到了所有用例的73.4%。从习得顺序看，聋人大学生和听人大学生的习得顺序排列基本相同。偏误分析的结果显示，聋人大学生使用最多的"被"字句式是句式Ⅲ，即 N_1 + 被 + N_2 + V + C（C 为补语），动词后带补语，其偏误率也最高，占全部偏误用例的52%。两类带补语的句式的偏误占全部偏误用例的79.7%。在偏误类型上，误代偏误最多，其次是遗漏偏误。当然还有在一个句子中存在多类偏误类型的情况。

第四节　汉语书面语"不""没（有）"否定结构习得研究

一、对"不""没（有）"否定结构的研究

"每种语言都有特定的方式来表示否定、提问、命令，表示过去或将来，等等。"[①] 否定是语言中最基本的语义表达方式。近百年来，对现代汉语否定词的本

---

① 弗罗姆金（Fromkin V.），罗德曼（Rodman R.），海姆斯（Hyams N.）. 语言引论 [M]. 王大惟，等译. 北京：北京大学出版社，2017.

体研究，百家争鸣、百花齐放，取得了丰硕的成果。"尤其是对"不""没（有）"等否定副词的研究最多，争议也最大。"① 本书主要考察聋人大学生汉语书面语中"不"和"没（有）"的否定结构的习得情况。关于"没""没有"，张立飞② 发现这两者实现的功能大同小异。本书依循普遍的看法，对这两个词语不做区分。

"不""没（有）"作为两个最基本的否定词，在使用 WordSimilarity 软件进行词语相似度计算时，其相似度是 1.0，理性意义高度相似。"词语相似度是指两个词语在不同的上下文中可以互相替换使用而不改变文本的句法语义结构的程度。两个词语如果在不同的上下文中可以互相替换且不改变文本的句法语义结构的可能性越大，二者的相似度就越高，否则就越低。"不"和"无"的相似度就比"不"和"没"的相似度低很多，只有 0.07。"③ 但是"不"和"没（有）"的用法有所不同。以往研究普遍认为这两者的区别体现在时间上，认为"不"否定现在和将来发生的事情，"没（有）"否定过去和现在发生的事情。也有人从主客观的角度分析这两者的区别，认为"不"否定的是主观意愿或主观意志，包括动作的发出者做某事的意愿、说话者的主观评价和认识，而"没（有）"否定的是客观事实，指动作的发生、进行、完成或过去的经历。而贺倩④ 认为前两个观点都有缺陷，应该从它们否定对象的不同着手进行分析，"不"否定的是谓词性成分本身，否定的是静态的动作或状态，是静态的否定。"没"否定的是谓词性成分所表示的事物、时间的状态或存在，否定的是动态的动作或状态，是动态的否定。"根据 Li & Thompson（1981）以及 Li（1999）分析，'不'是中性否定词，具有非终结性特征 [-telic]，是对事实或习惯性动作等未完成事件的否定，不能与具有终结性特征 [+telic] 表完成体的体貌标记'了'和表经过体的体貌标记'过'一起使用，因为此时发生了特征冲突。而'没（有）'具有终结性特征 [+telic]，是对已发生事件的否定，而且只能与表经

---

① 刘相臣，丁崇明. 近百年现代汉语否定副词研究述论 [J]. 江西师范大学学报（哲学社会科学版），2014，47（06）：91-100.
② 张立飞. 汉语否定词"没"和"没有"的异同——用语料库的方法 [J]. 解放军外国语学院学报 2011，34（04）：24-31+127.
③ 吕会华. 聋人汉语书面语语料库词语偏误分类及产生原因探究 [J]. 北京联合大学学报，2018，32（01）：76-84.
④ 贺倩. 否定副词"不"和"没"的用法辨析 [J]. 亚太教育 2015（01）：75-76.

历的体貌标记'过'一起使用，不能与表完成体的体貌标记'了'一起使用。"①

对外国留学生汉语否定词结构的习得研究主要集中在偏误分析方面，研究成果比较多。对聋人汉语否定结构的习得研究比较少，金慧媛等人②研究发现，聋生对汉语"不"和"没（有）"否定结构的习得过程是有序的，这种有序性反映了"不"和"没（有）"否定结构的复杂程度，而变化则体现在习得过程中所具有的消长性。

对"不""没（有）"否定结构的分类，不同研究者的分类有所不同。结合我们前期对语料库的粗略分析，我们将"不""没（有）"构成的否定结构分类如下：

"不"的否定用法

（1）"不"+动词，如：今天下午不去。

（2）"不"+形容词，如：今天天气不错。

（3）不+名词（n），如：他很不道德。

（4）不+其他

"没（有）"的否定用法

（1）没（有）+动词（v），如：他早晨没吃饭。张三没有回家。

（2）没（有）+形容词（a），如：他的病还没好。

（3）没（有）+名词（n），如：他没有父母。

（4）没（有）+其他

二、语料及检索

本节的语料来自聋人汉语书面语语料库 V3.0。从大约 200 位聋人大学生的 42 万字的作文语料中随机抽取了 4.2 万字进行统计分析。42 万字语料中出现"不"5800 次，占比 1.38%；出现"没"1085 次，占比 0.26%；随机抽取的 4.2 万字语料中，出现"不"492 次，占比 1.17%；出现"没"89 次，占比 0.21%。可以看出，随机抽取的语料和全部语料中的"不"和"没"的占比基本相同。对检索结果进一步统

---

① 常辉，郑丽娜. 母语为英语的留学生对汉语否定结构的习得研究 [J]. 对外汉语研究，2014（01）：116-126.

② 金慧媛，严菁琦，刘海涛. 从聋生写作中考察"不"和"没（有）"的习得过程 [J]. 中国特殊教育，2013（08）：42-47.

计，逐一比对，进行穷尽分析，剔除含有"不""没""没有"，但不是否定结构的项。

三、聋人大学生"不"和"没（有）"习得情况分析

（一）总体使用情况分析

表 8-15 "不""没（有）"否定结构在语料中使用情况

	+v	+a	+n	+修饰+a(nv)	+其他	合计
没（有）	42 50.6%	6 7.2%	21 25.3%	10 12%	4 4.8%	83 99.9%
不	285 72.9%	83 21.2%	12 3%	7 1.7%	4 1%	391 99.8%

从表 8-15 中我们可以看出以下四点。

第一，聋人大学生在"不"和"没（有）"的使用上不平衡。这和母语者及其他将汉语作为第二语言的学习者的情况一致。通过国家语委的语料库在线进行检索，检索其中的现代汉语语料库中的"不"和"没（有）"的使用情况，检索出含"不"的否定结构共 46965 条，而含"没（有）"的否定结构只有 5449 条。这可以说明汉语母语者对这两个词的使用也是不均衡的。汉语作为第二语言习得研究的统计结果也显示，对母语为英语的学习者的汉语书面语语料进行检索，含有"不"的否定结构数远远高于含有"没（有）"的否定结构数，分别是 1559 条和 236 条。

第二，聋人大学生使用最多的句式是"不"和"没（有）"后加动词的否定结构，使用频率远远高于后加形容词的结构。

第三，在后面加名词还是形容词这项上，"不"和"没（有）"的差异较大。"不"后加形容词更多，而"没（有）"后加名词的更多。在对聋人的相关研究中，"没（有）+N"结构在高二的时候达到最高点，然后到高三又有回落。金慧媛等人推断，"'没（有）+N'结构在听人的使用中频数应该比较低"[①]。但这项研究还有待证明，所以我们需要知道听人使用"没（有）+N"的情况如何。为此，我们在国家语委的语料库在线网站中检索现代汉语语料，对前 100 条语料进行粗略统计，发现有

---

① 金慧媛，严菁琦，刘海涛. 从聋生写作中考察"不"和"没（有）"的习得过程 [J]. 中国特殊教育，2013（08）：42-47.

19%的语料使用了"没(有)+N"结构,比如:"又没哥哥。""不但没钱,我还欠一屁股债呢。""一直没时间回内蒙照顾老人。"聋人语料中"没(有)+N"结构所占比例为25.3%,聋人使用"没(有)+N"结构的频度接近听人。

第四,聋人大学生对简单的否定结构的掌握比较好,"不"和"没(有)"加动词、加形容词、加名词的简单结构之和占到了全部否定结构的83.1%和97.1%,还不能熟练使用复杂的否定结构。

(二)"不""没(有)"+助动词的情况

表8-16 "不"和助动词的使用情况

类型	不+会	不+是	不+要	不+能	不+其他助动词	总计
数量	32	26	15	14	16	103

关于现代汉语的助动词,周有斌[1]将助动词分为:①可能类:"可能""能""会""可""能够";②意愿类:"情愿""愿意""愿""要""肯""敢";③必要类:"应""该""应该""应当""必须""要";④能力类:"能""会""能够";⑤许可类:"可""可以"。

综合周有斌的研究,汉语的助动词大致包括"可能""能""会""要""情愿""愿意""愿""应""应该""应当""必须"等。根据对聋人大学生语料的分析统计,285例"不+V"句子中,有103例中的动词是助动词,占总数的36%。没有发现"没(有)"和助动词搭配的例子。在听人的语料中,"没(有)"和助动词搭配的情况是比较普遍的。

检索语料库在线网站中的现代汉语语料,检索结果第一页的100条语料中,有4例使用"没+能"。但是在我们分析的4.2万字聋人大学生语料中,没有出现一例。说明聋人大学生对这个语法点还没有掌握,或者说还不知道如何使用。聋人大学生对"没(有)"和助动词搭配的使用情况和留学生的一样。在常辉等人[2]统计的母语为英语的学习者的语料中,也没有"没(有)"和助动词的搭配。

---

[1] 周有斌.汉语词类划分标准及助动词的确定[J].淮北职业技术学院学报,2008(06):50-52
[2] 常辉,郑丽娜.母语为英语的留学生对汉语否定结构的习得研究[J].对外汉语研究,2014(01):116-126.

从表 8-16 中我们也可以看出，聋人大学生对于常用的助动词的否定形式使用得比较多，稍微复杂一些的形式使用得比较少。

（三）否定词语的位置问题

"汉语的否定词位于题元动词和情态助动词左侧，附加语紧跟否定词，并且都位于动词左侧，补语也要紧跟否定词，但位于动词的右侧。"[①]中国手语的否定词大多位于句末，紧跟动词，位于动词的右边。部分聋人具有将汉语作为第二语言习得的特点，从语言对比与迁移的角度看，聋人的汉语会受到其第一语言手语的影响，否定词的位置会出现偏误。从现有语料看，这种情况并没有出现。只有一例将"不敢"写成了"敢不"。根据以往的研究成果和研究者对聋人的汉语状况的观察，这是将词语写颠倒的表现，和句法习得没有关系。也就是说，聋人大学生已经很好地掌握了汉语否定词的位置。这和对留学生的研究一致，对母语为英语的留学生的研究也表明，"被试已经设定了汉语功能语类 T 的弱动词特征，知道汉语否定词应该位于题元动词和形容词前"[②]。

除此以外，我们发现，像"听不懂""坐不住""忍不住""离不开""看不出来"等带有否定词的比较固定的形式，语料中只发现了一例错例，即"他不听到中年老人说什么"，将"听不到"写成了"不听到"。由此可见，聋人大学生对以否定词"不"为代表的汉语否定词在词语和句子中的位置掌握得比较好，较少出现语素颠倒的情况。

四、聋人大学生"不"和"没（有）"结构偏误分析

在"不"和"没（有）"否定结构偏误分析中，袁毓林[③]从语法、语义等角度进行了详细的分类和分析，值得借鉴。偏误的特点虽有规律可循，但是又比较零散琐碎。本书的研究中偏误例比较少，为了简洁起见，还是依循遗漏、冗余、误代、错序及其他的分类方式。只是在具体分析偏误时，会参照详细的分类方式。

---

①② 常辉，郑丽娜. 母语为英语的留学生对汉语否定结构的习得研究 [J]. 对外汉语研究，2014（01）：116-126

③ 袁毓林. 试析中介语中跟"没有"相关的偏误 [J]. 世界汉语教学，2005（02）：56-70+118.

（一）"不"结构偏误

1. 遗漏

一般来讲，遗漏包括"不"的遗漏和句中其他成分或词语的遗漏这两类。在本书所涉及的语料中，没有发现遗漏"不"的情况。主要发现的遗漏分为遗漏结构助词和遗漏其他成分。

（1）遗漏结构助词

*老师看出来小男孩的作业不是自己写。【老师看出来小男孩的作业不是自己写的。】

*很不情愿看着爸爸。【很不情愿地看着爸爸。】

上例遗漏了结构助词"的"和"地"。

*过程的事我不必说【过程的事我就不必说了。】

*不就完事吗？【不就完事了吗？】

上例遗漏了表达时体的动态助词语气助词"了"。当否定式用于表示状态变化时，通常需要表示时体意义的助词或语气词来铺垫。如果缺少相应的这种虚词，句子就给人一种语意未完的感觉。

（2）遗漏其他成分或词语

*问孩子不会做题吗？【问孩子是不会做题吗？】

*学说话并不是在很短的时间学会的。

【学说话并不是能在很短的时间学会的。】

*可能过几天不在了。【可能过几天就不在了。】

*那么也不会一点遗憾。【那么也不会有一点遗憾。】

*可是那老师根本不顾。【可是那老师根本不顾×××。】

2. 冗余

冗余是指由于某个词语多余，使句子变成了错句。

（1）助词冗余

*聋人不仅用视觉来观察文字，而且不用耳朵来听文字了。

【聋人用视觉来观察文字，不用耳朵来听文字。】

*感觉看到他说什么很不懂了。【感觉看到他说什么，不懂。】

*奶奶不要走了。【奶奶不要走。】

（2）其他词语冗余

*不知道学生和领导会反应结果怎么样？【不知道学生和领导反映结果怎么样？】

3. 误代

误代包括两种情况，一种是"不"与其他词语的混淆，另外一种是句中其他词语的误用。

（1）"不"与其他词语的混淆

*我不说了，就跑过去教室。【我没说，就跑去教室了。】

*有可能会效果或不效果。【有可能会有效果或者没效果。】

上述两例均为"没"误用为"不"。

（2）句中其他词语的误代

"写字可不是小孩写的字"，"字"误用为"写字"。"以后不能看不起你"，"不会"误用为"不能"。"他不想我学习汉语差"，"希望"误用为"想"。"想知道一个数学还不简单？"，"数字"误用为"数学"。"因为他们不想活着，也不想考虑自己。"，"了"误用为"着"。

4. 错序

错序是指词语排列有错误，有的是否定词放错了位置，有的是句中其他词语放错了位置，例如：

*感觉和健全人不一样标准。【感觉和健全人的标准不一样。】

*他遇到很多困难就想写不出来。【他遇到很多困难，就是写不出来。】

*说话不行。【不能说话。】

5. 其他

其他是指难于归类并且不易修改的句子，例如：

*不顾奔跑去阻拦她出去约会。

*给聋人学生在这里教室带来了一种不懂的沟通。

*接着妹妹来不听的唱歌我这里了。

（二）"没（有）"结构偏误

"在现代汉语中，否定词'没（有）'有两种意义和用法。第一种用法是对'有'的否定，是动词，在句子中可以作谓语核心。第二种用法是否定动作或状态已经发生。"① 其偏误分为遗漏、冗余、误代及错序。

1. 遗漏

（1）遗漏体标记"了"

*脸上没上一轮的一副捧腹大笑表情。【脸上没了上一轮的一副捧腹大笑的表情。】

*那么誓言就没有价值。【那么誓言就没有价值了。】

*生命的过程重要，活着也没那么价值。

【生命的过程很重要，活着也没那么有价值了。】

（2）遗漏其他词语

*根本没有人会在乎你是如何成功。【根本没有人会在乎你是如何成功的。】

*没有让美铃感觉父爱。【没有让美铃感受到父爱。】

2. 冗余

*没有转发他了。【没有转给他】

*但他与"怎样学汉语"讲的课有点无关系。

【但他与"怎样学汉语"课的内容有点没关系。】

3. 误代

*有点无关系。【一点都没关系。】

*同学们真没想到他真出名的人。【同学们真没想到他是名人。】

*后来美铃，还是没忘记妈妈的话。【后来美铃，仍然没忘记妈妈的话。】

*聋人在说什么我也没有听得懂。【聋人在说什么我也没有听懂。】

4. 错序

*那没是弄成。【那是没弄成。】

---

① 袁毓林.试析中介语中跟"没有"相关的偏误[J].世界汉语教学，2005（02）：56-70+118.

＊湖南发生了从来没见过一场难定的冰灾。

【湖南发生了一场从来没有见过的难以确定了的冰灾。】

综上，聋人大学生对"不"和"没（有）"的使用不均衡。这和母语者及其他汉语学习者的情况一致；聋人大学生使用最多的是"不"和"没（有）"后加动词的句式，远远高于后加形容词的结构。和留学生一样，"没（有）"后加形容词的情况尤其少见；在后加名词还是形容词这项上，"不"和"没（有）"的差异较大；聋人使用"没（有）+N"结构的频度接近听人；"不"后加形容词使用得更多，而"没（有）"后加名词使用得更多；对于简单的否定结构掌握得比较好，对于复杂的否定结构还不能熟练使用；对于常用的助动词的否定形式使用得比较多，对于稍微复杂一些的形式使用得比较少；对于语料中否定词在句中的位置掌握的比较好。涉及"不""没（有）"的偏误问题主要是误代和错序，而遗漏和冗余的多是句中的其他成分或词语。

第九章　句群和复句层面的偏误问题

在对聋人语料进行句法标注的过程中，最大的困难和麻烦是原始语料的句子界限不清。很多文本句与句的界限不清，单句和复句的关系也没能正确处理。复句内部缺少关联或关联不当是普遍存在的问题，经常会遇到这样的情况：几个复句牵缠在一起，或者几个单句牵缠在一起，或者明明是复句却被当作单句来处理。因此，聋人的书面语中经常出现一些异常偏误，如各种句式杂糅、各种非正常表达。换句话说，句子界限不清在很大程度上反映了聋人对汉语句法并未完全掌握这一事实。

以下都是整段一逗到底的情况：

*第一天，企鹅穿着防冷鞋吊出发了，它的朋友们对它摆摆手说再见了，它也转身地摆了手时，下面的霜冻立即把它僵冻了，摔倒下来，转了转变成一大圈，转过去把朋友们碰倒了，朋友们只只倒着头。

*下午我们看电影是一个动画片，播出电影时没有发出声音，完全是动作漫画的片子，关于是在南极生活上的企鹅故事。

*第三次它穿着好多衣服，鞋穿着厚厚的，一边走一边看地图，只有两个朋友，一个瘦的，另一个胖的，跟它说再见，不料因为穿衣服太多了，被冰岛上化了，掉在冰岛下面了，全身都冰冰的，两个朋友看到后摇摇头，并且把它到炉子上热一热，这时它很高兴看到一个很热的地方的照片，它想出了办法，就是撬开冰块，围成一个圈，一个朋友把它做好的冰块摔开后，就走了。

*企鹅望着远远的地方还有没有到了，又看了地图，期待快到有太阳的地方，结果船着速度慢，突然小小的黑雾到它身上，它紧忙去拿小伞打开，下一滴雨，它就把伞关了，跑到冰船前望看，边小远镜看到远的小岛，很高兴地跳，岛长边冰船过去，终于接到太阳的地方，后来海上有一条线被冰船挡住了，海里的爷爷

把一支爪尖拉住一条线让给企鹅通过,爷爷微笑向它挥手,快到太阳的地方,冰船快要冰融化了,企鹅吓着不知道该怎么办,冰掉了,栏也掉了,炉子也掉了,只剩下跳到浴缸里,看来没事就看望远地方,突然塞子喷头到它的帽子,吓着回头一看,浴缸喷上水,快要沉下来,吓着塞住了,还是不行,想办法都没用,浴缸沉下了跳到浴缸倒水,慢慢恢复,又喷水,把热水管塞住了,也有喷水像风扇迅速飞到,企鹅再大打开用力迅速,终于到了地方,树上有许多香蕉,拿一根香蕉披皮吞下去,使自己很高兴的样子。

句子界限不清是普遍存在的问题。从具体表现来说,有关联不当、句式杂糅和其他非正常表达倾向;从单句句式着眼,有特殊句式,尤其是特殊的动词谓语句的偏误问题。

本章分析的语料是从语料库中随机抽取的 50 份文本。研究过程中,对这 50 份语料文本进行了穷尽分析。

第一节　关联不当

关联不当是指复句或单句内部未能正确、正常使用关联词语,造成句子表意不清或错误的情形。在聋人的汉语书面表达中,复句内的关联不当更为常见,可能和厘清多个分句的关系难度比较大有关。一般来说,分句越多,关系越难以厘清,这是比厘清句子界限难得多的事情。在抽检的 50 份语料文本中,存在关联不当的不到 50%;那些没有出现关联不当的文本,主要是因为其写作者的表达能力较差,很少使用关系复杂的复句或复杂的关联词语。对于复句使用较多的文本来说,关联不当几乎是普遍存在的问题,或者可以理解为,这是处于较高学习阶段的聋人在进行书面表达时很难避开的问题。

句子的关联有两种关联方式,一种是语意关联,另一种是借助关联词语。后者借助一定的连词或副词,单独或配合使用,使句法成分或分句在语义上完整缀合,准确表意。

关联不当会出现在词语和词语之间、分句与分句之间,甚至句子与句子之间。从表现形式来看,有多用、少用、错用。在这一点上,聋人的汉语书面表达和听人的没有明显区别,只是犯错率更高。除此之外,还存在欧化缀合关联的情况。这通常是聋人在汉语书面表达中才会出现的关联问题。

一、关联词语冗余

在书面表达中,多用或滥用是指本来没有某种语义关系却使用了表达该种语义关系的关联词语,或者已有关联暗示却又重复使用关联词语。以下各例加粗显示的关联词语都属于这类情况。

*有一天,老师给学生布置作业,【却】说自己带它回家好好做。

*大部分的同学们低头,【但】只有儿子高兴了。

*这令我不由想起了清华大学汝校长的一句话:"大学不在于有大楼焉,而在于有大师也",【然而】,我看着楼与人,才发现,确实是这个回事。

*滑雪有这么难,【但】我很遗憾!

*它乘着小船离开冰岛,【而】离别企鹅们。

*在准备离开南极时,有很多朋友送企鹅去,【而】向它挥挥手。

*很多企鹅得知它要去热带的地方过,【并】赞成它去。

*两个朋友看到后摇摇头,【并且】把它(放)①到炉子上热一热。

*不久后,我们开始学习滑雪,可是我【并且】不像他们(,)动作不一样。原来

*过得充实而忙碌的一天!【同时】新的学院,我很喜欢!

*不管去做什么事【或】做些刺激又危险的运动都不敢去做。

上例中,第一例至第四例前后分句没有强转折关系,却使用了转折连词(第二例已经有了"只有",却又用了"但");第五例、第六例没有弱转折,也没有表达目的、原因等需要,只是正常承接,不需要使用关联词语"而"。第七例至第九例,前后分句不具备递进关系,却使用了递进连词。第十例,前后两件事不是"同时"进行的动作行为,也是多用了关联词语。以上关系例句显示的关联词语滥用,都是在分句之间。

第十一例中"或"前后的两个谓词性成分之间不存在选择关系,也不存在交

---

① 注:引例( )中的文字是原文缺少且缺少后明显会影响理解的,在引用时我们进行了必要补充。一般不影响理解的错误,在引文内不予补充或纠正,下同。

替出现的谓词性成分表示等同关系，本不该使用"或"这个关联词语。事实上，"去做什么事"和"做些刺激又危险的运动"之间是包含关系，而不是并列和选择关系，如果要贴近原意进行纠正的话，最适合把后者用独立成分强调出来，也就是改为"不管去做什么事，尤其是做些刺激又危险的运动，都不敢去做"。这个语病表明，写作者未能掌握这种独立成分的表达，或者没有厘清前后关系和关联。

二、关联词语残缺

跟关联词语冗余相反的情况是，该用关联词语时却没有用。有时候应该搭配成对使用的关联词语却少写了配对成分。有时候明显需要表示关联的连词，却没有使用，无法彰显前后的关系而进行语义联结。以下各例中加【】的关联词语都是原文应该使用却没有使用的。

*父亲心疼儿子，宠爱儿子，爱【】抱儿子一边做题。【一边】

*于是放学后，老师一手拉着他的手【】带着他的作业去找家长。【一手】

*包建新的成功，并**不是**成功在于生意上，【】（在于）他的精神是自强，不服输，大胆冒险。【而是】

***假如**自己可以给自己带来一点点的不惧去不断地尝试，我想梦想【】离自己越来越近了。【就】

***只要**我们能像包建新一样大胆地去尝试，做常人无法做的事情，【】失败了【】没关系，总会有成功的时候。【那么】【也】

*爸爸为了不让孩子在外面【】不会做丢他爸爸的面子。【因为】

*只要学了很多东西，就能将干大事，【】（社会）看重是经验能力。【因为】

*立即跳转过来加温炉（子），【】（它）【就】舒服多了。【然后】

前五例中使用了一些关联词语（加粗的），但是没有使用与之搭配的另一部分关联词语，造成表达时语意不完整。后面三例中，如果不使用关联词语，就难以建立起前后分句关系的语义联结，阅读时显得前后脱节。

除此之外，偶尔还会出现与关联词语搭配的其他成分出现残缺的情况。例如：

*无论遇到【】重重的困难，不再恐怖，不再挫折，都要，要努力。【什么样的】

其中，"无论"后面的成分应该具有多样性或不区分条件的特征，结果却忽略了，造成表意不完善。

三、关联词语错用

这种情况是指表达时知道要使用关联词语,却张冠李戴,用错了。

* 父亲的脸上带着痛楚**而**惊恐,用恐惧的声音说:"……。"【和】①
* 记得我上三年级的时候,我年纪最小**而且**学习还可以。【但】
* 以前八大处**只要**坐311号到地铁,挺麻烦呀!【只有】
* 八大处周围都是军区,没有超市,想买东西去坐车**就**到了。【才(能)】
* 他爸爸恍然大悟,原来是这件事,**并**点点头。【就】

以上五个用例中都有使用错误的单个关联词语的问题,第一例和第二例是连接句法成分出错,第三例和第四例是在分句内部出错,第五例是在分句之间出错。此外,还有组合使用问题,如:

* **不管**他的夏勇想怎么就怎么样,但他心疼夏勇会伤心是因为同学们看不起自己的儿子。【尽管】
* (聋人)因为听不见声音**连**不会说话,**所以**就学会了打手语。【因而;就;而】
* **无论**好与坏,**也**要生存下去,生活真不容易。【都】
* 不论眼前的风雨有多么严劣,**只**有相信,总会驰到理想的彼岸。【只要】

以上诸例是错误使用配套关联词语的情况。其中,加下划线的关联词是正常使用的,加粗的关联词语是用错的,句子后面【 】是纠正的内容。这类关联词语的搭配错误,在听人书面表达中较少出现。

值得注意的是,有些关联词语的错误,不是单纯能从一句话中判断出来的。单看一句话没有毛病,但是放在语境中、句群中,就能发现问题。这种错误更为隐蔽。例如:

* (这时父亲听到了铃声后去开门,开门时,很惊讶,问老师:"儿子是不是犯什么错了。")老师说:"不是儿子犯错了,**就**是你犯错了。"(父亲很奇怪问:"我哪犯错了?")【而是】

单看"不是儿子犯错了,就是你犯错了"这句话,看不出毛病,但是看其语境,就知道应该使用"不是……而是……"这对关联词语。所以,让聋人真正掌握关联词语的使用,需要通过具体语境,让其体会到分句之间甚至是句与句之间究竟是何种关系,而不是简单更正一句话或教给他常见的句子关联类型。

---

① 注:删掉"而惊恐"更好,因与后一分句有重复内容。

四、欧化缀合关联

在聋人的汉语书面表达中,关联不当的另一种典型问题是使用欧化缀合关联,看起来就好像是把英语的"and"直接生硬地翻译成汉语的某个关联词语一样。例如:

*老师右手拿着英语作业本**和**左手领儿子(走在)回家路上。【,】

*夜景与八大处不同,一个是灯火通明**与**一个暗无明光,是成了鲜明的对比。【,】

*许许多多的人学会所有的东西**并**他们会钓鱼,有的跳水,有的滑冰,还有的跳舞。【,】

*(它)不停地摆来摆去风扇,【也】不停地喝着饮料。

*就这样,航游啊航游,又经过了一个另一个国家岛国的国界。【又】小企鹅有防太阳镜和帽子扇子躺着吊床上他身上有满头大汗的。

这些句子中加粗的关联词语,其实根本不需要使用。前后分句之间一般都是并列或承接关系,只要顺次说出就行。但是上述语例很像英语中用"and"连接分句的形式,只不过使用了某个与"and"看似对应的汉语关联词语。这种问题在对外汉语教学中较为常见,较多出现在欧洲学生的汉语学习中,韩国和日本的学生也时有出现。尽管这并不是只有在欧洲人学习汉语时才出现的问题,但我们依然把它叫作欧化缀合关联。

这种关联方式,显示了一定程度的中介特征,是汉语非第一语言学习者共有的问题,并不是部分聋人学习者特有的。

五、分句之间缺少关联

除了以上几种能看出明显关联错误的情况,还有一些属于分句之间缺少关联,读起来很难确定前后分句之间的关系,表达的意义也很模糊,纠正的难度也较大。例如:

*有自己真真正正地付出了学习能干,贡献了精神的通达知思。

*他回头时细心地看这么美的女孩,忽然一阵风吹过他的帽子,来不及拿着帽子,不知道地上有一块大石头,他撞倒了,篮子也是。

做好事不能太高兴，记住，不要忘了重要的东西。

*梨子太多了，有营养。

分句之间缺少关联这种关联不当，可能属于分句之间的关系问题，也可能属于句群之间的关系问题（常和聋人标点使用不当的问题纠缠在一起）。不过，在聋人汉语书面表达中，这种情况并不是很严重，问题大多仍然是分句之间关联不当，而非缺少关联。这说明，聋人学习者在书面表达上，不是缺少思维的逻辑性，而是缺少表达的准确性。

除以上五种关联错误的情形外，有时候也会有词类层面的关联词语使用问题。例如：

*以后，父亲教育儿子做人做事，**及**教他学科学文化。【并。"及"不连接分句】

*他历经艰辛，尝试了各种各样的方法**及**增加经验。【来。目的，非并列】

两个语例都误用了"及"这个连词，这是没有明白"及"不能连接分句，后一个语例还显示出对前后关系的错误判断。

以上我们讨论了很多关联偏误的情形，但是这并不意味着聋人不能正确使用关联手段。实际上，也有不少关联正常的表达。如：

*大家一看就马上躲开了。

*包建新先生用他的经历告诉我们，除了听，我们都可以做到，关键的是看我们有没有这种毅力和勇气。

我们列出偏误情形，旨在总结错误的表现和原因，以引起教研的重视。因为在教学中，这种偏误属于大方面的错误，是非常值得重视的。

第二节　句式杂糅

在表达时，两个句式牵缠在一起就是句式杂糅，这就好像写作者没有想好到底用哪个句式表达，就胡乱拼接在一起了。句式杂糅最明显的表现是出现一个以上变化不定的主题性名词和两个或两个以上的谓词中心。

一、"多对多"型成分拼合造成的句式杂糅

"多对多"型拼合成分造成的句式杂糅指多个主题词(主语或逻辑主体)和多个谓词性成分纠缠在一起。例如:

*放学了,小明**带着**老师跟着小明**往家中**回家。

【1.放学了,小明带着老师回家。2.放学了,老师跟着小明回家】①

*老师**发现**"我"不爱动脑筋的样子,**使**他非常生气了。

【老师发现"我"不爱动脑筋的样子,他非常生气。】

*同样的原因**都是**因为聋人自身的缺陷**是**不可能做到的。

【1.同样的原因都是聋人自身的缺陷。2.同样,都是因为聋人自身的缺陷造成的。3.同样的原因,聋人因为自身的缺陷是不可能做到的。(后句兼有语序问题)】

有时候,由于省略某些主题词(逻辑主体)造成表达时"遗忘",于是产生句式杂糅,尤其是涉及使动句的时候。这种偏误听人也会出现,如以下两例:

***看完**这段视频**让**我**想到**了自己常说的一句话。

【看完这段视频,我想到了自己常说的一句话。】

*无论雨多大,也阻挡不了志华的决定使教练心痛得流下了眼泪,表示志华毫不畏惧顽强拼搏,对志华充满了希望。

【无论雨多大,也阻挡不了志华的决定,教练心痛得流下了眼泪,表示志华毫不畏惧,顽强拼搏,(他)对志华充满了希望。】

"多对多"型的句式杂糅,关键问题出在谓词性成分上,所以以上例句都只标记了谓词性部分的关键词语。名词性成分的数量,使陈述与被陈述或支配关系复杂化,加剧了杂糅的可能性。

二、"一对多"型成分拼合造成的句式杂糅

"一对多"型成分拼合造成的句式杂糅,指整个句子只有单个主题词或只表达单个主题事件,但是句中使用了两个或两个以上的谓词性成分。事实上,单用任何一个谓词性成分就可以完成表达意图,但是实际上却多用了,仿佛在无法选择

---

① 注:本页【】内的句子是拟测的目标句,根据上下文无法确定唯一表达目标的,就列出多个可能的目标句,下同。一例之内有多处偏误的,举例时一般不考虑其他偏误,但在目标句中纠正或指出。

的情况下进行拼凑或重复。

*从学校到天坛，走路的话需十五分钟就可以到达。

【1.从学校到天坛，走路的话十五分钟就可以到达。2.从学校到天坛，走路的话需十五分钟。】

*心理社，书法社，英语社……由自己喜欢就选择。

【1.心理社，书法社，英语社……由自己选择。2.心理社，书法社，英语社……自己喜欢哪个就选择哪个。3.心理社，书法社，英语社……自己喜欢就选择。】

*我遇到了很明白的是一件事。

【1.我遇到了很明白的一件事。2.我明白了一件事。3.我遇到了一件事，这件事是很明白的。】

听人的书面表达中也会出现"多对多""一对多"两种句式杂糅。还有很多句式杂糅是错误使用某种特殊句式或未能正确使用某种特殊句式，或是由非正常缀合单句造成的。这在聋人书面表达中常有出现。这种杂糅句式都属于单句和复句杂糅在一起的情况，即应该用特殊单句句式的用了杂糅句，应该用复句的用了单句。二者的共同点是，在纠正偏误的时候，都可以用复句形式来纠正。以下分析的几种杂糅句式都属于这类。

三、句式使用不当造成的句式杂糅

未能（正确）使用某种句式，造成句式杂糅，包括应该使用某种句式却没有使用和没有正确使用某种句式这两种情形。

*不管他的夏勇想怎么就怎么样，但他心疼夏勇会伤心是因为同学们看不起自己的儿子。

【简单化表达：他心疼夏勇，夏勇会伤心，是因为同学们看不起自己的儿子。】

【理想表达：他担心夏勇会伤心，因为（怕）同学们看不起自己的儿子。】

这个句式杂糅是兼语句使用不当造成的（同时有其他问题，如界限不清、关联不当）。"心疼"这个词不是使役性动词，不能引起兼语句。

*八大处学校布置教学楼、宿舍、教室和食堂很简单。

【简单化表达：八大处学校布置教学楼、宿舍、教室和食堂，布置得很简单。】

【理想表达：八大处学校的教学楼、宿舍、教室和食堂布置得很简单。】

*妈妈问"我"说："你做作业完了？"

【简单化表达：妈妈问"我"说："你做作业了，做完了？"】

【理想表达：妈妈问"我"说："你作业做完了？"】

以上两例的理想表达是最常用的表达方式，但是它需要写作者掌握主谓谓语句。原句按一般动词句处理造成了杂糅。

*他慢慢地偷一个梨筐拿走，他搬梨筐放在自行车（上）。

【简单化表达：他慢慢地偷了一个梨筐，拿走，他搬起梨筐，放在自行车上。】

【理想表达：他偷偷地把一个梨筐拿走，他把梨筐放在自行车上。】

*老师把右手按门铃响起来。

【简单化表达：老师右手按门铃，门铃响起来。】

【理想表达：老师用右手把门铃按响。】

这两个语例最适宜用"把"字句表达，但是写作者没有做到正确表达，造成杂糅（"把"字句偏误另见第八章）。这类偏误错在应该使用特殊句式的单句（理想状态），或使用复句，结果使用了杂糅形式。

四、中间成分双向缀合造成的句式杂糅

这种杂糅是指中间的名词性成分应该是前后两个分句分别使用的，即应出现两次，而实际上只用了一次，造成了两个分句纠缠在一起形成异常的单句。

*自杀的念头被**母亲**发现去爱护她。

【自杀的念头被母亲发现，母亲想去爱护她。】

*然后发现他的冰房墙上贴**图片**是海边地方。

【然后发现他的冰房墙上贴着图片，图上是海边的地方。】

五、表面上是残缺或冗余的句式杂糅

由于句子中某些成分（谓词性或名词性）多于一个，而未进行选择，或者缺失某些成分，造成界限不清，两个分句纠缠在一起变成杂糅形式。这类杂糅表面上可能被判断为成分冗余或残缺，根本上是句式杂糅。

*大乌龟**背着有**可口可乐杯子给小企鹅喝着。

【1.大乌龟背着可口可乐杯子，它把可乐杯子给小企鹅喝。2.大乌龟有可口可乐杯子给小企鹅喝。】

*贴在小冰墙上有夏天的地方**旅游**。

【1.贴在小冰墙上（的图片里）有夏天（炎热）的地方（可以）旅游。2.图片贴在小冰墙上，图片里有夏天的地方可以旅游。】

*成长是一个好的**健康**、**磨炼**、**锻炼**、**实验**才有收获。

【可能拟测：成长是一个好的健康（的磨炼），锻炼、实验，才有收获。】

*它**装满**很多的**热袋塞**它的身体里。

【它装满很多热袋，（把热袋）塞进它的衣服里。】

*企鹅望着远远的地方**还有没有到了**。

【企鹅望着远远的地方，（想知道）到没到。】

*回着头**看**，墙上的几张在家乡的**照片想家了**！

【1.回过头看，墙上有几张在家乡的照片，它就想家了！ 2.回头看到墙上的几张在家乡拍的照片，它就想家了！】

处理这类杂糅问题，要设法找到句中的主题词，以尝试确定分句的数量和界限。

六、以状中方式出现的句式杂糅

这类句式表面上是个状中搭配不当的单句，实际上属于非正常缀合成的杂糅句。纠正后就是一个复句或一个单句。例如：

*父亲回头**地**看到我在思考。【父亲回头，看到我在思考。】

*回家后我想休息**地**去上电脑玩时间太久【回家后我想休息，想上电脑玩很长时间。】

*我无知所措**地**说什么。【我不知所措，（不知）说什么。】

*他知道**地**这作业做的不是我做【他知道，这作业不是我做的。】

*父亲发现**地**不知道是什么事。【父亲奇怪，不知道是什么事。】

*（老师）严肃**带着生气的模样地**打起他屁股来。

【1.（老师）生气地打起他屁股来。2.（老师）很生气，打起他屁股来。】

*我摇摇头**的**回答说："马上中考了，来不及了。"

【我摇摇头，回答说："马上中考了，来不及了。"】

这种句式杂糅的深层原因，是没有弄清楚什么样的成分可以作状语，什么样的情况要按照复句处理——根结还在单句和复句的分界问题。

七、把复句生硬缀合成单句形式造成的杂糅

有些本来应该用复句表达的，结果是把很多谓词性成分（连同多个主题词）拼缀在一起变成杂糅的长句。例如：

* 小企鹅有防太阳镜和帽子扇子**躺着吊床上**他身上有满头大汗的。

【小企鹅有太阳镜和帽子、扇子，躺在吊床上，他满头大汗。】

* 下午我们看电影是一个动画片。【下午我们看电影，（电影）是一个动画片。】

* 他在冰房里面有炉子这样像温暖着一样。

【他在冰房里面，有炉子，这样像（气候/他）温暖了一样。】

也可以这样理解，这样的杂糅实际上就是句子界限不清楚造成的。目前尚无法确定是写作者单纯不知道标点的作用，还是主观上对句子界限没有概念。从对语篇研究的情况看，后一种可能性更大。因为在聋人语料中，我们没有发现哪一篇语料里全是句子界限不清造成的杂糅。导致这类杂糅的深层原因，还有待进一步研究。

除此之外，偶尔也会见到类似句式杂糅的词语杂糅。比如："老师……横眉怒气冲冲，用力把小明的爸爸按在桌子上。"看起来就是把"横眉怒目"和"怒气冲冲"两个成语"嫁接"在一起了。当然，这也造成了表意上的重复问题。我们会在有关成分残缺和冗余的那部分讨论。

综上所述，在聋人的汉语书面表达中，"多对多"和"一对多"形式的杂糅是单句范围的杂糅，在听人书面表达中也会出现这两种情况。在句式使用不当造成的杂糅中，如果按照理想状态表达的话，那么也属于单句范围内的杂糅；如果用简单表达，则可以划为后面几类情形，最终多以复句形式解决杂糅问题。句式使用不当造成的句式杂糅、中间成分双向缀合造成的句式杂糅、表面上是残缺或冗余的句式杂糅、以状中方式出现的杂糅和把复句生硬缀合成单句造成的杂糅这五种情形在听人书面表达中极少出现，属于聋人书面表达偏误的特异表现，应该引起教学和研究的重视。

第十章　句法成分层面的偏误问题

聋人的汉语书面表达常在句法成分层面表现出一些明显的偏误倾向，主要有成分残缺和冗余、搭配不当和语序错误。有些错误是孤立出现的，有些是多种同时出现甚至纠缠在一起的。

句法成分层面的偏误往往都不是单纯原因造成的，而是跟词类问题甚至词义问题相关。例如：

＊李老师穿**上**西装，**提**着作业本，脸上**得**很严肃，**用眼瞪对**夏勇来说："批评。"

【李老师穿着西装，拿着作业本，脸上（显得）很严肃，瞪着夏勇说："要批评你。"】

这个语例存在用词不当（词汇问题，"提"）、词类问题（介词"对"使用不当，应该用动态助词"着"）、成分残缺（缺少动词中心"显"，缺少"批评"的宾语等）和成分冗余（状语"用眼"、趋向动词"来"、动态助词"得"等冗余）。

＊儿子小明坐在书桌**上磨**透了脑筋在想一道不会做的作业。

【儿子小明坐在书桌旁伤透了脑筋，在想一道（不会做的）作业题。】

这个语例也同时存在多个问题：词类问题（方位词"上"错误，不符合语境）、成分搭配不当（"伤"脑筋，不是"磨"脑筋）、缺少宾语中心（作业"题"），甚至"不会做"这个定语根据前文判断也是冗余的。

从这两个语例可以看出，句法层面的问题确实比较复杂，纠正起来也要从多方面入手。所以，我们分析聋人汉语书面表达在句法方面的问题，是要梳理清楚哪些问题是比较突出的，有什么倾向，以便有的放矢，帮助他们提高学习能力和汉语表达水平。

本章分析的语料来自语料库中随机抽取的 50 篇语料。研究过程中，我们对这 50 篇语料进行了穷尽分析。

第一节　句法成分残缺和冗余

残缺与冗余是相对而言的。有时候同一个病句，可以用去除冗余的办法解决，也可以用填补成分的办法解决。我们在遇到这类问题的语例时，通常按照最方便、最符合第一语言自然语感的原则来处理，当然同时兼顾写作者的表达意图，有时要结合上下文来进行判断。例如：

*老师发现他说话带有颤抖的。

这个语例有两种纠正方案：

纠正方案一：老师发现他说话带有颤抖的**语声**。

纠正方案二：老师发现他说话颤抖。

按照第一个方案，它的语病是成分残缺；按照第二个方案，它的语病是成分冗余，多了动词性成分和虚词。那怎么办？仔细斟酌这两个纠正方案，就会发现后者符合正常的汉语表达习惯，而前一个是不自然的，明显带有非母语表达特征。我们就把这样的错误判断为成分冗余。

另外，残缺和冗余也可能同时出现在一个句子里，例如：

这时候，企鹅取暖时看到墙上挂着几幅【画着】美丽的而有阳光的地方【的图】。（"□"内为冗余的成分，【】补出的是残缺的成分）

我们在遇到这种句子时会根据需要有所取舍。

一、句法成分残缺

成分残缺主要表现在中心语残缺上，其他成分残缺也有，但是都没有中心语残缺突出。中心语的残缺又集中表现在动词性中心语和名词性中心语的残缺上。

（一）动词性中心语残缺

动词性中心语残缺语例如下：

*于是多次追问，终于【】出了尾巴，作业不是他自己做的。【露】

*小明的**手左**是把手【】到小明嘴里好像奶牛一样。【放/伸】（其他问题：有

逆序用词错误；想说"像吃奶一样"，扁平化表达）

*让孩子学会独立，【】自理能力，不要依靠别人。【有】

*第二次，它背着炉子走出冰堡，走到坡上，因炉子很重不幸地被【】翻了，翻成一个大雪球。【带】

*难得的是【】勇气，面对这种困境，它再次树立信心。【有】

*所有的东西被淹没了，只有沐浴池【】。【没被淹没】

*它【】在很酷的太阳晒下的吊床，浑身流满汗水。【躺】

*我们为何不能做出高于正常人的成就呢？【】太多的客观存在的问题，也包括主观原因在内。【有】

*听人知道聋人【】这样违法的事情，看【到】在读书或者毕业【的】聋人，就远离聋人。【做（了）】（其他两处残缺属于非动词中心残缺，在原句中标记补出）

*企鹅们也要送它【】旅途。【上】

以上语例，前八例都是单纯缺少动词性中心语，多数是单个动词。最后一例缺少的成分处在兼语结构的第二个动词位置。**在补语前面的动词中心语残缺最为常见**。为什么会这样呢？因为写作者把后面补语中的动词或介词当作主要动词。

还有些句子以缺少动词的表象出现，实质上是不能区分名词和动词，或者是不能区分并列表达中的形容词和动词等，例如：

*家庭有的贫穷，有的【是】富翁；人们的内心【有】好与坏；各自走不同的道路，为了将来想着的。

这也说明，词类理解的问题，对于聋人学习者来说，确实是个难点。

（二）名词性中心语残缺

相对于动词性中心语，名词性中心语的残缺更为多见。在我们抽检的 50 篇语料中，名词性中心语残缺比动词性中心语残缺多了大约一倍。

名词性中心语残缺有两种情况，一种是缺少独立作句法成分的名词或短语，另一种是缺少动词的宾语或定语的中心语。

1. 缺少独立作句法成分的名词或短语

*爸爸把老师带进屋后，【】二话不说，把爸爸的脖子按在桌子上，露出严厉的表情，使劲的拍打着爸爸的屁股。【老师】

*按照企鹅习惯【】（应该）在南极享受寒冷的生活。**可见**企鹅却躲在家里而取暖呢。【它/企鹅】

***看来**它计划失败，【】把它抬到暖房去。【朋友们】

*可是没多久【】**就让**它全身冻**死**（僵）了。【严寒】

*他的眼睛上带着一副老花镜，【】有一大撮胡子。【下巴上】

名词性中心语缺失，可能会造成承前省或蒙后省的效果，出现不正常的搭配或不能正常理解的情况，如第一例、第三例、第五例；或者造成句子单纯缺少成分而不完整，如第二例和第四例。这反向说明一个问题，聋人在书面表达时常常会忽略这些问题，尤其是复句中几个分句在逻辑上换了主语，结果句法上却没有显示出来。于此可见，语言是思维的工具。

2. 缺少动词的宾语或定语的中心语

*生活是让我们好奇地了解【】。【它】

*有一位长着胡须，戴着大眼镜，手中拿着作业本【】，那就是老师。【的人】

*但这位老师以他带着自己的学生【】【】都理解学生们各有优劣和长短。【的经验】【，】

*开业的确不容易，当然会遭遇到家人的反对，经过努力【】说服了家人。【他】

*爸爸脸上有千万变化的【】，啊呀！【表情】

*父亲很利落的把本上【】写完。【的题】

*蒲黄榆很不错了，只感叹没有上网【】。【的地方】

*这时穿黑色的衣服【】走过去时发现儿子用左手指吸吮着，眉毛像八字一样，右手拿着笔，迟迟不写作业，想看看怎么回事？【的爸爸】

*成长是一种健康的长大，从小到大，从少到多，是一种磨炼困难【】，都要坚持。【的过程】

*蒲黄榆的空间很大，住宿【】也优越。【条件】

*这边到处都是霜冻的房子，不远的【】从房顶散出烟气的只有一个。【地方】

*只要学了很多东西，就能将干大事,(因为【】看重(的)是经验能力。【社会】

*它躺在吊床上休闲，喝椰子【】。【汁】

*食堂【】不是很好吃，感觉味重了点。【的饭菜】

上述语例均缺少中心语。如果这些名词性中心语缺失，相应的动词就找不到可以搭配的对象，导致难以理解。这可能跟视觉语言重视描绘性表达有关，注意到了细节的表现，而忽略了细节的本质和归属。

有时候这两种名词性中心语残缺也不是截然分开的，有些解决方案可以从两个角度进行纠正。例如：

*这位高大而光秃秃的头发，挺着圆鼓鼓的肚子贴近儿子的身旁开始了帮助儿子做功课。

纠正方案一：

这位【父亲】【身材】高大而（长着）光秃秃的头发，挺着圆鼓鼓的肚子，贴近儿子的身旁开始帮助儿子做功课。

纠正方案二：

这位【身材】高大而（长着）光秃秃的头发，挺着圆鼓鼓的肚子【的父亲】贴近儿子的身旁开始帮助儿子做功课。

显然，这个句子按照两种方案纠正了之后也不够理想，只是尽可能贴近原意而已。主体词"父亲"可以以主语方式出现在"这位"后面，也可以以中心语的身份出现在"肚子"后面。这个句子还存在缺少其他成分和虚词冗余、句子界限不清的问题。

句法成分残缺的情况，除了以上名词性中心语和动词性中心语残缺，还有其他成分的残缺，有的缺少补语（尤其是趋向动词），有的是修饰语中缺少部分词语（尤其是缺少虚词），这种情况我们已在词类偏误部分详细分析，这里只略举几例（残缺词语已经补出，其他冗余的成分已经圈出）：

*温州人具有经营的头脑，或许正好遗传【给】包建新的优良基因。

*只要学了很多东西，就能将干大事，（因为社会）看重的是经验能力。

*聋人把【自己】【从】听人所在世界硬生生划分开来。

*他也是聋人，仅仅是小学文化，但通过自己的双手，打拼【出】了属于自己的天下。

这些成分的残缺对句子基本结构的影响不是特别大，兹不赘言。

二、句法成分冗余

句法成分冗余，是指整个成分冗余或某个句法成分中有冗余词语。前者或造成句子结构不正常，后者可能造成理解上的偏差或其他问题。

从冗余的成分来说，有中心语、修饰语和独立语的冗余问题；从冗余产生的表达效果上看，有杂糅性冗余、矛盾性冗余和重复性冗余等。我们从冗余产生的表达效果入手，侧重分析句法成分冗余会造成的各种问题。

（一）杂糅性冗余

如果冗余造成句式上的牵缠或错误，就属于杂糅性冗余。这种情况尤其在动词冗余的时候比较容易出现。

以下冗余的存在，造成句子结构或语法性质发生变化、某些搭配成分不当、逻辑主语不一致、语义悖逆等。

*放学后，"我"在回家的路上，因为"我"做作业太多了。

该语例中一个主语后出现两个动词性成分且不构成并列或连谓关系。

*父亲的头发是光头的，**穿上衣是黑色，穿裤子是白色**。

把"上衣是黑色"这个正常表达变成了"穿上衣是黑色"，使主语不再是名词性的（当然，可以用加"的"的办法解决，但是表达不够自然）。

***当老师拿起作业一看时**，惊讶得呼叫了一声，"这！不是你写的吗？"

"当……时"把中间的成分变成了介词的宾语的一部分，从而导致实际主语"老师"被隐藏了，使得后面的结构缺少主语。

*拿一根香蕉披皮（连皮——引注）吞下去，使自己很高兴的样子。

该语例前后逻辑主语不一致。

*后来老师生气地把父亲推倒在椅子上**任人骂，挨打**。【骂他，打他】

*老师用手按着小孩子家前的电钮，不一会儿门被开了，**进来了父亲**。

这两个语例偷换了逻辑主语，导致无法理解。

*无论风风雨雨，都要靠自己去勇敢挑战它，战胜它，才能成功的人，这也是真正成长的过程。

*老年人拿着毛巾要拧干，再拧干，**毛巾永远剩下还有水**。

*无论我**遇到有多少失败**，都要坚持到底！

第一例中的冗余造成"人"是"过程"这样的怪异对应关系，只有去掉了"的人"，才能把前面的表达变成"过程"。后面两例的问题与第一例的类似。"永远还有水"是正常的状中结构,插入了"剩下",就造成后面有两个不具有正常关系的谓词性成分,破坏了正常的句法语义结构。

*老师的手用力打父亲的屁股。

打人通常都默认为是用手打,所以不需要对"手"做刻意说明。这个语例中"的手"造成整个句子的主语从"老师"变成了"手",跟后面就不能正常搭配了。

显然,杂糅性冗余对阅读理解造成的障碍或干扰较大。

(二)矛盾性冗余

如果句法成分中有些类型接近、功能接近或意思接近的表达,彼此构成不一致甚至相反的信息关系,就会造成语义矛盾,这种近似或同类表达就属于矛盾性冗余,应该根据实际目标,删去其中冗余的部分。以下语例中,加粗的文字(有些相邻的,将其中一处标记了斜体)相互之间构成矛盾关系,都属于矛盾性成分冗余。

*爷爷老师**正在要**看同学们的作业。

*"我"**已**到家**时**,……

*"我"**回到**自己的房间里*正在*写字台上做作业。

***从此**成功克服它**以后**,我不仅敢爬山,还敢去做些刺激的事情了。

*上高中时,**各门**课**多**了,我担任(负担)太重了。

"各门"的"各"这个代词是强调个别性、个体性,但是后面的"多"却是强调普遍性,在内在语义层面构成矛盾,应该删除"各门"。

*这时候他的父亲**刚**下班回家**了**。

*记得很久**以** *前* **时**,……。

*快中考**之** *前* **时**,我拼命的努力,疯狂的努力。

***到了**放学**后**,老师把儿子叫过去了。

*儿子右手拿着笔,左手食指含在嘴里**不假思索**地在想什么。

***好多次**拍着他的屁股**一下**。【目标句:打了很多下他的屁股。】

*儿子听了父亲这句话感觉自己**很**轻松**了一下**。

*老夏**打开**(门)**一下**,看到李老师和自己的儿子。【原文无"门"】

"一下"用于修饰动作行为,有数量少、时间短、随意的意味,而"打开"已经有了行为的结果,并且这个结果状态具有可持续性,于是就跟"一下"含有的意思不相一致。

这类成分冗余在纠正时,不能随意删除,要根据表达的需要和句子合理性来操作。

(三) 重复性冗余

表达相近意思的词语成分出现一处以上,就会造成信息冗余。这类成分冗余就是重复性冗余,也就是单纯冗余。

重复性成分冗余从句法形式来看,有两种情况:一是出现在类似成分上的冗余,二是出现在修饰语和中心语关系中的冗余。二者在本质上没有区别。以下语例来自抽检的 50 篇语料,为了充分显示出问题的普遍性,没有任何删减。

A. 出现在类似成分上的冗余

*(老师)**问**我**说**是谁帮我做?
*我爸爸感觉到像一群恶劣的马蜂咬了他的心,*这么多刺激啊*!①
*每天她用脚靠着自己养活,**专一**地学习**认真**,天天如此。【两处:每天-天天;专一-认真】
*一会儿**遭遇有**几道难题,实在做不了。
*你**做回答**对的,这作业是你做【的】吗?
*他是怎样**经历成为**"哑巴灯饰"董事长(的)。
*只要学了很多东西,就**能将**干大事。
*到父亲家后,老师**按敲**响门。
*家家户户的人带来了**快乐**和**痛痛快快**。
*天气变黑了**快就要**下雨了。
*看来**几乎有点**后悔的样子。
*便**想到要**去那里。
*这是一个**很好**搞笑的动画片。
*而我经过一次克服恐高症的经历,**还战胜了随我多年的恐高症**,以后爬山甚至去最高的地方都不会再恐高了!
*到达家门口时,小刚**垂头丧气打不起精神**,心虚的低着头。

---

① 注:相邻内容重复的,用斜体标出修改时更适宜删除的部分以区分界限。

*我有了**目标***理想*是考上大学。

*一大早，在教室里，戴着眼镜有一大撮胡子，西装**革履**，*脚上有一双锃亮的皮鞋的*，老师要检查作业。

*后来来了一位**端着杯水的**乌龟给它杯水。

*爸爸打开了大门，看到老师来自己家，再看看儿子的头不语的。便露出了**纳闷**，**惊奇**的表情。

*胖爸爸**睁大眼睛**，目瞪口呆。

*（爸爸**转过身子**，**回头一看**，只**见**小男孩坐着椅子上。【两处冗余】

***的头发**是光头的。

*右手**按着门铃开铃**了。

*在我们聋人世界里，正是因为听不见，与听人有一**种**一**定**的差距。

*大胆创新这种精神是我们迫切需要的，**更也**是我们需要学习的地方。

***光阴归去**，**光景已去**，搬到了薄黄榆。

*终于考上大学了，我非**常**兴奋**极**了。

*（妈妈）反复**叮嘱劝告**志华，她**要***将来*怎么生活了。①

*他看到"我"失望的样子，就愿意**帮**"我"**替**"我"做的。

*然而他的爸爸*悠闲自得地转悠*，**无闲时**就来到了儿子的房间，当发现他的儿子对着作业**手着无策**，*伤着脑筋焦急*的情绪时却不由得显出溺爱这个孩子主动得帮助了他。【"无闲时"当为"无事时"误用】

*双臂已失去了，但用脚**靠着**写字、洗脸、做饭……

*最后，小明忍不住老师的逼问，就说*出来*了是他爸爸帮他写的。【趋向补语和动态助词"了"都表示已然结果。】

*晚上，孩子按老师布置的作业来做，但几道题他**总**是想来想去，还是没法做出来，明天就要交出，所以心里比较急。

*写字得*很整整齐齐*的。

---

① 注：对于这个句子，调换"要"和"将来"的语序也可以纠正其语病，所以看作修饰语语序不当也可以。

B. 修饰语与中心语语义有重复

*由于它背的烤炉太重，以至于它又像个雪球，从高处**滑滑地**滚落下来。

*就这样，航游啊航游，又经过了一个另一个**国家**岛国的国界。又小企鹅有防太阳镜和帽子扇子躺着吊床上他**身上**有满头大汗的。

*他**用双腿**懒惰地坐在椅子上。

*洗澡的澡堂几乎天天开放。

*它站在水池上里的水。【它站在水池里。】

*老师拿起儿子的作业本，**端详地**看着。

*这时候，企鹅取暖**时**看到墙上挂着几幅**画**着美丽的而有阳光的地方的画。

*它又变成了热企鹅，忍受不了**烈日**的阳光，还喝刚从乌龟的背上放着几杯饮料。

*放学了，小明带着老师跟着小明**往家中**回家。

以上语例中，加粗文字大体可视为重复性修饰成分，加下划线的可按中心成分理解。对于 A 类的病句一般删除一部分冗余成分即可；对于 B 类的病句通常需要删除修饰性成分。这种重复比较明显也比较浅显，不再详细分析，但是应引起研究者和教学者的足够注意。

（四）歧义性冗余

歧义性冗余，即某些冗余成分导致对整个句子的理解可能走向歧误的方向或者有多种可能性，从而造成不符合要求的表达。例如：

*不仅给客户**带来**良好的信誉，而且也招收了不少的聋人人才。

"带来"（不是"带去"）的到底是谁的良好信誉，客户的还是自己的，容易歧义。

*上课**来**了。

是"老师"上课，所以来了？还是"上课了"？还是"开始上课了"？理解上存在多种可能性（根据上下文应该是第二个意思）。

*"我"被他抱出来**就**坐在他的腿上。

"就"是强调"我""一直"坐着，还是强调"只是"坐着，也难以准确推知。

综合句子的基本表达和上下文，可以知道后两例的标记词语都是明显的冗余成分，直接删除标记词语就行；第一个语例的情况，可以删除标记词语，形成双宾结构，也可以更改成"在客户那里形成良好的信誉"。

*有一位爸爸站在小男孩坐位的旁边，**有一位**爸爸个子胖胖的，肚子大大的，圆圆的，像个大皮球似的。

*写字台旁边站着**一位**小孩子的父亲。

以上两例中的"有一位""一位"是不需要出现的冗余成分，因为从语境中可以清楚得知，父亲是特定的，孩子也是特定的。这种限制成分的出现，只会给读者造成困扰。聋人在表达时有时会忽略这个问题，有点类似于英语的不定冠词的用法。

综上，我们讨论了句法成分层面的残缺和冗余。具体词类的缺余问题，见第五章和第六章。

第二节　句法成分的搭配偏误

聋人在汉语书面表达中经常会出现搭配不当的问题，而且和词类问题甚至词义问题时有相关。但是无论如何，句法成分的搭配问题都是一个非常显著的语法偏误。

句法成分之间搭配不妥当，是各类人群都会发生的语法偏误。这种搭配不当或不能搭配，在主要成分之间、修饰语中心语之间都存在。

一、主要成分搭配不当

这里说的主要成分是指形成基本句法结构的几对成分，主要是主谓关系和动宾关系。另外，虽然主语和宾语并不在一个句法层面上，但由于主语和宾语在语义关联上具有一定的对应关系，因此也把主宾关系放在这里分析。

（一）主谓搭配不当

主谓搭配不当是与选词相关的语法偏误。表达时选词不当或者疏忽就会造成主谓搭配不当。听人一般会在句法成分较复杂的长句中，由于主语（中心）和谓语（中心）相隔较远出现搭配错误的情况。但是在聋人书面表达中，短句也时常会出现这类错误。例如：

* 有一位爸爸**个子胖胖的**。【身子胖胖的】

* 冬季供暖**设备优秀**。【设备优良】

* 国内聋人等学院给聋人设置（的）**专业太小**了，具有局限性。【专业太少】

* 天气**变黑**了快就要下雨了。【天】

* 能负担家庭有多大的，**责任非常好**。【责任非常大】

* **食堂不是很好吃**，感觉味重了点。【食堂的饭菜不是很好吃】

以上各例都存在主语和谓语搭配不当的情况，纠正的方式是对主语或对谓语进行修改，视情况而定，基本原则是尽可能地贴近原意。

（二）动宾搭配不当

动语和宾语，尤其是动语中心和宾语中心，也会出现搭配不当的情况，例如：

* 他也是聋人，……**突破**国内聋人老板的**空白**。【填补了……空白】

* 果不其然，老师把孩子的书给孩子的父亲看，**指出**是不是你帮孩子写的。【问……】

* 是我爸爸帮我**写作业本**。【写作业】

* 儿子**穿上书包**。【背上书包】

* 它还**穿围巾和帽子**。【戴围巾和帽子】

* 家人、亲人、老师完全可以**看懂我的口语**，我也看他们的**口语**。【听懂……口语】

* 家家户户的人**带来**了**快乐和痛痛快快**。【感到……】

* 老师**按**在家门口旁边的**铃声**的时候我低头了。【按……铃】

* 这里有一只企鹅围在大炉子**温暖热气**。【制造热气（加热）】

* （这）体现了志华确实**付出**了真正的**能力**。【付出……努力】

* 如儿子真不**懂做题**的时候该教儿子一些。【会做题】

* 父亲**过去我身边**。【走到我身边】

动宾搭配不当的纠正方式通常是修改动语或动语中心，有时候也可以修改宾语或宾语中心，原则仍然是尽可能地贴近原意。其中，像最后一例这种把不及物动词当及物动词使用的情形，详见第六章词类层面偏误分析。

（三）主宾语义不搭配

有时候，主语和宾语在意义上不一致也会造成理解上的困难，我们把这种情况也归入成分搭配不当，但这是从语法和语义的角度来说的。

*这位学生家长，你违反**我作为老师应尽的责任**，破坏了教育制度。【违反老师的命令】

***我爸爸**是个文化很高的**程度**，担任了著名的作者家。【文化程度很高的人】

***企鹅的世界**，是一种天气很冷，白雪又厚厚的霜冻的**生活**。【世界是……世界】

这类偏误在判断句中出现得最多，可以通过"中心语缩减"的方式查看出来。"你违反我的责任""爸爸是程度""世界是生活"，这些搭配显然都是说不通的。

二、修饰语与中心语搭配不当

与中心语搭配的定语、状语、补语等修饰语，有时候也会出现和中心语搭配不当的情况，主要是选词不当造成的。

（一）定中搭配不当

***被过海八仙的**观众为志华鼓掌，终于她游泳获得冠军。【？】[①]

（二）状中搭配不当

*于是，父亲走上前，拿着笔，把儿子抱起来放在腿上，**津津乐道地帮儿子解答**，像是为自己写得精彩而美滋滋。【？】

*儿子右手拿着笔，左手食指含在嘴里**不假思索**地在想什么。【？】

我**无知所措**地说什么。【我不知所措，不知说什么。】

（三）中补搭配不当

*提笔没写就**想得很长久**了。【提笔没写就想了很长时间。】

*它立刻喝，**喝得很渴**。【喝得很急】

*儿子的双腿**转动**了 X 形的。【转成】

---

① 注："？"表示难以揣测原作者的意图，下同。

* 看在心里的老师都知道。【看在眼里】

在补语与中心语搭配不当的偏误语例中，**趋向补语与中心语搭配不当**的情况几乎占了中补搭配不当的绝大部分，十分具有代表性。例如：

* 儿子高兴地笑**下去**。【起来】

* 双腿紧紧着**挤下来**。【（并）起来】

* "我"被他抱**出来**就坐在他的腿上。【起来，"我"本来坐在椅子上。】

* （它）终于想**起**一个好方法。【出】

* 正好对面贴墙看了船想**起**办法。【出】

* 我在思考，想**不过**，简直一片空白。【出】

* 回头拿出自己的眼镜**下来**。【1. 拿出自己的眼镜来。2. 拿出自己的眼镜。3. 把自己的眼镜拿下来。】

* 企鹅们也要送它（踏上）旅途，结果企鹅不小心滚**出去**。【下去】

* 企鹅又拿起来咕咕声喝**下来**。【下去】

* 明天就要交出，所以心里比较急。【上去】

上述趋向动词，在充当补语时都没有按照正常的组合方式进行。有些是单纯的选词不当，有些是没有弄清楚趋向动词的虚实用法。除了表示动作行为的空间趋向，如"拿起来"的"起来"，有些趋向动词还有表示动作行为起止的作用，即从前一个用法引申出来的虚的用法，例如："笑起来"，表示原来没有，现在开始笑了；"说下去"，表示原来就在说，现在要继续。"儿子高兴地笑下去"这个语例就是弄混了这两个趋向动词的引申用法。

总体上，无论是主要成分之间，还是主次成分之间，句法成分搭配不当虽然形式上表现为句法结构掌握得不熟练，但是错误的主要原因是选词不当，没有准确理解词义，其次是逻辑上存在问题。

第三节　句法成分的语序偏误

在聋人的汉语书面表达中，句法成分的搭配不当虽然常见，但还不是最引人注目的，最引人注目的是句法成分的语序偏误。

句法成分的语序偏误,是指本来应该放在某处充当某个成分的词语,被错误地当作另一个成分用到了另一个地方;或者虽然没有改变句法成分的性质,但是语序错了。下面我们就从这两个方面来分析。

一、甲成分误用作乙成分造成的语序偏误

在这方面,听人最常见的偏误是把状语、定语和补语弄混,如定语误用作状语,状语误用作定语。但是**在聋人的汉语书面表达中却远非如此。聋人汉语书面语表达中句法成分的语序偏误类型非常多,出现了很多和听人迥然相异的偏误倾向。**

(一)宾语误用作状语

与相关事物具有动宾关系的成分被置于介词后面,然后整体前置作状语,是这类偏误的主要表现。

*晚上,孩子**按老师布置的作业来做**,但几道题他总是想来想去,还是没法做出来。【做老师布置的作业】

*这时穿黑色的衣服(的爸爸)走过去时发现儿子**用左手指吸吮着**。【吸吮着左手指】

把宾语误用作状语,纠正的方式就是将状中改为动宾,把应该作宾语的成分还原到本来的位置上。这种偏误情况在听人的汉语书面表达中基本没有。

(二)状语误用作宾语

这是跟宾语误用作状语情况相反的错误,就是本来应该作状语却误用作宾语。例如:

*同学们**坐好自己的位置**开始上课。【在自己的位置坐好】

*把自己的手**玩嘴上**。【(放)在嘴上玩】

第一个语例是不及物动词带了"宾语",这就造成了错误。第二个语例中,虽然"玩"可以带宾语,但是"嘴上"却不能"玩"。仔细观察,"玩"是接着前面的介词短语说的,玩的应该是"手","嘴上"是玩的地点,不是对象。这反映了聋人在学习汉语的时候,对及物动词和不及物动词的判断理解有困难,所以在组织形成句法结构时,这类问题对他们来说是难点。

（三）主谓误用作动宾

主谓关系和动宾关系都是关涉谓词和体词的，只是行为方向不同而已。因此，这两种句法关系也常有误用。例如：

*一边**扇子翻**吹自己凉，一边喝冰水。【扇扇子】

*老师用手按着小孩子家前的电钮，不一会儿门被开了，**进来了父亲**。【父亲出来了】

第二个语例中"进来了父亲"这种表达，在一定条件下是可以存在的，但常在存现句中出现，如"门外进来一个老汉"，后面的宾语通常是非定指的。这是这个语例表达异常的第一个原因。另外，在这个语例中，前面说"门开了"，后面说"进来了父亲"，就会被默认为"门"是承前省的主语，但是显然这个"主语"是不能跟后面的成分正常搭配成主谓关系的。所以，修正这个句子，需要让最后一个分句出现一个自然的正常的主语，即"父亲"。

因为主谓关系和动宾关系属于"颠倒"关系，所以相对于动词来说，判断涉及的事物是主体还是客体存在困难，这有可能是出现这类错误的一个原因。在教学中，应该在动词教学时多用主体客体搭配的方式，使用结构扩展法教学。

（四）定语误用作谓语

定中关系是修饰限制关系，是以中心语为核心的向心结构；主谓关系是表示陈述的，前后平等的离心结构。二者看起来相差很远，但是依然会出现误用的情况，例如：

*终于她**游泳**获得冠军。【她终于获得游泳冠军】

*能负担**家庭有多大的**，责任非常好。【能负担很大的家庭】

*企鹅**得太多**都是在地球最冷的地方来生活。【太多的企鹅/很多企鹅】

*它们有小家（,）**邻居更多**有了自己的家。【更（很）多邻居】

这种偏误通常会造成句式杂糅。因为定语误用作谓语以后，后面还有真正的谓语，这样就导致句子中出现两个"谓语"，造成杂糅了。修正的时候需要把误用的成分还原回去充当定语。

这种类型的偏误，在汉语水平不太高的聋人的书面表达中常有出现。因此，这也是教学中应该予以关注的地方，要强调定语和中心语的语序习惯，多做练习。

（五）状语、补语相互误用

在聋人的汉语书面表达中，不常出现定语和状语的误用，这一点跟听人有所不同，但常出现状语和补语互相误用的情况。

1. 状语误用作补语

*父亲右手拿了钢笔，**写在我作业上**（，）有几道难题决解了，都答案出来了。【在我作业本上写】

*父亲毫无条件地把儿子抱到父亲的大腿上，拿起笔**写在本上**。【在本上写】

*我还是**懂一点也没**了。【一点也没懂】

*爸爸**喊了大声**。【大声喊着】

*老师**敲门铃几声**后，父亲打开门。【按（响）了几声（几下）门铃】

以上偏误语例，有些和介词短语有关，有些和数量短语有关，但是都把应该作状语的成分用作了补语。

2. 补语误用作状语

*突然被冻僵了，想动也**不动**了。【动不了】

*那里有阳光很暖和，所以决定去那里**一趟享受**！【享受一趟】

*我跟着老师**一趟去我家**。【去我家一趟】

*小企鹅背着炉子（，）**好了拿**滑冰鞋和手杖，遗憾的，他又摔倒了。【拿好了】

*做完了之后，"我"心里**多轻松**了。【轻松多了】

这类句法偏误也涉及数量短语，这表明数量短语的使用对聋人来说也是一个学习难点：他们需要分清楚哪些数量短语表示物量，哪些表示动量；哪些虽然是物量短语，但是也可以用来表示动量；能表示动量的数量短语，什么情况下可以作状语，什么情况下可以作补语……所以，状语误用作补语和补语误用作状语这两个类型的偏误实际上是一个问题。对于非数量短语的成分也是一样的。比如"多"，可以作状语，可以作谓语，也可以作补语，但是在"多轻松（啊）"和"轻松多（了）"这两个句法结构里，意义和功能都不相同。要搞清这些问题，都离不开基础的词类学习，所以教学中应该多做语境训练。

二、单纯型修饰成分语序不当

除了成分误用造成的语序偏误外，也存在单纯型的语序不当，也就是某个成分的位置不当。我们看待位置问题时，是以主干成分为基础视点的，这样做的原因是，主干成分构成了句法结构的基本部分，调整修饰语的语序，而主干不进行任何改动，这可以保证纠正时改动最少和纠正后最贴近原意两个基本原则。

修饰语的语序问题主要体现在状语和补语上。定语，尤其是多项定语，也会出现语序不当的问题，但最显著的还是某些状语和补语成分的语序不当。总体上，修饰语语序不当的偏误，也是比较严重的。例如：

*终于我通过了考试，可以上高中了。

*被过海八仙的观众为志华鼓掌，终于她游泳获得冠军。【她终于获得游泳冠军】

*坐在后排的小明时不紧张地乐意着昨晚他爸爸帮他终于大功搞成了。【终于帮他】

*只好让它们把它抬回去放在蒸炉气里蒸着，终于它又复活了。【它终于】

*不久，又雾起来。【雾又起来】

*（妈妈）反复叮嘱劝告志华，她要将来怎么生活了。【将来要】

*小企鹅不放弃想去海边。【不想放弃】

上述语例都存在和状语有关的语序不当。前五例涉及副词的句中位置问题。有些副词可以作句首状语，放在主语前面；有些可以作句中状语，放在主语后面；有些可以兼用，有些只有一个位置选择。以上语例中的这些副词都应该出现在主语后面，但是都放错了位置，或置于句首，或错误地后移了。（关于副词的其他偏误问题，另见第六章词类层面偏误分析）

最后两例是能愿动词的语序问题。能愿动词只能作状语，放在其他动词前面；如果有否定词，紧邻否定副词之后，再一起修饰后面的动词成分。"要将来怎么生活"是把"要"前移了，被"将来"隔开了它和它所修饰的"怎么生活"。"不放弃想去海边"，应该把"想"紧随"不"后，一起作状语。

*假如小孩儿不会写整齐的字，平时写乱的。【写得乱】

*妈妈问"我"说："你做作业完了？"【1.你作业做完了？ 2.你做完作业了？】

这两例涉及补语的语序不当。语例中的形容词性补语都应该出现在动词中心后面。如果是数量短语，则多数出现在宾语后面。在聋人的书面表达中经常会见到补语和宾语一起出现时二者间的位置存在偏误这种情况。

这类错误，归根结底还是词类掌握得不熟练造成的。因此，在对聋人的汉语教学中，应该把词类的扩展组合训练贯穿在很多句法项目的学习过程中。

第十一章　聋人汉语书面语偏误原因

我们关注语言运用偏误现象，根本上是要找到背后的原因。前面各章在分析具体偏误问题时虽然时有涉及偏误原因，但都着眼于具体表现，并未从宏观视角深入系统地探讨。

赵金铭在《外国人学汉语语法偏误研究》一书的序中写道："偏误，是指第二语言学习过程中学习者的语言偏离了目的语规律的一种现象，它显示的是一种'差距'，大多带有规律性，且可追究原因，因而不应当视为一种错误。"[①]李大忠认为，"对偏误来源的探究，是偏误研究中最难的。它涉及语言学、心理学、教育学等多个学科，是偏误研究中最能体现第二语言学科交叉特性的部分。同时，它也是偏误研究中非常重要的一个环节"[②]。

正如偏误分析的倡导者科德（Corder）所言，"通过偏误分析，学习者可以从中获得各种类型的反馈，将有助于其语言发展"[③]。语言研究者可以从偏误的产生原因中找到证据，以发掘学习者在语言的习得发展过程中使用了哪些策略或者受到哪些习惯影响。我们研究聋人的汉语书面语也一样，不仅要分析聋人习得汉语书面语的过程，总结他们产出的汉语书面语在词汇、句法等方面的特点，还要了解他们产出的汉语书面语为什么会是这样一种状态，如何解决，从而提高他们的汉语水平，帮助他们更好地学习、生活，融入社会，为社会做贡献。

在具体探究聋人的汉语书面语出现偏误的原因之前，我们有必要对本书中涉及的相关术语做出解释和界定。

---

① 周小兵，朱其智，邓小宁. 外国人学汉语语法偏误研究 [M]. 北京：北京语言大学出版社，2007.
② 李大忠. 外国人学汉语语法偏误分析 [M]. 北京：北京语言大学出版社，2007.
③ 陈俊光. 对比分析与教学应用 [M]. 台北：文鹤出版有限公司，2007.

第一节　第二语言习得研究的相关术语及研究模式

一、相关术语

（一）母语、本族语

人们对母语的概念有争议。第一种说法是，一个人最初学会的一种语言，在一般情况下是本民族的标准语或某一种方言。通常被译作"mother language"。如果根据这个定义，那么母语和第一语言最接近。第二种说法是，母语是指"本民族的语言"。这样来看，母语和第一语言的差别还是较大的。假设一个中国儿童在美国出生长大，那么他的第一语言是英语，母语是汉语。第三种说法是，母语是学习者家庭或者所属种族、社团使用的语言。根据这种说法，可以说手语是聋人的母语。

本族语是指语言习得者自己的民族所使用的语言，也称民族语。非本族语是指本民族以外的语言，可能是外语，也可能是本国其他民族的语言。本族语与非本族语是按照言语社团，通常是按民族的界限来区分。一般情况下，母语与本族语一致，但也有不一致的情况。有时候也会发生母语转用和本族语消亡的情况。

（二）目的语

目的语也被称为目标语，是学习者要学习的外语或者第二语言。

（三）中介语

中介语（Interlanguage），也有人译为"过渡语"或"语际语"，由美国语言学家拉里·塞林克（Larry Selinker）1972年在其论文《中介语》中最先提出，指学习者在第二语言学习过程中形成的一种介于他们的母语和目的语之间的过渡语言系统。

中介语既有普遍语法的特征，也有学习者的母语和目的语的特征，还有学习者自己形成的不同于母语和目的语的特征。中介语同学习者的母语和目的语一样，具有系统性和规则支配性。但是，它也有自身独特的、不同于母语和目的语的特征。学习者可以通过各种途径构建中介语系统，例如通过迁移将母语的系统特征引入中介语系统中，通过二语输入将目的语的系统特征引入中介语系统中，通过过度概括等方式，生成独特的不同于母语和目的语的中介语特征。

中介语是学习者在二语学习过程中形成的一个自成体系、相对独立的知识系统。它是一个渐进的、动态发展的、不断向目的语系统过渡的知识系统。中介语可以是学习者在某个特定时间点形成的二语知识系统，也可以是在某个阶段形成的二语知识系统。这些不同时间点和不同阶段的二语知识系统联系在一起，形成中介语的连续体。

中介语可以是外在的，也可以内在的。中介语的外在性表现在它是可观察到的学习者的二语输出。人们可以通过收集和分析学习者产出的话语与文字，了解中介语的语言特征和发展规律。中介语的内在性在于它是学习者内在的语言认知与加工机制和内在语言知识体系，包括二语的单位、结构与规则知识体系。

（四）第一语言、第二语言和外语

第一语言是指一个人出生之后最先接触并获得的语言。第二语言是指相对于第一语言以外的任何语言。外语是指不是自己居住地的语言，或者说是外国人的语言。

第一语言和母语是两个不同的概念，第一语言可能是母语，也可能不是母语。第一语言是语言学的概念，而母语则更多牵涉民族学问题。

第二语言和外语，强调的是语言习得环境的不同。在目的语环境中学习的是第二语言，在非目的语环境中学习的是外语。

（五）双语者、多语者

双语者指能够同等流利地使用两种语言的人，包括两类人，一类是第二语言达到与母语同等熟练水平的人，一类是能用另外一种语言生成完整的有意义的话语的人。能够达到和母语者同等熟练水平的二语者很少。

多语者是指掌握三种或三种以上语言的人。多种语言的获得不是同时性的，一般存在先后顺序，并且其熟练程度也不一样。多语者并不意味着多种语言都能达到与母语者同等熟练的程度。

（六）错误、偏误及偏误分析

错误（mistake），是指学习者在语言使用过程中，无意间因为疲惫、犹豫或者紧张等因素而产生的笔误（口误）现象，不是因为其语言能力不足，通常是没有规律可循的。第二语言学习者或者母语者都可能会出现这种情况。一旦学习者意识到了，他们可以自己进行纠正。

偏误（error），也是指学习者在产出语言的时候出现了错误。这种错误是其目的语能力不足的表现，是语言能力的问题。学习者自己并未意识到出现了偏误，被指出后仍不知如何修改。

偏误分析是指对学习者在第二语言学习的过程中所产生的偏误进行系统地分析，研究其来源，揭示学习者的中介语体系，从而了解第二语言学习的过程和规律。

二、研究模式

（一）对比分析

对比分析是将学习者的母语和目的语进行比较，从而预测学习者在学习目的语的时候会遇到哪些困难，以便服务于第二语言教学。

对比分析，盛行于 20 世纪 40 年代，对比分析假说（Contrastive Analysis Hypothesis）的主要观点是学习第二语言的根本在于要克服第一语言和第二语言之间的差异性。如果目的语中的知识与母语相似，那么学习者学起来会感到很容易；如果与母语不同，则学起来会很困难。对比分析假说分为强势说和弱势说。其中，强势说主张通过两种语言的对比分析来预测学习者的难点，弱势说则不主张通过差异对比来预测错误，而是强调对错误的解释。

对比分析主要受到行为主义心理学和结构主义语言学的影响，认为第二语言学习的主要障碍是第一语言对第二语言的干扰，所以要对这两种语言做科学的、系统的分析，通过两种语言的对照，来预测学习者可能会遇到的困难，合理解释学习者的偏误现象。

（二）偏误分析

1. 偏误分析的产生

乔姆斯基（Chomsky）的转换生成语法理论引发了一场语言学的革命，也极大地影响了其他领域。在这一思潮的影响下，出现了偏误分析这一方法。

偏误分析产生于 20 世纪 60 年代，兴盛于 70 年代，是第一个关注学习者语言系统的方法。偏误是指由于目的语掌握不好而产生的一种规律性错误，它偏离了目的语的轨道，反映了说话者的语言能力和水准。偏误和错误不同，偏误具有规律性，错误具有偶然性。

在汉语作为第二语言的习得研究中引入偏误分析方法的是北京语言大学的鲁健骥教授。

2. 偏误分析的程序与步骤

科德是偏误分析研究的重要人物，正因为他发表了一系列关于偏误分析的文章，偏误分析才成为应用语言学研究公认的一部分。

他在 1974 年提出了偏误分析的五个步骤：

（1）学习者语言样本的收集；

（2）对学习者语言偏误的鉴别；

（3）对学习者的语言偏误进行描写；

（4）对学习者的语言偏误进行解释；

（5）对学习者的语言偏误进行评价。

语料收集的范围可以是大规模的，可以是特定规模的，也可以是个案。在收集语料的时候要考虑影响学习者语言偏误的因素，比如语料是口语还是书面语、是会话还是叙述，话题的内容，以及学习者的水平、母语背景、习得环境等；也要注意语料收集的方式，是通过学习者的自然表达，还是通过面谈、诱导、实验来收集的，或者是横向的还是纵向的收集，等等。

3. 偏误来源

前文提到鲁健骥教授将偏误分析方法引入到汉语二语习得研究中，同样他也是我国最早对词语偏误问题进行研究的学者，他根据中介语理论，将词语偏误的产生原因分为：本族语、本族文化对目的语的干扰，已掌握的目的语知识对学习新的目的语知识的干扰，学习态度、教学中的讲解和训练中的错误等。

偏误的来源一般分为两类，语际偏误和语内偏误。语际偏误又称为干扰偏误，是指可以回溯到学习者母语的偏误，又称母语负迁移。偏误分析对待语际偏误的态度和对比分析有所不同。对比分析认为语际偏误是母语习惯影响了学习第二语言习得。偏误分析将语际偏误看作学习者主动对第二语言进行假设检验的自然和必然的结果，和学习第一语言的情况类似。语内偏误是指来自第二语言内部的属性或特征的偏误，可以进一步细分为过度泛化和简化。

除此之外，还有如鲁健骥分类中提到的，教师教学引发的偏误、教材引发的偏误以及练习和学习策略引发的偏误等。

聋人汉语书面语语言偏误的来源，主要是语际偏误和语内偏误，此外也有其他因素的影响。

第二节　语际偏误

外语研究的结果显示，"迄今所发现的所有影响外语学习成效的因素中，……最主要的因素有两个：一是情感，一是母语"[①]。母语对目的语是"干扰"（interference）也好，负迁移也罢，还是说把母语对二语习得产生的影响看作一种"认知过程"（congnitive process），一种"策略"（strategy），或是一种"调解"（intercession），母语对目的语有影响，这是不争的事实。我们从四个方面来分析聋人汉语书面语的语际偏误来源。

一、构词方式不同产生的影响

"一个手势从形式上可以分解成手形、位置、朝向、动作和表情五个构词成分。"[②]也就是说，一个手势是由这五个构词成分的不同组合而成。因此，在手语的

---

① 王初明.影响外语学习的两大因素与外语教学[J].外语界，2001（06）：8-12.
② 杨军辉，吴安安.中国手语入门[M].郑州：郑州大学出版社，2014.

构词法则中，构词语素之间不仅有前后的线性结构，也有空间立体的同时性结构。有些同时性结构的词语，表面上看是由一个手势构成的，但是翻译成汉语时，需要将其翻译为多音节词语。这一特点在一定程度上影响了聋人对语义上有关联的单音节词语和双音节词语的区分，造成了众多单、双音节词语的混淆。

"在复综语里，一个词往往由好些个语素编插黏合而成，有的语素不到一个音节。由于在词里面插入了表示多种意思的各种语素，一个词往往构成一个句子。"[①] 手语的构词和汉语的不同，有一些复综语的特点。手语表达有时会用一个描述性的比较长的语言单位来表达一个概念。这时，学习者虽然明白了概念，但是不知道对应的汉语是什么，因此采用直译的方法，而没有选择一个现有的汉语词语。比如将"雨夹雪"写为"一会儿下雨，一会儿下雪"，将"回头"写成"往回看"，将"惊喜"写成"吃惊的事"，都属于这种情况。

"一些手势词由于视觉感知的需要，采用话题优先，先设置中心语，突出重点，便于后面展开细节说明，最后的手势视觉效果要与事情的结果保持一致。"[②] 这种情况也是导致聋人将汉语词语写颠倒的原因之一，比如，将"日报"写为"报日"等。

二、两种语言的不对等性造成的词语混淆

有些不同的或者语义相关的概念在手语表达中是同一个手语词，而翻译成汉语以后是两个或者几个词语。这时，聋人学习者就容易出现词语混淆的问题。比如，汉语词语"雨"和"下雨"，在手语中用同一个手语词表达，聋人在写作中会出现反复拿捏不知用哪个汉语词的情况。在手语中有这样一类名动同形的词语，作为名词和作为动词使用时有些许的差异，因此混淆的问题比较严重，比如"跳舞"和"舞蹈"的混淆，"流泪"和"泪水"，"自行车"和"骑车""骑自行车"的混淆等。

表达某类概念的手语，在和不同手语词搭配的时候，对应的汉语翻译也有所不同，需要具有一定汉语功底，还需要和上下文相对应，方可判定选择哪个汉语与其搭配。聋人常在选择所要搭配的词语的过程中出现错误，比如，将"热水袋"

---

① 叶蜚声，徐通锵. 语言学纲要 [M]. 北京：北京大学出版社，2009.
② 杨军辉，吴安安. 中国手语入门 [M]. 郑州：郑州大学出版社，2014.

写为"热水包","洗澡盆"写成"洗澡罐"。

在手语表达中,助词并不常用,学习者将此规则迁移到汉语中,造成了汉语书面语中大量助词的遗漏。正如在词汇特征一节中所举的例子,"的"和"了"的遗漏现象特别普遍。

在聋人汉语书面语语料中,"把""被""给"等介词的混淆也比较严重,而在手语中,主动态和被动态的区别不在于添加词语,而在于主语和宾语位置的改变。这些手语特点对聋人的汉语学习产生了一定影响。

三、句法差异导致的偏误

王玉玲等人[①]认为,高中听障生汉语书面语语法偏误比例与手语对应语法点的使用率一致,汉语语序偏误与自然手语语序特殊表达一致。这个论点虽然有些武断,但是也有一定道理。

中国手语和汉语都存在关系从句,但两者在结构上有一些差别。

其一,中国手语关系从句和汉语关系从句在句中的位置不同。在关系从句研究中,根据中心名词在关系从句中的位置,将其分为外置中心语关系从句和内置中心语关系从句。研究表明,中国手语的关系从句既有内置的,也有外置的,其中以内置为主。内置中心语关系从句有同时性结构的,也有线性结构的。在线性结构中,中心语在关系从句之前,并且和关系从句一起通过非手控特征标记为一个语调短语。

汉语关系从句是外置的。非内置中国手语关系从句,从线性角度看,大多在中心名词之后,而汉语关系从句大多在中心名词之前。

其二,中国手语关系从句有独特的表达方式。1999 年,斯宾塞(Spence)和沃尔(Woll)提出了手语中两类空间的问题。第一类空间——有形空间(topographic space),是指我们通常说的空间,真实世界的图景,物(或人)在某一位置上。第二类空间——句法空间(syntactic space),是指句法成分所占的空间,物(或人)就是这个位置本身。有时,有形空间和句法空间会重合。

---

① 王玉玲,张宝林,陈甜天,等. 高中听障学生汉语语法偏误分析——基于语料库的研究[J]. 中国听力语言康复科学杂志,2018,16(03):218-221.

在美国手语中,如果一个句子的手势相同,呈现顺序相同,但空间标志不同,则其句子意义就不同。比如,"'He said he hit himand then he fell down. 他说他打了他,然后他就倒下了。'在英语中,这个句子是有歧义的。但在美国手语中,因为每一个代词的空间标志不同,句子意思很清楚"①。

中国手语的情况也是这样的。空间的运用是手语重要的语法手段。比如,我们在用翻译任务调查"小红正在踢李四打过的那个女孩"这句的时候,中国手语表现出很强的空间运用的特点。

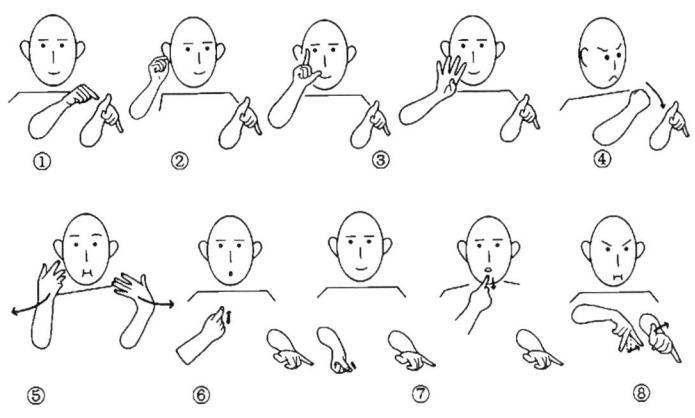

[转写]

主手:指这　　　　女　李四　打　　　　完　我　小红　踢
辅手:在-类标记六:女　　　类标记六:女　　　　类标记六:女

[翻译] 小红正在踢李四打过的那个女孩。

在上例所显示的手语句子中,"六"手形是类标记,手语者在图①②中先表明"六"这个手形代表的是"女孩",之后手语者的左手始终保持在固定位置。句子中,受事都是"女孩"。图④表示李四打女孩,图⑧表示小红踢女孩。"打""踢"两个动词,其动作方向都朝向左手。"女孩"是句子的中心词,在句首将"女孩"定位之后,"女孩"就始终在左手固定位置,由类标记手形"六"手形来代替。这个句子能够表述清楚,空间起到了很重要的句法作用,类标记和动词方向结合,区分了主语和宾语。

---

① 卡罗尔. 语言心理学 [M]. 缪小春,等译. 上海:华东师范大学出版社,2007.

在句子中,"六"手形作为类标记,作为代词,其指代的事物内涵不同。图①②③④中,"六"手形代表"女孩"。图⑥⑦⑧中,其指代的对象虽然仍然是"女孩",但这个"女孩"是被"李四打过的女孩"了。类标记手形将主句和从句结合在一起,并作为从句的代表镶嵌在主句中,使这个句子成为一个具有镶嵌结构的关系从句。

句子中有一个明显表示"过去"或者"完结"的手势(见图⑤),这表明从句发生的时间在前,主句发生的时间在后。

从上面的分析我们可以看出,在关系从句结构中,中国手语的结构既有和汉语相同的一面——无关系代词、比较重要的宾语关系从句常常提前至句首等,也有自己充分利用空间句法的独特表达方式——手语句法的同时性特征。

中国手语关系从句结构和汉语的不同,造成了一些聋人在写汉语书面语的时候出现偏误。在《梨子的故事》的语料中,我们发现了不少这样的句子。

*一个男孩子也正看女孩子骑自行车后。

【一个男孩子也正在看骑自行车的女孩子,而后……】

*前面看见有一个女孩也骑自行车。

【看见前面有一个骑自行车的女孩。】

*小男孩骑自行车在山景的路上。

【骑自行车的小男孩在山路上。】

*一个小孩子自行车来到梨树林。

【一个骑自行车的小孩来到梨树林。】

*后来又出现的一个男孩正在骑自行车。

【后来又出现了一个骑自行车的男孩。】

*看到一个美丽的女孩骑着自行车。

【看到一个骑自行车的美丽女孩。】

如果将"骑自行车"改成定语,也就是关系从句,句子就舒服多了。这种情况,可以说是学习者将手语的句法结构迁移到了汉语中。中国手语的关系从句结构除了优势语序是中心语内置还是外置、关系从句呈空间形式存在等方面与汉语差别较大外,在线性结构上也和汉语不一样。汉语是关系从句在中心语之前,而且有"的"作为标记。中国手语的关系从句在中心语之后,没有有外在形式的词语作为标记,通过非手控信息来区分。所以,在聋人的汉语书面语中出现了上文中的关系从句后置于中心语的例句。

四、中国手语运用空间句法对汉语句法构成的影响

手语通过空间的运用来实现代名化、动词呼应、类标记构成，以及话语表征，包括对比、对照的表达及间接引语的表达等。

* 一个男孩说："不用谢，路上小心。"
* 把一个梨筐带走了过去
* 一个男孩子也正看女孩子骑自行车后
* 某一天，那个人在树上正摘梨子呢

上述语例都是应该用定指而没有使用。在中国手语中，通常采用空间定位的方式表达多个人物。比如，之前说骑自行车的小男孩，然后给这个小男孩定位，在之后的叙述中，凡是提到这个骑自行车的小男孩的时候，用指点的手势指那个位置，就等于在说那个骑自行车的小男孩。所以在使用中国手语的学习者心中，没有定指和泛指的区别。

我们在调查分析聋人汉语书面语中"介词+N+上/下"结构的习得情况时，发现遗漏"上"，还有混淆"里"和"上"的情况比较多。如果寻找原因，这也可以说是手语的表达方式直接迁移到了汉语里面。

手语中虽然有方位词，比如"上、下、旁边、前、后、里、外"等，不过手语者在使用的过程中，不常使用词汇化的方位词，而是直接运用空间来表达。

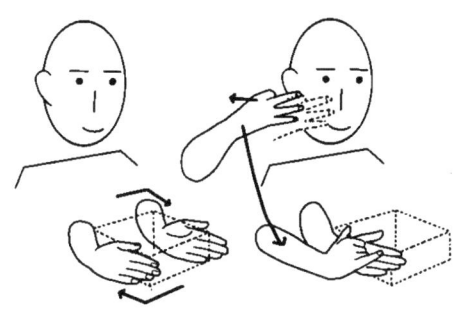

［翻译］猫在箱子旁边。

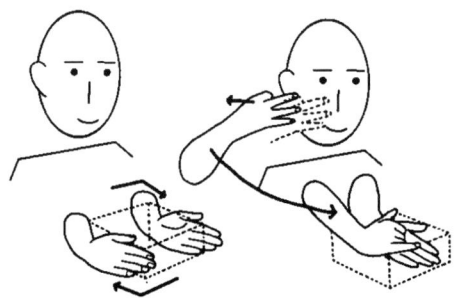

［翻译］猫在箱子上。

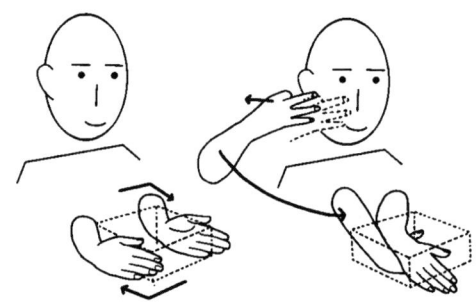

［翻译］猫在箱子里。

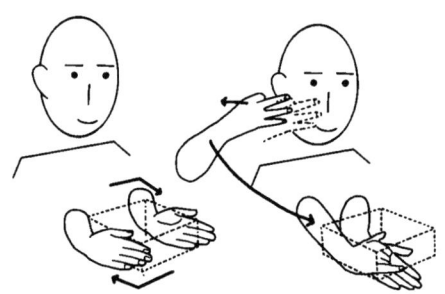

［翻译］猫在箱子下。

上例中，由于空间的运用，手语所描绘出的信息非常丰富。以"猫在箱子上"为例，不仅清晰地表达了"猫在箱子上"这一语义，而且可以细致地表达出猫在箱子上的什么位置，是箱子的左上角、右上角，还是中间等信息。

由于中国手语中的方位词不是以词汇的形式出现，而是通过手形所在的位置来表达的，所以在写汉语的时候，方位词缺失现象比较严重。另外，也许是有的聋人认识到了手语和汉语这两者的区别，所以在写汉语的时候，潜意识里担心自己丢掉方位词，从而出现了泛化的现象，在不该使用方位词的地方使用了方位词。

第三节　语内偏误

一、目的语规则泛化和简化

（一）目的语规则泛化

目的语规则泛化是因学习者对语言内部系统掌握不足而出现的现象，儿童在语言习得过程中亦常有发生。在第二语言学习中，学习者由于第二语言知识掌握得有限，因此使用类比的方式，将学到的目的语知识不当地套用到新形式上去，从而造成了泛化。

母语的负迁移是母语知识的泛化。目的语规则泛化是目的语知识的泛化迁移。一些研究者认为，在目的语学习的初级阶段，母语负迁移的影响比目的语泛化的影响要大；而到了高级阶段，目的语规则泛化的影响要比母语负迁移大。从另一个角度看，这也是一个令人高兴的现象，说明学习者在逐步掌握目的语的规则，并在不断尝试各种规则的试用性。

（二）目的语规则简化

目的语规则简化，是指学习者在学习和使用第二语言的时候，试图从一系列假设当中选取较为容易进行并且能促进沟通的假设。也就是说，学习者通常在第二语言学习中，省略了某些虚词等语言成分，从而减轻语言处理的负担，将注意力集中到所要学习的新形式或意义的表达上。

二、聋人汉语书面语中目的语规则泛化现象

（一）类比造词

类比造词是指学习者所写出的偏误词语，符合汉语的造词规则，也有一定的

理据性，是有意无意模仿某个词语造出的新词，但从汉语的语言习惯上来讲是不符合规则的。

偏误词语	目标词语	例句
冰面	冰地	很多企鹅在冰面 {**CC** 冰地} 上
热水袋	热水包	它全身捆着几个热水袋 {**CC** 热水包}
望远镜	远眼镜	它看见美好的环境，用望远镜 {**CC** 远眼镜} 望去，有一个大岛
望远镜	远大镜	小企鹅看不到远地方，拿望远镜 {**CC** 远大镜}
望远镜	望大镜	拿了望远镜 {**CC** 望大镜} 看看
热带	热带场	小企鹅住在热带 {**CC**2 热带场里}
热带	热水带	小企鹅那么去热带 {**CC**2 热水带} 不合适
洗澡盆	洗澡灌	他非常着急想办法到洗澡盆 {**CC** 洗澡灌} 上突然
抽水龙头	抽水头	抽水龙头 {**CC**3 抽水头} 掉了
盥洗室	洗室	它们帮它躺到 {**CC** 倒下} 盥洗室 {**CC**3 洗室}
界线	界线带	海神爷爷高兴的把界线 {**CC**2 界线带} 拿起
洗澡盆	洗澡缸	它以洗澡盆 {**CC** 洗澡缸} 当成船到达它理想的地方
洗澡盆	洗浴盆	还有大洗澡盆 {**CC** 洗浴盆} 里 {**CC** 上} 冒水 {**CC** 浮水}
大浴盆	浴大盘	发现了他的大浴盆 {**CC** 浴大盘} 里水来了
吊床	网床	它躺在一个系在 {**CC** 紧在} 两棵树的中间的吊床 {**CC** 网床} {CQ 上}
温水浴	温浴	好心的企鹅伙伴将他送入温水浴 {**CC**3 温浴}
热水袋	热衣	全身穿起热水袋 {**CC**3 热衣}
排水口	排废口	用淋浴器 {**CC** 沐浴器} 挡了排水口 {**CC** 排废口}
锯条	齿条	于是拿起锯条 {**CC** 齿条} 把冰地给锯 {**CC** 钳} 成船
雪地靴	雪地鞋	穿着雪地靴 {**CC** 雪地鞋}

从上表我们可以看出，这些偏误词语的构词是有一定理据的。与"望远镜"对应的"远眼镜""远大镜""望大镜"这三个偏误词语从语义上都讲得通。还有"锯条"和"齿条"，带齿的长条形的物品，"齿条"表意也很清楚。

（二）一词多用

误用当中，除了两个词语混淆使用以外，还有一词当多词用的情况。

* 主人拿着一只小驴走过来
* 梨扔在地上，又拿梨子被方巾擦擦得净放在里面
* 许多梨子扔在地上，帮助小男孩拿许多梨子放在梨筐里
* 还有帮拿梨都放进了梨筐
* 在草场边摘梨人正在爬上梨树林拿梨子
* "呃，是我。"小男孩拿着自己的帽子"谢谢"。
* 他拿走第一笼梨筐装满
* 然后自行车停了下来拿一个梨筐

上面的例句是从 31 篇文章中检索出来的，不是全部偏误。"拿"被误用为"牵""拉""摘""捡""接""偷""搬"，等等。用 WordSimilarity 计算"拿"和其他几个词语的相似度发现："拿"和"拉"的相似度为 0.61；"拿"和"摘"的相似度为 0.21；"拿"和"捡"的相似度为 0.61；"拿"和"接"的相似度为 1.0；"拿"和"偷"的相似度为 0.32；"拿"和"搬"的相似度为 0.35。相似度最高的是"拿"和"接"，从语感上看，在某些语境下是可以互换使用的，但也还是有细微的差别，"拿"更自主，"接"更被动。

因为目的语泛化形成的实词偏误，从积极的角度看，是学习者对目的语规则逐渐掌握、逐渐尝试使用的结果，证明了学习者学习的进步，也证明了学习者虽然有认知能力，但是语言的学习没有跟上，也许他们已经意识到了词语代表的概念有所差异，但是不知道应该用哪个词语来表达。从消极的角度讲，这是词汇贫乏的表现。

（三）虚词泛化

从之前虚词使用情况的分析结果看，聋生在介词和连词上的使用频度明显低于听人学生的，虚词整体的使用量也低于听人学生的。按照偏误分析中对偏误来源的界定，使用不足应该算作回避而不是泛化。

虚词的泛化主要表现在误加和误代。比如，我们之前统计的"的"和"了"的情况，虽然两者的偏误例数都比较多，但是"的"的缺词和多词的情况基本差不

多，缺词40例，多词35例。"了"则不同，缺词67例，多词25例，缺词和多词的差距比较大。

助词在上文中介绍得比较多，对介词和连词的分析统计比较少，此处简要分析介词"把"和"被"的泛化现象。

* 却撞车了，【把】男孩摔倒了，连帽子也丢掉了
* 他正在看着她正在骑自行车，【把】他的帽子抛出去再撞石头摔倒
* 挽起袖，【把】水灵灵的梨顺着他的手，乖乖听从他指挥，
* 最后却一起撞了，【把】小男孩摔倒了，连帽子和一筐梨子都也一起掉了
* 他看摘梨人正在【把】拿梨子很忙碌没有他了
* 他【把】拿三个梨还给他们
* 他【把】帽子飞了
* 可惜【被】一个男生不让羊吃梨子

从冗余的角度看，"把"的泛化程度比"被"的高，使用率也是如此，无论是听人学生还是聋人学生，"把"字句的使用率都比"被"字句的高。

三、聋人汉语书面语中的简化现象

虚词的目的语规则泛化主要表现在不该用虚词的部分使用了虚词。与此相比，从统计数据看，虚词的简化现象更为严重。比如，在"了"的偏误中，4万字左右的语料中，缺"了"67例，多"了"25例。少用甚至不用虚词的现象也比较严重。在不排除多词的情况下，聋生使用虚词的比例低于听人学生的。如果再去除多词的情况，那聋生的虚词使用率会比听人学生的更低。

"的"字缺失语例如下：

* 高考快要到了【　】时候。【的】
* 美术教师知道我们班里画画最【　】是我。【的】
* 这这个衣服是内蒙古【　】。【的】
* 这个衣服是湖北的土家族【　】。【的】
* 他不是本地【　】，是外地【　】。【的】
* 问我说是谁帮我做【　】?【的】
* 但我们想语文和汉语是一样【　】。【的】

*这作业是你做【】吗?【的】

"地"字缺失语例如下:

*我内疚【】说:"没有受伤。【地】

*我高兴【】骑三轮车。【地】

"着"字缺失语例如下:

*我家人拉【】我爸留在我家。【着】

*扶【】我问,有没有受伤。【着】

*他爱人抢【】回答。【着】

"了"字缺失语例如下:

*老师也许是有事去外【】。【了】

*我太喜欢它【】。【了】

*大家看懂【】吗?【了】

语气助词缺失语例如下:

*还记得胡主席写的八荣八耻的那一句话【】?【吗】

*那我们如何跟他们沟通【】?【呢】

连词缺失语例如下:

*特别是他曾【】邰丽华联手舞蹈《阳光》。【和】

*并【】美术老师教我画画。【且】

第四节 其他原因

聋人书面语偏误,除了语际偏误和语内偏误因素,还有其他原因。

一、教师和教材的因素

(一)教师的因素

相对于汉语而言,手语是一门视觉模式的语言。教授聋人学生的大多是听人教师,对于大多数听人教师而言,熟练使用手语进行教学比较难以实现,因此会出现影响聋生的汉语学习的情况。

第一，手语表达能力有限。教师在课堂教学中的语言显得比较贫乏，经常会回避使用某些受限于自己手语表达能力而无法用手语表达出来的汉语词语或句子，进而导致这些汉语词语或句子在课堂上的重现率比较低，从而影响聋生掌握该词语。

第二，倦怠和语言的反向磨蚀问题。由于长期教授聋人，教师对聋人汉语表达中出现的问题变得麻木，简单指出错误或者给予纠正，并未深入探求其产生根源，更找不到有效的教学策略。另外，语言之间的影响是相互的，作为聋生的老师，他们的汉语也可能受到聋人手语和其汉语表达的影响，对汉语的敏感度下降，也会影响聋人的汉语学习。

第三，教师所用手语类型的因素。聋校中大多数教师是听人，他们使用的手语大多是手势汉语。手势汉语除了在语法上接近有声语言外，为了配合有声语言特征的要求，往往还加上了许多人工手势语。从构词角度看，为了辨析近义词或者为了配合汉语双音节的特点，教师在打手语的时候会附加词缀，或是一个手语语素，或是某个汉语词语的拼音首字母，因此造成聋人在理解和产出汉语时出现问题，在书写汉语时出现的添加语素的情况应该与此有关。

（二）教学材料的因素

之前，聋校一直使用聋校语文教材。这套教材是专门针对聋人编写的，比较适合聋人学生学习使用，缺点是内容浅显，容量小，因而引起聋校师生的不满。最近二十年，随着聋教育的发展，各地聋校开始以"比学赶帮超"的速度抛弃聋校语文教材，改为使用各种版本的普校教材。普校语文教材是针对听人学生编写的，是基于听人学生在上学之前已经有了很好的汉语基础编写的，虽然教材中也有少量的口语交际内容，但无论是教学还是考试，都是侧重于书面语。换言之，听人学生学习语文是学习母语的书面语。而聋生则不然，他们学前阶段的口语基础比较弱，甚至没有。对于聋生来说，学习汉语是学习第二语言，且主要在课堂上进行学习，课堂之外的语言环境很不理想。听人学生可以通过听别人聊天、看电视、听广播等方式进一步获得汉语的输入，聋人则不行，耳聋限制了他们的语言输入。这些因素导致他们在学习普校语文教材时非常吃力。教师为了赶进度也不得不对教学内容进行删改，这又割裂了教材的系统性，造成聋生吃的是"夹生饭"。

聋人学习汉语需要专门的教学材料供他们学习，而不是直接使用普校教材。对外汉语和民族汉语的教学对象是将汉语作为第二语言学习的外国人和少数民族学生，所使用的教材全部为重新编写且有理论根据的。以语法为例，目前的中学语文教学，淡化语法，偏重于文学和文化，这对汉语母语者来说是非常适合，但是对于非母语者——第二语言学习者来说，并不适用。

二、基于交际策略的偏误

交际策略是学习者在目的语习得不充分的情况下，为了完成交际任务而采用的一些方法。学习者语料中出现的许多偏误除了可以归入上面所列的各类以外，也可以归入交际策略的误用。本书中我们主要分析两点：母语直译和迂回。

（一）母语直译

在聋生的汉语书面语中，会出现不少语序颠倒、句式杂糅等偏误句。这其中有些就是学习者"我手写我手"的结果，不能区分手语、汉语这两种语言，直接将手语写出来。这样的句子让听人看起来很费解，但是如果懂手语的话，按照聋生写的书面语打出手语，就明白句子的意思了。

* 我画画坚持不懈。

* 美术老师请我们五个人去外面绘画比赛。

* 摘下来香蕉吃吞了一口。

* 它装满很多的热袋塞它的身体里。

* 很高又瘦的企鹅拿着啤酒瓶打碎另企鹅的冰船可以离开。

（二）迂回

迂回是指间接地表达观点。"交际者可以识别指示物的一个或多个标准特征，他们还努力尝试通过对这些特征的描述指向所要表达的实体。"[1]学习者不知道如何表达某种现象时，就用迂回描述的方式来表达。

---

[1] 周小兵，朱其智，邓小宁，等. 外国人学汉语语法偏误研究 [M]. 北京：北京语言大学出版社，2007.

* 今天天气，一会下雨一会下雪。

* 头往回看了看。

* 为了给我一个吃惊的事。

* 同学们真没想到他真出名的人。

三、从语言普遍性发展看偏误的产生

第二语言习得研究中，有研究者对不同母语背景的学习者进行研究，结果发现他们在产出第二语言的时候会出现相同的错误。本书对聋人的汉语书面语进行分析，部分项目对比了其他第二语言学习者，如在"把"字句的研究中，将聋人大学生的数据和黄自然等人对韩国留学生的研究数据进行了百分比的处理，发现聋人大学生使用各类"把"字句的类型分布和韩国留学生的基本持平，都没有出现状动式句式Ⅰb。同时，动体式句式Ⅳa和致使式都使用得非常少。

对聋人汉语生造词的调查研究也显示，聋人汉语生造词在出现频率、类型分布、产生原因等方面均与其他将汉语作为第二语言习得的学习者有相似之处。他们在输出汉语时出现的偏误，不因其母语背景的不同而有所差别，有些是母语影响的结果，有些可能是语言普遍发展规律造成的。

第十二章 如何提高聋人汉语书面语写作水平

聋人的书面语水平低下这一问题一直备受关注。接触过聋人书面语的人都会有这样的疑问：为什么他们的书面语这么差，怎么样才能提高他们的书面语水平？

第一节 聋人汉语书面语水平偏低的原因

一、聋童语言发展迟缓

导致聋童语言发展缓慢的因素很多，以下三个因素最为关键，"一是聋哑程度，二是聋哑出现的年龄，三是聋哑儿童学习语言的环境"[①]。

聋童获得语言的条件与听人儿童有所不同。父母是聋人的聋童，如果从小和聋人父母生活在一起，用手语进行交流，那么他们获得手语的条件也许与听人儿童获得有声语言的条件类似。如果没有和聋人父母生活在一起，而是由其他听人亲属代为抚养，那情况可能和父母是听人的聋童的一样复杂。

很多聋童是在青少年时期以后才学会手语，他们并不是从父母那里学习的手语，而是从同伴群体中习得的。

在对美国聋童手语发展情况的研究中发现，聋童出生后就开始接触美国手语十分重要，这是因为他们与听人儿童一样都有一个语言关键期。斯列辛基（Schlesinger）和梅多曾观察了两个父母均是聋人的聋童——安和凯伦。安从8个

[①] 靳洪刚. 语言获得理论研究 [M]. 北京：中国社会科学出版社，1997.

月起被一直观察到34个月。她1岁整开始用一些单个手势，如"好看""错了"，这一阶段的听人儿童也差不多在处于单词期。到26个月时，安就开始用单字句（Holophrastic sentence）手语表达如下意思，"我要去洗澡间""我要那个好闻的花"。这时，安也有词汇扩大使用问题，如把所有的动物都用手势表示是"狗"。凯伦从30个月起观察到第40个月，斯列辛基对凯伦这一阶段所用的200个手势都一一进行了分析，发现他的获得过程与听人儿童的一样。

20世纪70年代末80年代初的一些研究还发现聋童在获得美国手语的不同手势时不仅是一组一组地获得，而且他们的手语错误类型（如替代类）与听人儿童的语音错误非常类似。

在正常情况下，听人儿童出生后便在有声语言环境中成长，大人会对着他们说话或是在他们面前彼此交谈，不需要专门教他们说话，他们就可以自然习得某种语言。但是所谓正常发展的前提是一定要让他们接触到一种语言。如果在语言发展的形成期，没有接受语言的刺激，他们的语法能力就无法达到一般母语者那样的程度。行为方面的测试和大脑影像研究结果显示，如果比较晚才开始接触语言，大脑语言区域的基本结构会有所改变。

埃里克·勒纳伯格（Eric Lenneberg）在关于语言的生物学基础研究报告中首次提出母语学习能力的发展有一定的期限：从出生到青少年阶段为止。在这个关键期，语言习得迅速、容易，而且不需要外力的介入。过了关键期，语法习得就会变得很难。那些在关键期没有语言习得机会的儿童，其大脑侧化形态会显得不正常。

许多动物也有习得关键期。这是由生物本能引发的，而且物种特有的行为都有关键期。例如，鸭子在孵化后9～21小时之间，会跟随它看到的第一个移动物体而行动，不论这个物体看起来的样子和走起来的姿势像不像鸭子。这些行为并非是有意识的，即不是由外人传授的，也不是通过密集的练习获得的。这类行为依据的是普遍存在于物种间的固定的发展阶段。

有一些儿童在与社会极度隔离的环境中长大。比如狼孩，这些从小和狼生活在一起的孩子回到人类社会以后，语言发展都存在障碍。

从对聋人的研究中也发现，从出生到六岁这一阶段就接触美国手语的聋人，他们对手语的理解和产出都优于十二岁以后才接触美国手语的聋人，但在词汇和语序方面，两者差距不大。帕特里克（Patrick Boudreault）和蕾切尔（Rachel I.

Mayberry)[①]考察了第一语言获得年龄相对于不同句法结构的影响,被试根据获得手语的年龄分为三组,采用语法判断任务,分别对其单句、否定句、动词一致关系、问句、关系从句和类标记句子进行了分析,结果表明接触手语时间越迟,语法判断的准确性越差,和句法结构的类型没有关系,符合语法的句子比不符合语法的句子判断的准确率更高,且反应也快,其中关系从句在几种句式中得分最低。

在对不同语言背景的手语者在篇章中使用中国手语关系从句结构的调查中也发现,手语者习得手语的年龄影响其能否习得纯正的聋人自然手语。

所以说,聋人汉语水平低不完全是手语的影响。比如,在聋人的语料中发现大量语素颠倒的词语。事实上,语素颠倒的问题在听人中也存在,如"鸳鸯""灿烂"等,听人也有写错的时候。将汉语作为第二语言的学习者也会出现语素颠倒的情况,比如把"钱包"写成"包钱"。这种情况在聋人中特别普遍。吕会华[②]在对聋人和留学生汉语生造词的比较研究中表明,语素颠倒占所有复合词偏误的13.65%。因此这不是手语的问题,而是无声音输入对有声语言词语记忆的影响。

聋人学习有声语言最大的障碍就是听不见。我们可以这样理解语素颠倒:语音的缺失使聋人更难形成音形转换,当聋人把汉字作为一幅幅图画去记忆的时候,出现颠倒现象也就不奇怪了。

二、手语在聋人汉语书面语学习中所扮演的角色

(一)第一语言在第二语言发展中的作用

在第二语言习得中,本族语在其中所起的作用一直备受关注。人们一直有这样的假设:学习者广泛依赖他们的本族语。拉多(Lado)在他早期的著作《跨文化的语言学》中写道:"个体往往会把本族语言与文化的形式、意义及其方法分布迁移到外国语言和文化中。"这和当时流行的关于语言和语言学习的一些假设有关。学习是通过建立刺激-反应联系而形成习惯的过程。语言学中关于学习的思想都来自当时占主导地位的心理学流派——行为主义心理学。迁移是行为主义理论的主

---

① BOUDREAULT P, MAYBERRY R I. Grammatical Processing in American Sign Language: Age of First-Language Acquisition Effects in Relation to Syntactic Structure [J]. Longuage and cognitive process, 2006, 21(5): 608-635.

② 吕会华. 聋人和留学生汉语生造词比较研究 [J]. 中国听力语言康复科学杂志, 2008 (03): 43-45.

要概念之一。其主要思想是，A任务的学习会影响到之后B任务的学习。如果一个人会打网球，然后第一次拿起乒乓球拍，那么他会在这个新的但是有联系的情景中运用他在打网球中获得的知识/技能，这样旧知识/技能就迁移到了新的情景中。如果旧知识/技能促进了他新知识/技能的发展，那么这可以说是正迁移。如果旧知识/技能对新知识/技能产生了不利的影响，那这就是负迁移。行为主义的学习理念认为，学习是一个渐进过程。一个人掌握的知识和技能越多，他过去的经验和活动越有可能对新的学习任务产生影响。成人很少学习全新的东西，不管他面临的是多么陌生的任务，他以前获得的信息和形成的习惯会成为他的出发点。因此把过去的训练迁移到新情景中是学习的一部分。从这个意义上讲，迁移跟学习的研究范围同样广泛。

  20世纪50年代和60年代的许多研究都是基于语言即习惯这个理念进行的，第二语言学习被视为发展一组新习惯的行为。这是造成第二语言没能成功习得的主要原因：儿时建立起来的习惯（本族语）妨碍了一组新习惯（第二语言）的建立。之后对儿童语言习得及对不同语言背景的学习者的研究发现，本族语的影响没有之前拉多说得那么大。相关研究显示，语言背景对以英语为第二语言的学习者形成英语语素顺序的方式没有显著影响。本族语的干扰或本族语向目的语迁移在语言学习行为方面扮演着一个微不足道的角色。来自本族语的直接干扰不是一个有用的假设性前提。人们开始重新审视本族语在第二语言习得中的作用。

  苏珊和塞林克在《第二语言习得》一书中写道："我们的题目是'语言学习中母语角色'，这个题目是我精心选择的。因为我不想因为使用'迁移'这个术语而让我的有关母语角色的讨论带上偏见色彩，更不想因为使用'干扰'这个术语而造成这样的结果。我希望在我们的讨论中应该禁止使用这两个术语，除非我们重新对它们认真地做出限定。事实上这两个都是某一学习理论中的术语。"[1]我们也接受"语言学习中母语角色"这个提法，或者如《第二语言习得》中介绍的另一个提法：语际影响。苏珊他们认为这个词语可以包括更多的内容，诸如迁移、回避、语言丧失和学习速度。在本书中，我们也将使用"语言学习中母语角色"的说法，但还是不能做到像苏珊他们所言的那样，在文中严格禁止使用"迁移"及"干扰"等词

---

[1] 盖苏珊，塞林克.第二语言习得[M].赵杨，译.北京：北京大学出版社，2013.

语。为说明问题，这些词语在本书中还会时不时出现。

基于以上的各种理论假设，我们需要解决如何看待和怎样研究聋人汉语书面语的问题。聋人的汉语书面语是聋人的第一语言还是第二语言，是用第一语言的研究范式去分析研究还是用第二语言的研究范式去分析研究？这涉及如何看待手语的问题：中国手语是不是一门独立的自然语言？如果是一门独立的自然语言，那么就可以成为中国聋人的第一语言；如果是汉语的手势化，是汉语的附庸，那就不能成为中国聋人的第一语言。只有把这些问题解决了，我们才能去谈语言学习中母语角色的问题。

作为部分聋人的第一语言的手语，在这些聋人的汉语学习中究竟扮演着什么样的角色？

（二）迁移是发生在两种语言之间的

贾维斯（Jarvis）和帕夫连科（Pavlenko）认为，"语言迁移是一个人关于一种语言的知识对他另一种语言的知识或使用产生的影响"[①]。我们可以说，要发生迁移，首先必须具有某一种语言的知识，之后才能对另外一种语言产生影响。

具体到聋人手语和汉语的关系，聋人是否掌握了手语的语言知识？目前除了少数聋童从小在家习得手语以外，绝大多数是在聋校和同学、老师习得的。根据刘艳虹等人的调查，"成年聋人主要使用本地手语，而师生多为中国手语和本地手语并用；聋生和成年聋人使用本地手语的水平高于使用中国手语水平，教师使用中国手语的水平高于本地手语的水平"[②]。

需要注意的是，刘艳虹等人所说的"中国手语"，基本上可以等同于手势汉语。手势汉语是汉语的手势化，不是一门独立的语言，只是汉语的一种表达方式。由此可以说，部分聋人使用的是一种手势汉语和自然手语的混合体。虽然他们平时用手语进行交流，但是他们不具备手语的相关知识，即使有，也是一些支离破碎的、混乱的知识。以这种混合形式的"手语"为基础所产生的迁移，其结果变得异常复杂。

[①] JARVIS S, PAVLENKD A. Crosslinguistic Influence in Language and Cognition [M]. New York: Routledge, 2008.

[②] 刘艳虹，顾定倩，程黎，等. 我国手语使用状况的调查研究 [J]. 语言文字应用，2013（02）：35-41.

(三)部分聋人学习汉语具有将汉语作为第二语言学习的特点

1. 手语是一门独立的自然语言,对部分聋人而言,手语是他们的第一语言

从习得的时间前后与使用的频率高低来看,我们认为,大多数聋人的第一语言是手语。

下面是我们对聋人大学生的手语和汉语使用情况的调查(共调查83人):

	手语	口语	笔谈	口语笔谈	手语笔谈	手语口语	手语口语笔谈
与家人交流主要方式	4	44	19	17	7	1	5
与同学交流的主要方式	50	8	5	2	5	16	10

聋生和家人交流的最主要方式是口语,和同学交流的最主要方式是手语。而我们都知道在现行的教育体制下,由于特殊教育学校分布的问题,学生不能就近入学就读。大多数聋生在很小的时候就离开父母家人到特殊教育学校学习,和同是聋人的同学生活在一起。虽然学习的时候使用的是汉语教材,但是老师上课时使用自然手语或者手势汉语。可以说,手语是聋人日常生活学习中最主要的语言。从使用的频率上来看,汉语是聋人的第二语言。

2. 聋人的汉语书面语语料和其他以汉语为第二语言的学习者的语料相似

在对聋人汉语书面语的分析中,我们不仅将聋生的语料和汉语母语者进行了对比,还对比了文献中的其他以汉语为第二语言的学习者的语料。从词汇和句法多样性的角度看,聋生和听人大学生相差不多。从汉语句式的习得顺序看,以"把"字句为例,聋生和听人大学生与韩国留学生在语料中出现最多的三类正确用例是一样的,只是在频率上有少许差异。聋生和听人学生的差异主要表现在偏误方面。而对偏误用例的分析显示,聋生和留学生的偏误类型存在极大的相似之处,也就是说聋生的汉语书面语和留学生的汉语书面语相像。比如生造词,这一现象在听人的写作中也会出现,但是出现的频率很低,而在聋生语料中,出现频率很高。吕会华[1]通过对聋人和留学生汉语书面语中生造词的比较研究发现,聋人的汉

---

[1] 吕会华. 聋人和留学生汉语生造词比较研究[J]. 中国听力语言康复科学杂志, 2008(03):43-45.

语书面语中的生造词在出现频率、类型分布等方面均与其他以汉语为第二语言的学习者有相似之处。

当然我们在此只是说相似，因为聋人学汉语和留学生学汉语还是有所区别的。比如，聋生的偏误率高于留学生的。在偏误句各类型分布所占比例上，聋生和留学生的分布不一致。以"把"字句为例，聋生的汉语书面语中错误最多的是误代，韩国留学生错误最多的是遗漏。从这个角度说，我们也要加强对聋生汉语书面语的研究，找到其习得规律所在，以便可以找到方法提高聋生的汉语书面语水平。聋人的汉语书面语是一种中介语，也是一笔宝贵的语言资源，对聋人汉语书面语的研究将对汉语本体研究和习得研究起到重大作用。

3. 手语对聋人汉语学习的促进作用

在上一章第二节语际偏误中，我们重点讨论了手语对汉语书面语的负迁移，但是一种语言对另一种语言的正迁移作用也是不容忽视的。"第一语言可以为第二语言学习提供理解后者所需要的语言和背景知识。"[1] 作为聋人第一语言的手语，对其第二语言——汉语的学习同样有促进作用。

实践证明，聋童在全面进入听力语言康复阶段之前，或者在康复过程中学习了手语，对其口语康复的效果没有影响。相反，聋童可以通过手语认识世界，与人沟通。通过学习手语获得的语言知识，也可以为其今后的汉语学习打下基础。

第二节　语言习得理论与聋人汉语教学

人是如何学会语言的，这是一个世界性的谜团。针对这个谜团，出现了若干的假设。深入学习这些理论，将有益于提高聋人的汉语书面语水平。

一、模仿说与聋人汉语教学

模仿说认为，儿童学会语言是模仿周围人的语言的结果。在儿童学习语言的过程中，模仿是很重要的一个方面。虽然模仿说受到了很大的抨击，但是现在我

---

[1] TSE L. Why don't they learn English [M]. New York: Teachers College Press, 2001.

们假设模仿说是成立的,那这种理论对聋人的汉语教学有何启示呢?

第一,聋人如果想模仿,他的模仿对象从何而来。因为听不到,他们必须通过阅读来获得语言输入。这就需要先识字,在识字的基础上开始阅读,才能够进行模仿。从这个角度说,对聋童开展早期阅读非常重要。目前,适合聋童阅读的材料相当匮乏。在这种情况下,我们可以借鉴对外汉语中适合儿童阅读的分级读物。

第二,如果模仿说成立,则对听人教师提出了更高要求。对听人儿童的相关研究已经证实,儿童学会的第一种句型是简单陈述句。目前还没有类似的聋人实证研究,以我们多年接触聋人学生的经验来看,他们掌握最好的也是简单陈述句。刚接触聋人教学工作的时候,遇到两个女生,她们两个人学习都挺好,但写出来的文章,总是有一点别扭,满篇使用的大多都是简单陈述句。在我们对语料进行句法标注的过程中,也发现了这个问题,学生使用陈述句和动词谓语句比较多,而其他类型的句子相对较少。为了避免这种情况的发生,就需要教师在教学中有意识地将结构复杂的句子教给学生,增强他们对复杂句子的理解能力。

二、强化刺激论与聋人汉语教学

强化刺激论是以行为主义心理学家的理论为基础的。他们反复强调,语言是通过强化刺激与反应之间的联系来获得的。儿童之所以学习语言,是因为如果他说对了,就会得到正面的强化,说错了,就会得到负面的强化。同样的道理,如果这种强化刺激的理论成立的话,对我们聋人汉语教学同样有一定启示。

第一,增加聋人的汉语输入量,监督其阅读的过程,随时进行强化。这说起来容易,做起来难。对于如何监督学生的阅读过程这一问题,我们采取的方法是要求学生带着问题去读书。这也体现在我们编写的教材中,我们在教材中安排了大量的课外阅读内容,包括预习部分和扩展阅读,就是想能够尽量增加学生的阅读量。为了监督他们的阅读情况,我们在预习部分和扩展阅读部分都安排了探索题和思考题。我们还借鉴阅读理论,将探索题和思考题安排在文章的开头部分。阅读文章时,先看问题,然后带着问题去读书,教师又通过学生的回答,检查其是否正确理解了文章内容。在反复的实践中,学生也形成了一套学习的方法。

第二,如果强化刺激理论成立的话,就涉及纠错的问题。虽然语言习得研究的结果已经证实，在儿童学习语言的过程中，纠错所起的作用微乎其微，但还是有作用的。那么应该如何对聋人的书面语进行纠错呢？单纯的作业批改作用不大，我们也曾经对聋人的作文实行全批全改，实际结果是学生可能根本不看老师的评语。我们现在采用的方法是当堂作文当堂面批，或者每次课前，选一位同学的作文，全班同学一起讨论作文中出现的语言问题，教师对相关语言点进行归纳讲解。当然对错误特别多的文章，教师也会先批改，画出其中的正确句子，以此鼓励学生。总之，纠错这种所谓的强化刺激必须及时，尤其是目前高校课时量较少，更要当面反馈。

三、联接论与聋人汉语教学

联接论，简单来讲就是类推和强化的综合。在输入端不断重复某一语言规则，就会增强其间的联接。

如果这一理论成立，那对聋人汉语教学的启示如下。其一，提高聋人阅读量，只有有了一定的输入量，大脑才能进行规则运算，才能进行联接。其二，正确看待语言迁移问题。初级的学习者是不会出现迁移现象的，因为他们没有对规则的总结和归纳。比如，我们发现小学三年级之前的孩子，字念半边的比较少，四五年级是高峰，之后此现象逐渐减少。这就是所谓的 U 形效应。再如，聋人作品中会出现一些非常合乎语义且符合构词法，只是不符合汉语表达习惯的生造词，这些词都是汉语水平比较高的聋人才可能使用的，比如"看门所""无声人"等词。

四、天赋论与聋人汉语教学

乔姆斯基认为，儿童只需置身于语料环境之中，完全不需要借助其他外力，就能够又快又轻而易举地习得复杂的语法。我们会发现，实际上我们给儿童提供的语料是不完整的、杂乱的，甚至是不符合语法的，也没有哪一个父母会有意识地纠正孩子的语法问题，即使纠正了，孩子也不会在意。这是因为儿童学习语言并不是从零开始的，与生俱来的普遍语法帮助他们萃取出语言规则，并得以避开许多语法上的错误。

持天赋论观点的研究发现，聋童习得手语的发展进程和听人儿童习得口语的进程是相同的。那手语和汉语，哪种语言能力是天生的呢？

对部分聋人来说,手语就是天生的、与生俱来的能力,他们可以很快学会手语,甚至只接触少量手语也可以无师自通,熟练使用;而学习汉语,即便付出了很大的努力,仍然收效甚微。而如果认为汉语是与生俱来的能力,则很多问题解释不清。

所以说,聋人学习汉语具有将汉语作为第二语言学习的特点,和第一语言的学习机制有所不同。

第三节　第二语言习得理论与聋人汉语教学

一、第一语言与第二语言的心理距离

20 世纪 80 年代,随着认知理论研究的深入,人们发现语言间的共性最能够影响迁移,带来正迁移的效果。这种语言上的共性,既包括形式上的(语言共性),也包括心理上的共性。语言共性是促进语言迁移的基本因素,然而语言共性本身并不能保证正迁移,至少在某种情况下,正迁移还依靠心理上的共性。

聋人之所以将手语直接写为书面语,与其对两种语言的心理距离的察觉有一定的关系。或许是因为手语语言学知识匮乏,从而导致混乱的发生。如果告诉他们,手语是不同于汉语的一门独立语言,两者不能混淆等简单的语言学知识,也许可以减少混乱现象的发生。

二、语言关键期

关于语言的生物学基础的研究报告显示,从出生到青少年时期,在这个关键期里,语言习得迅速且容易,而且不需要外力介入。一些在与社会极度隔绝的环境中成长的儿童的案例也可以证明,过了语言习得的关键期,即使有语言刺激,这些小孩子也难以学会语法。

针对不同年龄接触手语的聋人手语使用者的研究显示,若从他们出生到 6 岁这一阶段就已经接触手语,他们对手语的理解和产出都优于 12 岁以后接触手语的聋人。这可以说明,对聋人来说,错过了语言学习的关键期,再学习手语,也会

出现问题。即使聋人将手语作为第二语言来学习，也是宜早不宜晚，因为第二语言的学习也有关键期。

相关研究，尤其是将英语作为第二语言习得的研究，发现第二语言的学习貌似也有关键期，主要体现在语音方面，也就是我们平常说的听力和口语，对手语来说，就是指手语的熟练程度和能够看懂手语的能力。虽然没有这方面的实证研究，但出生在聋人家庭的聋人理解手语的能力优于出生在听人家庭的聋人，这是不争的事实。

三、克拉申的输入假说

克拉申（Krashen）是美国南加州大学的教师，在20世纪70年代初开始进行第二语言习得研究。他认为，只有当习得者接触到可理解的语言输入，即略高于他现有语言技能水平的第二语言输入，而他又能把注意力集中于对意义或信息的理解而不是对形式的理解时，才能产生习得。如果习得者现有水平为"i"，能促进他习得的就是"i+1"的输入。克拉申的理想输入应具备四个特点：可理解性（comprehensibility）、既有趣又有关联（interesting and relevant）、非语法程序安排（not grammatically sequenced）和要有足够的输入量（i+1）。克拉申的输入假说为我们编写聋人汉语教材和开展聋人汉语教学工作提供了新的思路。

（一）给学生可理解的、有趣的，以及和学习生活有关联的学习内容

可理解性是指理解输入的语言，这是语言习得的必要条件，不可理解的输入对学习者无用，只是一种噪音。这就要求我们在确定教学内容的时候，选择符合学生理解水平的材料。对此，我们在多年的聋人大学生汉语教学中深有体会。起初，我们选择正常大学生使用的《大学语文》教材，老师讲"天书"，学生学"天书"，结果是学生厌学和考试补考。浪费了时间，挫伤了兴趣，对提高汉语水平无益。之后，我们根据个别化教学的原则，果断采取分级教学的方式，即根据学生的高考语文成绩，将其分为A班和B班，A、B两班最明显的差别是教学内容不同。A班使用《聋人汉语阅读教程》上册，本册按照文学史的线索排列，预习部分和扩展阅读部分为现代文，主课文中有部分篇目为文言文。B班使用下册，下册按照主题排列，全部是现代文。教学实践证明，接近学生汉语水平的内容是学生最容易

接受，也是最喜欢学的。

既有趣又有关联是指使语言输入对语言的习得有利，必须对它的意义进行加工，输入的语言材料越有趣，越有关联，学习者就会在不知不觉中轻松地习得语言。可读性不强的内容必然不能引起学生的阅读兴趣，而切合他们兴趣点的内容即使有一定难度，他们也愿意花时间将其读完。在我们的教材中，有《李白杜甫面面观》这样一篇课外阅读，文章很长，还有些文白相间的内容，但学生特别愿意看，因为这篇文章对李白和杜甫的介绍特别全面，有很多学生愿意看的小"秘密"。

（二）大量阅读，流利领先

足够的输入量，指的是克拉申提出的 i+1 原理。如何才能使学生大量阅读呢？除了在教材中安排大量课外阅读内容、督促学生阅读学习以外，可以将"流利领先法"推荐给学生并带领他们一起学习。

流利领先法是目前在美国较为流行的针对英语为非母语国家的学生在学习英语时采用的一种教学方法，"其能力培养的首要目的是让学生能够流利地阅读，即按照正确的语速阅读，在不借助词典的前提下理解阅读材料的大部分内容，而且在阅读过程中自信、自在、控制自如。只有在学生达到流利阅读的层次之后，才能对他们进行其他分析性的学术阅读技能的培养。这种方法属于一种整体语言教学法，该方法首先强调语言的流利性，然后才是注意语言的正确性，故而被称为'流利领先法'"①。

鼓励学生选择符合自己水平的读物，进行大量阅读。小说也好，散文也好，体裁、内容不限，童话故事都可以。在这个过程中，适当安排师生共读讨论课，提高学生的阅读兴趣、阅读效率。学生除了阅读自己感兴趣的、易懂的文章以外，进入大学以后，还面临着阅读专业书的情况。流利领先法同样适用于专业书籍的阅读。教师可以指导学生先把专业教材中的每一个字词、每一个句子都能够流利地读出来，遇到不懂的词语、不明白的内容，可以先搁置。过一段时间以后，再拿出来重新阅读。如此反复，难点会越来越少，直至弄懂教材内容。

针对学生可能出现的沮丧情绪，教师可以进行身教，介绍自己反复阅读过的

---

① 冯学芳.流利领先法在大学英语阅读课堂的应用[J].外语界，2002（05）：56-59+9.

专业书籍和在反复阅读中领会的经验，给学生打气。流利领先法保护了学生的自信，提高了他们的阅读兴趣，使他们在阅读中收获了知识，收获了快乐。"我们现在知道学生并不是通过学习语言系统的要素获得交际能力的。学习者有机会用目的语在广泛的活动中交际，是最好的途径。学习者在有意义的语境中将目的语用得越多，他们的语言能力就发展得越快。"[①]流利领先法可以帮助学生尽快进入到这种境界中。

四、语与文

语文是口头语言与书面语言的简称，语是口头语言，文是书面语言。目前的语文教材，重文轻语的现象非常严重，所以即使是小学阶段，我们也不主张聋生使用普通学校的教材，因为那些教材是编给口头语言已经基本过关了的普通儿童的。聋生的教材应该语文并重。我们发现，即便到了大学阶段，聋生仍然难以理解一些日常的口语，比如，有的学生只知"星期天"，不知"礼拜日"，不知道"我的妈呀"是什么意思。

词汇的学习是终身的功课，没有语言接触，怎么能够学会呢？为了帮助学生补上这一课，我们采取的方法是带着学生看电影。除了进行必要的讲解、引导、检查以外，有的老师甚至要求学生将电影字幕抄一遍。有看电影学英语的配套教材，也有看电影学汉语的教材，虽然是针对外国人学汉语的，但其中大多数难点也是聋人学汉语的难点。如果能有一套适合聋人看电影电视学汉语的教材，那对聋人提高理解口语化词汇的能力会帮助很大。

第四节　教无定法，贵在得法

教无定法，贵在得法。具体采用什么样的教学方法，需要在充分了解学生情况的基础上去设定。下面简单介绍我们在教学中使用的一些教学方法。

---

① 崔永华. 对外汉语教学设计要点 [EB/OL]. (2013-08-08) [2022-03-06]. http://www.docin.com/p-686833646.html.

一、写作准备

（一）头脑风暴

聋生写作面临的困难之一是不知道写什么。写作课上最常问的问题是写多少字。一些学生是有内容，调动不出来；还有一些是无话可说。这时，头脑风暴就可以充分调动学生的思维。

头脑风暴可以分组进行，也可以一对一进行。分组进行的好处是小组成员之间可以互相借鉴，但可能会有个别成员参与不积极。一对一弥补了分组进行的不足，但是又可能会陷入思路打不开的状况。所以，可以根据具体情况进行适当选择。

比如，我们曾经写过以"蒲黄榆和八大处比较"为主题的作文，希望通过这个主题让学生练习并掌握对比结构。写作背景是，因为校园改造，学院曾经在八大处地区周转过一段时间，有两个年级的学生在蒲黄榆和八大处两个校区生活学习过。于是，我们就安排了这个写作任务。

写作之前首先进行头脑风暴。在头脑风暴的时候，可以允许学生用手语进行，脱离了汉语的限制，学生的思维会更活跃。有一次的写作任务是一个笔谈练习，主题是向别人介绍家乡。学生在分组进行头脑风暴的时候，迟迟不动笔。发现这种情况后，教师及时调整教学方式，请全班学生无所顾忌地用手语表达自己想说的内容。学生脱离纸笔和汉语的限制后，思维变得很活跃。再由教师和班内手语汉语俱佳的同学一起将同学们用手语讲述的内容即时翻译，并用汉语记录。之后，将头脑风暴的结果分类整理，再进行写作。

（二）搭梯子

还有一种作文形式是看视频复述内容。学生看完视频以后，经常眉毛胡子一把抓，把自己记住的内容简单写写交差。后来，我们采取了阶梯写作的方法，学生的作文水平明显提高——叙述清楚，内容丰富，详略得当。比如，复述《梨子的故事》时，教师安排了三步写作训练：第一步，看视频，写出视频中有几个人物，每个人物的特点是什么，他们都做了哪些事；第二步，再看视频，对两个以上的细节进行描写；第三步，看视频复述整个故事。

（三）词汇扩展

学生在写作的时候，可能心里很清楚，但是不知道如何用汉语表达。比如，不知道用汉语如何表达《梨子的故事》里的"擦肩而过""果农""梯子""围裙"等内容。如果在写作之前组织学生进行词汇扩展的训练，大家一起把不知道如何表达的事物说出来，然后一起讨论找出准确的汉语表达方式。这样一来，学生写作文时用词的准确性和丰富性都将会有所增加。

还有就是词汇的扩展练习，比如形容笑的词语有很多，而学生知道得很少，这时可以以"笑"为中点，分门别类地向外扩展，找出它的同义词、反义词、上位词、同族词，等等。通过词语之间的系统性联系，以点带面，让学生学到更多的词语。

二、写长法

"写长法"是王初明根据他多年对第二语言习得的深入研究和思考提出的，"是以写的方式促进外语学习的方法，即针对学生学习外语多年而不会运用的困境，以设计写作冲动的任务为教学重点，在一定的学习阶段，顺应外语学习规律，通过调节作文长度要求，逐步加大写作量，使学生在表达真情实感的过程中，冲破外语学习的极限，由此增强学习成就感，提高自信心，将外语知识加速打造成外语运用能力"[①]。

外语"写长法"应用至今，取得了丰硕的成果。同样的方法也被用于汉语二语写作教学中。结果表明，"写长法"很适合运用于汉语二语写作中级阶段"基础写作"部分的教学。

听人在外语学习过程中遇到的种种问题，在聋人的汉语学习中同样存在。比如，出现"造句、作文常靠死记硬背，如背不上或者忘了则一字写不出；……走出学校无法用通顺的书面语与人交流、对话"[②]等情况。也曾有过只写了三句且让人摸不着头脑的高考作文。聋生进入大学以后，汉语课程的学时非常有限，以特殊

---

① 王初明. 外语写长法 [J]. 中国外语，2005（01）：45-49.
② 任川燕. 提高聋校语言教学效率的实践与研究 [M]// 陈军. 聋校语言教育研究. 北京：北京艺术与科学电子出版社，2008.

教育学院为例，开设的汉语课程为"汉语阅读与写作"，专科生一学年64学时，本科生为96学时，也就是说在这有限的学时中，要完成阅读与写作两项任务。我们发现，写作课上常常有学生看着题目发愣，不知道写什么，在老师的再三催促之下，写个三言两语交差了事，或者将以前写过的作文改头换面，甚至直接默写一遍交给老师。还有的学生上网搜索，抄袭别人的作文。针对聋人大学生的写作特点，我们在应用"写长法"时，主要解决无话可说的问题，要求学生写长、写细，我手写我思。

第一，针对学生无话可说的现状，让学生通过练习复述动画片内容来锻炼其语言表达能力，培养自信心，提高用汉语写作的兴趣。汉语学习者一般是通过学习电影片段的表现方法以及电影这种综合艺术来提高写作技巧。我们的教学主要是偏重对内容的复述，这项练习的首要任务是选择适合复述的影片，影片要有连贯的情节，即使给学生看的是无声音、无字幕的版本，学生也能理解故事的内容。我们在尝试了多个视频片段之后，选择了《企鹅的故事》等几个片段作为练习的备选项。接着是作文指导，即指导学生如何看视频，如何梳理短片的思路、厘清故事情节、观察故事中的人物和环境变化。最后还对部分学生提出更高的要求，即复述故事以后，适当加入自己的评论。结果表明，学生的作文变长了，观察细致了，描写也变得详细了。

第二，在课堂上带领学生激发思维，通过师生之间互动的"头脑风暴"，开阔学生的思路，使学生写出自己真实的想法，而不是简单地重复自己的想法，重复别人的想法。为了达到这个目的，我们在作文题目的选择上煞费苦心。题目要新鲜、贴近学生生活，使学生有话可说。比如我们写过《我眼中的特教学院》，先是同桌之间互谈看法，之后由被推荐发言的同学在全班谈自己的想法，大家互相补充。第三，教师指导学生将材料进行归类，在归类的过程中，思考事件所要表达的主旨。第四，学生进行自主写作。第五，老师选出优秀的作品进行讲评。

三、写真实的生活

学生写作的时候，习惯说一些漂亮的假话。当需要表达自己的情感、叙述自己亲眼所见的事件、表达自己真实的观点的时候，无话可说，病句连篇。为了训练学生写真实生活的能力，我们在作文内容的设定上，选择真实事件进行写作。

当然这样还有一个好处，即学生觉得有意思，愿意写，而且无处可抄，必须自己写。

结合校园生活写作，让学生紧密结合自己的学习生活来写。新年之前，可以要求学生写一系列和新年有关的文章，写一份新年活动方案、一份邀请函、一则消息、一篇总结；平时可以让学生写画展的前言、画作介绍、结束语，或者就某个校园热点问题进行讨论，然后进行写作，等等。

练习用对比结构写人物时，我们要求必须描述本班的同学，可以不写名字，但必须把特点写出来，有时还会做"猜一猜他是谁"的测试游戏。通过练习和游戏，学生们就完全掌握了这个写作方法。

四、翻译法

吴铃曾在文章中写道："一直很纳闷，有些聋人学生生动的手语变成书面语后就完全走样，要么干巴巴，要么乱哄哄。总觉得有什么东西已经在聋人学生身上，只是还没有开掘出来。"[①]

那些精彩的手语表达内容去哪里了？手语和汉语的翻译练习，可以帮助学生静下心来，仔细琢磨手语表达如何用恰当的汉语表达出来。等到以后再用汉语写作的时候，就要用汉语把手语所表达的全部意思写出来，而不是只翻译手势部分，丢弃非手控所表达的内容。

这个方法的缺点是耗费时间，而且对教师的手语、汉语水平要求较高，并且要求教师具备一定的翻译学知识和翻译技能。

以上种种，有我们的尝试，有同行的尝试，总之都是为提高聋人汉语书面语表达能力所做的探索和努力。在这方面，教无定法，贵在得法。只要得法，努力就总是有收获的。

---

① 吴铃.手语语法和汉语语法的比较研究——寻找聋人失落的书面语[J].中国特殊教育.2006（08）：50-54.

附录一

词处理规则

1. {CC}：错词标记

用于标示错误的词和成语。

1.1 错词之颠倒

所谓颠倒是指将词的构成成分顺序写错，几个构词成分都是正确的，只是顺序有误。例如：

目瞪口呆 瞪目口呆；奇怪 怪奇

1.2 错词之生造词

生造词是指使用者自造的，汉语中不存在但有表达相同概念的词。生造词和写颠倒不一样，写颠倒的词语构词成分和目标词一致，只是构词成分摆放错了位置。生造词的构词成分有的和目标词一致，有的不一致。例如：

西装/西装服 望远镜/远眼镜 人民/民者

东张西望/东看西望 围巾/布巾

无微不至/无微 伤心（难过）/伤过

1.3 错词之混淆

混淆是指因为两个或者两个以上的词语词义相近或者在使用上易造成混淆的词。

· 实词的混淆

鼻子/鼻腔 不/无 钦佩/敬佩 参观/看看

爬/登 握着/拿着 顶/冒

时候/时 深/深刻 有点/有

成熟/早熟 送给/送到 空气/天气

- 结构助词的混淆

您这么无微的照顾。("的"与"地"的混淆)

我哭的很厉害。("的"与"得"的混淆)

老师气地把他的父亲拖到桌子上。("地"与"得"的混淆)

- 动态助词的混淆

原来我的朋友偷了告诉同学们。("了"与"着"混淆)

- 语气助词的混淆

我认为她是开玩笑了。("了"与"的"混淆)

我以为能脱下了吧！("吧"与"呢"的混淆)

地球南极的冰岛上可真是热闹啦！("啦"与"啊"的混淆)

- 三类助词之间的混淆

高戴的帽子。("的"与"着"混淆)

我躺着床上。("着"与"在"混淆)

小明哭泣地说。("地"与"着"混淆)

- 连词的混淆

拥抱而吻妈妈。("而"与"并"混淆)

她出生后几个月双耳失聪。再者双眼失明。("再者"与"并且"混淆)

学生画完了再去玩篮球。("再"与"就"混淆)

- 介词的混淆

美术老师想把我每周日下午去美术教室。("把"与"让"混淆)

小企鹅把大刀在冰上线了船上。("把"与"用"混淆)

被我的脚皮肉破了。("被"与"把"混淆)

2. {CQ}：缺词标记

用于标示句子中应有而作者未写出的词。在缺词之处加此标记，并在{CQ}中CQ的后面填写所缺的词。主要标注与虚词有关的缺失问题。

2.1 虚词缺失

听到他们嚼{CQ的}声音。

然后裤子拵看到他的膝盖受伤{CQ 了}

不如{CQ 把}梨篓子偷走好{CQ 了}。

2.2 处所方位等词语的缺失

农艺者倚在梨树{CQ 上}同时想想。

他的清瘦的脸{CQ 上}爬着几条淡淡的皱纹

它坐在吊床{CQ 上}

3. {CD}：多词标记

用于标示句子中不应有而有的词。把多余的词移至{CD}中 CD 的后面。多词项也主要标准虚词和处所方位词问题。

3.1 多虚词

哥哥捡到帽子转身{CD 地}跑过去大喊。

小男孩一瘸一拐地{CD 着}

记得上课{CD 了}时，我们安静地坐在教室里

而想终于想写不出来{CD 呢}？

旁边他的爸爸走进{CD 被}发现看他做些写什么作业

{CD 被}发现小明写得作业不像写字迹{CD 的}

{CD 并且}小明哭泣着{CC 地}说：

头脑筋{CD 而}都空白了

3.2 多处所方位词语

用手指着嘴{CD 上}

小企鹅住在热带场{CD 里}

在南极{CD 上}有很多企鹅

4. {CLH}：离合词错误标记

用于标示各种和离合词相关的错误。例如：

老师{CLH 点名}了儿子。

被看见小明戴着{CLH 低头下来}了就难过了。

最近和他{CLH 见面}好几次。

5. 词处理中需要注意问题

第一，因介词、方位词等的缺失或多余造成的结构不完整，助词的错用、多用、漏用，词性误用等，均视为词的错误。例如：

随着社会{CQ 的}发展，人们{CQ 对}吃的东西很重视。

在这个过程{CQ 中}……

特别是非洲{CD 的话}，问题很大的。

第二，结构助词"的"、"地"、"得"的混用，按错词处理。例如：

按照人们的要求不用化肥和农药的话，产量会大大地{CC 的}下降。

我认为当你很饿的时候，什么东西都吃得{CC 的}下。

孩子们饿得{CC 地}大哭小叫，……

第三，该用汉语数字而用阿拉伯数字的，一律按错词处理。例如：把"十五"写成了"一五"，应把"一五"整体按错词处理，而不能仅仅把"一"处理为别字。

第四，错词、多词、成分赘余的一个标注符号中可以包括两个或两个以上的词。例如：

我想任何人{CC 每一个}都不要有浪费食品的习惯，……（每 / 一 / 个）

第五，原文字数和改后字数不一致的，须在括号中 CC 之后且紧靠 CC 处加一个阿拉伯数字，表明改后的字数。例如：

战争中最困难的人是没有力气的孩子和老人{CC5 老弱子}。

第六，不清楚或无法理解的词用{CY}标示，表示"存疑"，标在该词的后面。例如：

虽然这么多年都没{CLH 见面}过，但我和他们的忆惯{CY}，是忘不了的。

尽量将词语归入某一类。实在不知道在写什么内容的，选择存疑。

附录二

句处理标准

1. 基础标注

1.1 标点错误（句子分解）

{BC}：标点错误

1.2 分类标注

·句类标注（语气分类）

{JL-cs}：陈述句

{JL-yw}：疑问句

{JL-qs}：祈使句

·句型标注

*复句不做细致标注，只标注句类，标注符号为{FJ}，单句细分为主谓句和非主谓句，并做了更细划分，如下。

　　{JXZ-MW}：主谓句－名词谓语句

　　{JXZ-DW}：主谓句－动词谓语句

　　{JXZ-XW}：主谓句－形容词谓语句

　　{JXZ-ZW}：主谓句－主谓谓语句

　　{JXF-M}：非主谓句－名词性的

　　{JXF-D}：非主谓句－动词性的

　　{JXF-X}：非主谓句－形容词性的

　　{JXF-T}：非主谓句－叹词句

{JXF-N}：非主谓句－拟声词句

・特殊句式标注（有则标）

{JS-BA}："把"字句

{JS-BEI}："被"字句

{JS-LW}：连谓句

{JS-SB}：双宾句

{JS-CX}：存现句

{JS-JY}：兼语句

{DFJ?}：单复句区分存疑

2. 偏误标注

2.1 错句

{CJ?}: 句子错误存疑

{CJL}: 句类错误

{CJS}: 句式错误

{CJ-ZR}: 句式杂糅

{CJ-CD}: 词重叠错误

{CJ-CCL}: 词类错误

{CJF-YX}: 语序错误

2.2 句子成分偏误

・搭配不当

{CJF-DP-zw}：主谓搭配不当

{CJF-DP-db}：动宾搭配不当

{CJF-DP-xz}：修饰语和中心语搭配不当

{CJF-DP-zb}：主宾意义上搭配不当

{CJF-DP-dp}：并列项匹配错误（不能并列）

・成分多余

{CJF-DY-zy}：主语多余或有多余成分

{CJF-DY-wy}：谓语多余或有多余成分

{CJF-DY-by}：宾语多余或有多余成分

{CJF-DY-xs}：修饰语多余

{CJF-DY-?}：未知成分多余

· 成分残缺

{CJF-CQ-zy}：主语残缺

{CJF-CQ-wy}：谓语残缺

{CJF-CQ-by}：宾语残缺

{CJF-CQ-xs}：修饰语残缺

{CJF-CQ-?}：未知成分残缺

2.3 复句错误

* 复句内部的分句错误按单句错误处理（同上）。

复句整体错误如下：

{CF-GX}：分句无关联或关系混乱

{CF-GL}：关联词语错误（多用、少用或搭配不当）

2.4 未完句和多余句

{CJ-JWW}：未完句（如是复句，后面缺少必要分句；如是单句，缺少必要成分）。

{CJ-JDY}：多余句（句子多余，不是成分多余）

3. 句处理中应该注意的问题

首先区分单句和复句，分别制订标注要求。

特殊句式是研究的重要内容。因此，即使琐细，也要标注。而成分残缺和多余的偏误，只区分几种主要成分和修饰语，修饰语内部不区分定语、状语和补语。即便如此，标注项目仍然显得庞杂，工作量十分大。

复句标注相对简单，只标注句类，区分正常句和偏误句。对于复句错误分两种情况处理：复句内部的分句错误按单句错误处理；复句整体错误只区分分句关系错误（分句无关联或关系混乱）和关联词语错误（多用、少用或搭配不当）。

附录三

语料标注人员培训和专家核查

语料库建立的成败，标注是关键因素。因此在确定标注标准以后，标注者的选择和培训就显得尤为重要。

一、选择合适的标注者

词处理部分相对简单，我们选择的标注者是北京联合大学特教学院特殊教育专业的学生，因为他们平时和聋生在一个学院学习，在各项活动中有交集，所以他们对聋人、对手语、对聋人的书面语有一定了解，对颠倒、虚词的漏用等方面比较敏感。但他们的现代汉语知识不足，语感稍差，因此只负责语料整理和词处理的工作。之所以坚持邀请部分特殊教育专业的学生参与语料标注工作，除了因为课题负责人教授他们有关课程，对其比较了解之外，更希望他们能够在在校期间参与到对特殊人群的研究中来。在学院大规模招募之后进行培训，挑选合格人员再进一步培训、试标、总结。用专家辅助评判系统进行核查，统一标注标准。这项工作会耗费大量时间，许多学生因此在途中退出标注工作。值得欣慰的是，有两位同学使用本语料库资源撰写了聋人汉语书面语方面的毕业论文，还有一个团队，使用本语料库资源参加"挑战杯"比赛，取得了校级二等奖的好成绩。标注语料的过程，也是学生们学习的过程。虽然最后整理出的语料不多，但学生们的收获不小。

相对而言，难度比较大的句处理部分则由我校汉语专业的学生完成，他们具有丰富的现代汉语知识，语感好，能够很好地根据句处理标准进行标注。最为可贵的是参与句处理的学生他们平时并没有接触过特殊人群，但他们充满了爱心，将此项繁琐的工作当做一项有意义的公益事业来完成。句处理组的情况和词处理组差不多，人员变动和培训成本比较高。

在语料库建设过程中，除了标注工作以外，还有语料整理，包括输入电子版、扫描、编号、分类，以及作者属性调查、入库等非常耗时、繁琐的工作。这类工作都是由学院的聋人大学生负责完成的。虽然他们在整理语料的过程中会走一些弯路，还有可能因此拖累了课题的进展，但是通过这些工作，锻炼了他们对待工作的态度，培养了他们细致、认真的工作作风，提高了他们解决问题的能力，这也是本研究的收获。

二、标注者的培训

为了保证标注的质量，课题组进行了多次培训工作。先是培训，然后是现场试标，试标部分内容之后，针对存在的问题再次培训，直至能够比较高质量地完成任务。

为了保证标注质量，我们在培训时，由课题组教师带学生一句一句试标注，然后讲清楚为什么这样标注，为什么不能那样标注，让他们理解每一个标注的目的和用途。之后让学生独立对语料进行试标，再由教师一对一反馈，如果有普遍问题，再面向群体进行培训。直到每个培训对象的标注正确率达到要求，才允许参与正式标注。

三、专家辅助评判系统的使用

对部分标注语料使用专家辅助评判系统进行核查。除了课题负责人及课题组成员亲自担任核查专家以外，我们还聘请了中文专业毕业且具有多年聋人教育经验的教师担任核查工作，保证标注的质量。

后　　记

　　本书经历了一个很不轻松的成书过程，很多人为此付出了努力。有的人在前面的基础研究中做出了贡献，有的人为后面的书稿写作和出版花费了心血。

　　探究聋人汉语书面语的想法最初源于何时，现在已经记不清了，大约始于20年前刚刚进入聋教育领域的时候吧。

　　从北京联合大学特教学院成立至今，我一直在此工作。承担聋生的汉语阅读与写作、中国手语语言学、普通学生的语言学纲要、现代汉语及手语等教学任务。当年，我们特教学院中文教研室有三位教师：张会文、吴铃和我。那时我们三位干劲十足，对研究方向也有一个大致的分工，张会文老师偏重汉语阅读研究，吴铃老师偏重手语研究，我偏重汉语写作。虽然后来我也掉进了手语的"坑"里，但是我们研究聋人汉语习得的决心一直没有动摇。正式的语料收集工作始于2007年，这项工作得到了北京语言大学高立群教授、北京联合大学特教学院许家成教授，以及学院历届聋人大学生的大力支持。

　　2013年，"基于语料库的聋人汉语书面语研究"成功申报国家社科基金一般项目。那时，吴铃老师已经退休，张会文老师面临退休，团队又加入了李晗静、房艳红两位老师。我们进行了重新分工，聋人书面语语料库的技术建设和总体设计由李晗静老师负责，刘辉、吴蕊珠等同学协助工作。我负责词汇标注，房艳红老师负责句法标注，我俩多次一起研讨制订标注方案并主持培训、审核工作。房老师曾任教于北联大文理学院，在2009年调入师范学院，从事汉语教学与研究工作。应用文理学院2012级学生王楚宁、祝钰彤、张逸晖参与了语法标注试标和方案制订，2013级、2014级学生罗美婧、柳天骄、王国丽、何敏、浦焱垚、张欣然参与了句法标注。我带领特教学院特殊教育专业的诸多学生参与了语料整理、标注和分析工作。由于时间跨度长，参与人员较多，在此不能一一写出每位学生的姓名，现列出历任组长的姓名作为代表，分别是：王迎凤、李丹、刘爽、郭宇桐、张雨薇、张晓雪、张琪爽、邹然。当时感到黑暗无比的进行标注、分析语料工作的日日夜夜，现在想来突然"也无风雨也无晴"了。

　　本书框架由我总揽设计，由房艳红老师通读书稿，核定文字和格式问题。三位作者的分工，大致如下：

　　房艳红老师负责语法部分，承担字数 10.2 万；李晗静老师负责语料库部分；承担的字数为 3 万，其余部分由我负责。

　　感谢那些给我们的工作提供了指引和参考的先行者和同行，正是他们的工作使我们的路走得更为顺畅。

　　还有为此书的出版付出努力的编辑，督促犹在，温暖在心。

　　在此，对所有给予我们真诚帮助和热情支持的人，都致以诚挚的谢意。

吕会华

2022 年 3 月

图书在版编目（CIP）数据

聋人汉语书面语研究：以语料库为基础 / 吕会华，李晗静，房艳红著. -- 北京：华夏出版社有限公司，2023.8

ISBN 978-7-5222-0460-4

Ⅰ. ①聋… Ⅱ. ①吕…②李…③房… Ⅲ. ①汉语－书面语－聋哑教育－研究 Ⅳ. ①G762 ②H1

中国国家版本馆 CIP 数据核字（2023）第 013041 号

©华夏出版社有限公司 未经许可，不得以任何方式使用本书全部及任何部分内容，违者必究。

国家社会科学基金项目"基于语料库的聋人汉语书面语研究"（编号13BY096）最终成果。

聋人汉语书面语研究：以语料库为基础

作　　者	吕会华 李晗静 房艳红
责任编辑	李亚飞
责任印制	顾瑞清
出版发行	华夏出版社有限公司
经　　销	新华书店
印　　装	三河市少明印务有限公司
版　　次	2023 年 8 月北京第 1 版　　2023 年 8 月北京第 1 次印刷
开　　本	710×1000　1/16 开
印　　张	15.25
字　　数	240 千字
定　　价	69.00 元

华夏出版社有限公司　地址：北京市东直门外香河园北里 4 号　邮编：100028
网址：www.hxph.com.cn　电话：（010）64663331（转）

若发现本版图书有印装质量问题，请与我社营销中心联系调换。